中世纪的女巫
La Sorcière

[法]儒勒·米什莱 著
Jules Michelet

欧阳瑾 译

出版说明

"女巫"是一个充满了神秘的词汇,在童话故事、神话传说中,女巫往往是能呼风唤雨的人物,既令人心生畏惧,又让人顶礼膜拜。但在中世纪,这种暗含着臆想成分的断言却是误读,因为这时的"女巫"不再只是一种人物身份,或者一个隐秘标记,在社会环境的潜移默化下,"女巫"已经成了一种禁忌,成了能将任何一位女性从其所生活的世界隔离出去的病原。

在尚缺乏理性的时代,自然灾祸与人为反抗都会被视为有魔鬼作祟,任何参与其中的人都会被定性为"异端",为了扼制这种"邪恶力量",宗教裁判所便应运而生。在狂热的宗教审判中,"女巫"成了站在被告席上的主角,也许只是因为她在吵架中说了一句咒骂的话,马上就会成为众矢之的,审判甚至不需要任何确凿的证据,而且这些"女巫"往往会被施以极重的刑罚,甚至直接被处以火刑。

与单纯以史料为基础所写成的学术研究著作不同,米什莱先生更擅长以细腻的笔触来结合实例。本书既有生动的情节推动,又有翔实的史料支撑,再加上他特有的暗喻和反讽,这样一来,就产生了这样一部有着优雅文学色彩的历史著作。

而且,米什莱先生一向对女性抱有深切的同情与悲悯之心,在这部《中世纪的女巫》中,他延续了自己对女性群体的关怀,通过上下两卷的内容,勾勒了女性在中世纪的压抑氛围中令人心悸的遭遇。在上卷中,米什莱先生运用深厚的学识和丰富的想象力,以冷静的笔调和多重的意境展示了中世纪女性的生活图景。她们在生活中遭遇各种波折与困难,于是在"魔鬼""精灵""符咒"等"通往幸福"的引诱刺激下,这些普通女性踏上了成为"女巫"之路。这一决定的代价是惨重的,本书的下卷便进入了女巫审判环节。对巴斯克、卢墩、卢维埃三地的女巫案例的重现与解读将这些"女巫"推至台前,让我们从中看到这些"邪恶的女巫"不过是一个个平凡的女子,甚至有些还是懵懂无知的少女。

本书是根据英国历史学家特罗特的英译本而翻译的,在保留了米什莱先生优雅的法文笔调的同时,又增添了英国人的认真严谨,而且书中补充了大量的文化背景注释,我们力图让读者能够更好地理解"女巫"这一群体在中世纪的演变过程。

如今,火刑柱在历史演变中已无迹可寻,随之而消殒的生命也青烟不再,我们只能通过这样一部作品来一窥中世纪社会的女性,为被误读了的"女巫"文化荡清些许笼罩着的阴霾,这是一个黑暗的时代,但这也是一个即将迎来光明的时代,希望读者在最后也能获得和米什莱先生同样的感受:"让我们满怀希望,静候阳光的拥抱吧。"

上海社会科学院出版社
2019 年 6 月

英译者序

在翻译这部充满独特风采之美，而作者的不足之处也早已为英国公众所熟知的作品时，译者力图重现米什莱先生那种鞭辟入里的幽默、那种蔑视一切的口才和妙语连珠的行文风格；无论我们怎么形容，对这位语言大师来说，都不过分。他究竟步了别人的多少后尘，这个问题不妨留给后人去评说。只有一点，那就是他很清楚，自己并没有完全坚守初衷，没有达到从理论上来说他一定会达到的效果。文中的有些段落，他只是草草地一笔带过，或者是稍做改动；法国读者认为这样做无可厚非，但由于英国读者接受的教育不同，故应当避免。简而言之就是，法国作家的作品适于男性阅读，英国作家的作品却更适于女士们坐在客厅里品味，因为她们只能容忍戏剧与报纸专栏的粗劣。米什莱先生的论述主题及其晚期所做的研究，使得他深入探究了诸多的细节，其中既有精神方面的细节，也有生理方面的细节；而我们自己呢，却很少将这些方面与一般性的讨论主题混杂起来。虽说我们已经剔除了那些最粗俗的内容，但书中或许仍然留有一些东西，会让特别正经的读者大吃一惊。然而译者却觉得,在让这些读者大感震惊和违背作者初衷之间,译者并无选择。身处一种大的文化当中的读者,自会体谅译者的这种苦恼,对一些直言不讳、本身既非不道德而整体上也非不恰当的说法,并不会那么觉得害怕。假如把受到正经理论谴责的内容全都删掉,他可能会让这部作品显得更加传统和正派;可那样的话,米什莱先生就是莫名其妙地承认自己这么一个可怜的残废,是一个打着"米什莱"之名的跛子了。

就连眼光一般的读者,也不会误解一本受到了帝国爪牙封禁的书中的宗教主题;本书之所以受到封禁,既非出于宗教利益,也非出于道德考量,而完全是出于最残暴的罗马天主教(Popery)的利益。就算书中对罗马教廷的抨击看似偶尔涉及基督教(Christianity)本身,考虑到调查研究的性质,我们也应当允许某种过激之语才是;因为正是这些调查研究,彻底暴露出了一种宗教种种腐朽的衍生物,而这种宗教本身还是人类所知的最纯洁的一种。在研究所谓的"信仰时代"(Ages of Faith)①时,作者发现它其实只配得上那个更真实、更古老的名称,即"黑暗时代"(Ages of Darkness)。针对当时的暴政、封建制度和僧侣制度,作者发出了一种义愤填膺的疾呼,并且几乎始终都有事实来证明,而一种更可笑的哲学却拒绝看到这些事实。就算他的结论有时过于仓促和片面,就算那个时期的教会和封建制度在当时发挥出了各自的作用,把这个主题的另一面呈现在我们面前,与当下盛行的种种教义相抗衡,也仍然是有所裨益的。我们不一定是眼睛里容不下一点儿沙子,而罗马天主教也依然存在。

---

① 此处与后文中的"黑暗时代",指的都是中世纪。——译者注(如无特别说明,本书脚注皆为译者注)

从整体来看，我们并不能将米什莱先生的这部作品说成是一部反基督教的作品。与当时绝大多数有思想的人士一样，他是渴望看到一种比神学家们鼓吹的更加高尚、眼界更加开阔的教义；他向往的，是一种理解了大自然，因而与大自然之神和谐共存的教义。我们也不能说他不虔敬，说他像法国人一样，带着谈论世俗之事时的那种直率态度来谈论宗教；这样说，对他并不公平。或许，他的内心深处也充满了对宗教的虔诚，且其虔敬程度并不亚于那些称科伦索博士①为异教徒，并且对弗雷德里克·罗伯逊②那种可疑的神学理论大摇其头的人。不管怎么说，任何一位译者，若是将本书这种极有特色的法国情调全然摒弃或者加以忽视，都是对如此显著的一部原作不公。

对于早已熟悉本国作家怀特先生（Mr. Wright）那些简洁而冷静之作的英国读者而言，本书主要是让他们可以对作者本人进行一番饶有兴味的研究。它将狂想曲与充分的理性、历史与浪漫、粗糙的现实与动人的诗意古怪地结合到了一起；这样的一种风格，就算是在法国作家当中，除了米什莱先生，也少有人能够做到。尽管以真相与细致的研究为基础，但本书读来更像是一首诗，而非一部严肃的历史著作。作为一部出色的思辨之作，它近乎却又没有完全抓住各个时代巫术与假象这一整个历史背后的根本原因，因此在如今这个盛行庸俗通灵术的时代，看看本书既会带来益处，

---

① 约翰·威廉·科伦索（John William Colenso，1814—1883 年），19 世纪的英国数学家、神学家兼社会活动家。此人也是英国国教第一任纳塔尔（Natal）主教。由于他在南非传道的经历导致他对《圣经》持批判态度，并且提倡善待南非土著，因此一度被人们称为"异教徒"。
② 弗雷德里克·罗伯逊（Frederic Robertson，1816—1853 年），19 世纪英国的一位神学家，也是一位很有思想、演讲艺术精湛的牧师，曾在英国南部布莱顿市的"圣三一教堂"传道，故又被称为"布莱顿的罗伯逊"（Robertson of Brighton）。

也会让人觉得饶有兴味。不过,巫术的真实历史,还有待头脑更加冷静的某位史家来写就。

L. J. T.
1863 年 5 月 11 日

目录

出版说明 　　　　　　　　　　　　　　001
英译者序 　　　　　　　　　　　　　　001

引言 　　　　　　　　　　　　　　　　001

上卷

第一章　诸神之死　　　　　　　　　　023
第二章　中世纪为何陷入绝望　　　　　035
第三章　炉边的小恶魔　　　　　　　　048
第四章　诱惑　　　　　　　　　　　　060
第五章　魔鬼附身　　　　　　　　　　070
第六章　契约　　　　　　　　　　　　086
第七章　逝者之王　　　　　　　　　　092
第八章　自然王子　　　　　　　　　　101
第九章　魔鬼为医　　　　　　　　　　110
第十章　符咒与春药　　　　　　　　　123
第十一章　反叛者的圣餐、巫魔会与黑弥撒　　134
第十二章　续篇：爱情与死亡，撒旦消失　　147

下卷

第一章　女巫没落；撒旦数量倍增，变得常见　　159
第二章　女巫之锤　　169
第三章　法国的百年宽容：反抗　　185
第四章　巴斯克女巫：1609 年　　193
第五章　撒旦成神父　　202
第六章　戈弗瑞迪：1610 年　　211
第七章　卢敦的魔鬼附体者——于尔邦·格兰迪耶：
　　　　1632—1634 年　　234
第八章　卢维埃的魔鬼附体者，玛格达伦·巴文：
　　　　1633—1647 年　　254
第九章　魔鬼在 17 世纪获得胜利　　268
第十章　吉拉德神父与卡蒂埃尔：1730 年　　277
第十一章　修道院里的卡蒂埃尔：1730 年　　307
第十二章　审判卡蒂埃尔：1730—1731 年　　331

后记　　355
权威参考资料　　362

引　言

据斯普伦格(Sprenger)①修士称,在公元 1500 年前,"我们须称女巫为异端,而不能称男巫为异端,因为后者不足为道也。"路易十三②统治时期还有一人,则称:"女男巫之比,至于万一。"

"女巫生而如此。"这是女人及其性情特有的一种天赋。由于生来就是一个小妖精,由于经常陷入陶醉恍惚的状态,所以女人就成了一位预言家。由于有爱,长大以后女人便成了一位魅惑妖妇。由于敏锐以及常常显得古怪而友善的淘气,女人就会变成一位巫婆;她会施展自己的法术,至少会抚慰我们的痛苦,使我们平静下来。

诸多游记类书籍表明,所有原始民族的起源情况都是一样的。男人狩猎、打仗,女人动脑筋、运用自己的想象力,带来了梦想和神

---

① 指雅各布·斯普伦格(Jacob Sprenger,约 1436—1495 年),奥地利的一位多明我会修士,曾于 1474 年在今法国北部的斯特拉斯堡(Strasbourg)成立"圣玫瑰兄弟会",并曾担任科隆大学神学院院长一职。
② 路易十三(Louis XIII,1601—1643 年),法国波旁王朝国王。

灵。在某些日子里,她会变成一个预言家,用无边无际的双翼,承载着幻想与向往。女人更加擅长推算节气,喜欢仰望天空;可尽管如此,女人的内心还是属于尘世。虽然自己年轻漂亮、貌美如花,女人却会俯视她们倾心的花朵,与之相识相知。身为女人,她会祈求花朵能够治愈自己心中爱意倾注的对象。

所有的宗教与所有的科学,正是始于一种如此简单而又动人的方式。过不了多久,一切都会出现细化分工;我们将会看到职业的发端,开始看到杂耍艺人、占星家或预言家、亡灵法师、祭司、医生,等等。可刚开始的时候,女人却是集这些职业于一身。

一种像古希腊的异教那样强大而虔诚的宗教,会始于女预言家而终于女巫。前者即女预言家,原本是光天化日之下一位可爱的少女,温柔地晃动着自己的摇篮,赋予了自身一种特有的魅力与荣耀。可不久之后,女预言家却生了病,迷失在中世纪的黑暗之中,被女巫隐匿于丛林和荒野之中了:在女巫那种慈悲勇敢的精神支撑下,女预言家便在丛林和荒野中获得了重生。所以,对于每一种宗教来说,女人既是母亲和温柔的守护神,也是忠诚的看护人。与她在一起,众神就像人类一样,在她的怀里出生,在她的怀里死亡。

呜呼!彼之忠诚,使之尝尽苦楚。汝乃波斯祭司之女王;汝乃喀耳刻[①],令人销魂;汝乃西比尔[②],庄严肃穆!汝已面目全非,加于汝身之变故何等残酷!她从东方的王座上下来,屈尊教导世人

[①] 喀耳刻(Circe),古希腊神话中的一位女巫,是太阳神赫利乌斯(Helios)和大洋神女珀耳塞伊斯(Perseis)所生,是国王埃厄忒斯(Aeetes)的妹妹,善于用药,经常让她的敌人及反对者变成怪物,后来爱上了奥德修斯(Odysseus),并且与之生有三个儿子。亦译"塞尔茜"等。
[②] 西比尔(Sibyl),古希腊和古罗马神话中的一位女先知,曾经引领埃涅阿斯(Aeneas)穿过阴间,后变成"女先知"和"女预言家"的统称。

百草之利、星辰之移；她在德尔斐的三脚架上，沐浴着光明之神的荣耀，向俯伏于前的尘世发出神谕①；而一千年之后，人们像追猎野兽一样穷追猛打，随着她来到公共场所，对其进行羞辱、折磨、用石头砸，或者丢弃在熊熊燃烧的煤块之上的，竟然也是她！

正是由于有了这个可怜之人，神父们才有永远捆不完的火把，人们才有永远听得见的辱骂，儿童才有永远扔不完的石头。就连诗人也会像孩子一般，向她再扔去一块石头；而对于一个女人来说，最残酷的事情莫过于此。诗人毫无理由地认为她总是又老又丑。"巫婆"一词，会让我们想到《麦克白》②中那三个令人害怕的老太婆。不过，他们对待女巫的种种残暴过程，却让我们看到了相反的情况。无数女巫完全是因为既年轻又美貌，才香消玉殒的。

西比尔是在过去预测命运祸福，女巫却是实现一种命运。这一点就是二者之间一种重大而真实的差异。后者即女巫会导致一种命运，会用巫术召唤命运并且使之实现。与古时悲哀地等待着自己如此真切地预见到的未来的卡珊德拉③不同，女巫是自己去创造未来。她的手中把握着自然的奇迹之杖，法力甚于喀耳刻，甚

---

① 德尔斐(Delphi)，古希腊城邦一个共同的圣地，据说神谕是通过皮提娅(Pythia，德尔斐的女预言者)下达到凡人的。这个女祭司传统上是一个未受过教育的年轻处女(后期演变成了一个老年妇女，但仍着少女的服饰)，她坐在一个三脚架上，而这个架子则支在产生神谕的沟壑中，下面是一条产生天然气的裂缝。皮提娅手持着一个"phiale"(扁盘子)以及一枝月桂(阿波罗的神树)，将神谕传达给众人。
② 《麦克白》(Macbeth)，英国剧作家莎士比亚根据古英格兰史学家拉斐尔·霍林献特所著《苏格兰编年史》中一个古老的故事创作而成的戏剧，讲述了利欲熏心的国王和王后对权力贪婪无度、最后被推翻的过程，其中女巫的预言贯穿始终。
③ 卡珊德拉(Cassandra)，古希腊神话中特洛伊城(Troy)的公主兼太阳神阿波罗(Apollo)的祭司，因神蛇以舌为她洗耳或阿波罗的赐予而有预言能力，却因为抗拒阿波罗而没人相信她的预言。

于美狄亚①,因为大自然本身就是她的姐妹和帮手。她的身上,已经具有了一个现代的普罗米修斯②的特点。某一行业随着女巫而发端,尤其是那种治愈人类和让人类恢复健康、有如女王一般的行业。由于西比尔以前似乎是凝望着东方的黎明,所以女巫会反其道而行之,望向西方;可正是那个黑暗阴森的西方,早在破晓之前许久,就已殷切地发出了对白天的拳拳期望,就像阿尔卑斯诸峰之间的情况一样。

男祭司充分地认识到,自己蔑视的这位自然女祭司,会带来危险、祸端以及令人担忧的竞争。她从远古诸神当中,孕育出了其他的神灵。从她的身上,我们看到一个近乎旧日撒旦③(Satan of the Past)的未来撒旦(Satan of the Future),正在出现。

*　*　*

一千年来,人类拥有的唯一医生就是女巫。皇帝、国王、教皇和较为富有的贵族,确实都有自己的医生,其中既有来自萨勒诺④的,也有摩尔人⑤和犹太人;不过,对于当时可以称之为"世界"的各

---

① 美狄亚(Medea),古希腊神话中科奇斯岛的公主和女巫,也是太阳神赫利乌斯(Heleius)的后代,前文所说的喀耳刻是她的姑姑。她爱上了来到岛上寻找金羊毛的伊阿宋王子(Iason)并对他一见钟情,不料王子后来移情别恋,于是美狄亚由爱生恨,将自己亲生的两名稚子杀害以泄愤,最后酿成了悲剧。
② 普罗米修斯(Prometheus),古希腊神话中最具智慧的神明之一,是泰坦十二神中的伊阿珀托斯(Iapetus)与名望女神克吕墨涅(Clymene)的儿子。他不仅创造了人类、给人类盗来了火种,还教会了人类许多的知识和技能。
③ 撒旦(Satan),基督教中与上帝为敌的魔鬼。
④ 萨勒诺(Salerno),意大利东南部的一个海港城市。
⑤ 摩尔人(Moor),指中世纪时期居住在伊比利亚半岛(今西班牙和葡萄牙)、西西里岛、马耳他、马格里布和西非的穆斯林,亦指非洲西北部阿拉伯人与柏柏尔人的混血后代。

个国家中的普通百姓而言,他们却无医可寻,只能去"萨迦"(Saga)即接生婆那里问诊。倘若无法治愈病人,接生婆就会遭人辱骂,被人们称为女巫。但在一般情况下,出于尊重,其中也掺杂着一种敬畏心理,人们都称之为"善良夫人"或者"仙女夫人"(即法语里的"美女"[belle dame 或 bella donna①]),也正是我们给仙女所起的名字。

不久之后,她就在偶然之中碰到了某个地方,那里如今依然长有女巫最喜爱的颠茄草(belladonna)这种植物,以及女巫在中世纪的一场场大瘟疫中用于解毒的其他一些有益健康的含毒植物。儿童和无知的路人在得知它们的功用之前,都会诅咒那些模样丑陋的花朵。由于对这些花朵的可疑颜色感到害怕,他们便畏缩不前,对它们敬而远之。然而,当中其实也有许多的"安慰剂"(茄族);在施用得当的情况下,它们治愈过许多的人,减轻了许多患者的痛苦,让他们能够安然入睡。

您会发现,那些植物都位于其貌不扬之地,孤独地长在废墟和垃圾堆里,且素有恶名。这些开花植物与利用它们的女巫之间,另一个相似之处就在这里。因为世间还有哪个地方,会比废弃的荒野更适于这个被所有人都如此邪恶地对待的可怜之人生活呢?这个女人受到了诅咒,并且被公开宣布为投毒者而受到了封禁,即便是她过去经常治愈患者、挽救生命的时候,也是如此;她就像是魔鬼与邪恶化身的未婚妻,而据文艺复兴时期那位了不起的医生称,其实她本身已经做了诸多的善事。1527 年,当帕拉塞尔苏斯②在

---

① 旧词"恶婆"(Beldam)即源自此,其中原本具有的礼貌含义如今全都变成了讽刺。——英译者注
② 帕拉塞尔苏斯(Paracelsus),原名菲利普斯·奥里欧勒斯·德奥弗拉斯特·博姆巴斯茨·冯·霍恩海姆(Philippus Aureolus Theophrastus Bombastus von Hohenheim,1493—1541 年),是文艺复兴初期瑞士著名的炼金师、医师、自然哲学家,著有《外科大全》。

巴塞尔(Basle)将所有药品付之一炬的时候①,他曾承认说,除了从女巫那里学到的东西,他其实什么都不知道。

这种情况本应有所回报,而她们也的确获得了"回报"。她们被报之以种种酷刑,报之以火刑柱。人们专门为女巫设计出了新的惩罚措施、新的折磨办法。她们被一起审判;她们只因一句话就会被定罪。人类历史上,还从未有过如此草菅人命的现象。更不用说,在西班牙这个典型的火刑之国,由于那里既有摩尔人、犹太人,且始终也有女巫,因此特里尔②曾经烧死了七千人,至于图卢兹③烧死了多少,我就不得而知了。1513年,在短短的三个月之内,日内瓦(Geneva)就处决了五百人;维尔茨堡烧死了八百人,几乎是一次性地处决的,而班贝克则烧死了一千五百人。后面这两个地方,不过都是极小的主教辖区罢了!④ 连三十年战争⑤中那位野蛮的皇帝斐迪南二世⑥,尽管盲信偏执,却也不得不紧紧盯着这

---

① 指医学教授帕拉塞尔苏斯将盖伦(Galen)与阿维森纳(Avicenna)两人的作品烧毁一事。——英译者注(盖伦是罗马帝国时期医学家,阿维森纳是11世纪中亚地区的医学家。)
② 特里尔(Trèves),德国靠近卢森堡边境地区的一座古老城市,曾在1581—1593年间进行了欧洲历史上规模最大的一场女巫审判和集中处决。亦拼作"Trier",或译作"堤雅"。
③ 图卢兹(Toulouse),法国西南部的一座城市,今为南部比利牛斯大区上加龙省的省会和法国第四大城市。
④ 维尔茨堡(Wurtzburg)和班贝克(Bamberg)都是德国的城市,在中世纪都进行过大规模的女巫审判,与特里尔审判及富尔达(Fulda)女巫审判合称"德国中世纪四大女巫审判"。
⑤ 三十年战争(Thirty Years' War),1618—1684年由神圣罗马帝国的内战演变而成的一次大规模欧洲混战,也是历史上第一次全欧洲大战,最终以哈布斯堡王朝战败并签订《威斯特伐利亚和约》而结束。
⑥ 斐迪南二世(Ferdinand II, 1578—1637年),神圣罗马帝国皇帝,也是匈牙利国王和波希米亚国王。正是他那种不明智的宗教政策(狂热支持天主教,压制新教)导致了德意志诸侯的公开反抗,从而引发了对欧洲历史上具有决定性意义的三十年战争。

些可敬的主教，以防他们把手下的臣民全都烧死。在维尔茨堡的处决名单上，我看到其中一位巫师竟然是一名男学生，年仅十一岁，还有一名年仅十五岁的女巫；在巴约讷①的名单中也有两位女巫，她们都异常美貌，只有十七岁。

请注意，在某些时期，憎恨心理会让人们把"女巫"一词当作随意杀害一个人的手段。女人的嫉妒、男人的贪婪，都随时准备运用如此便利的一种武器。这个女人有钱？"她是一个巫婆。"那位姑娘美貌漂亮？"她是一个巫婆。"您甚至会看到，缪古伊（La Murgui）这个极其卑微的女丐，也能用那块可怕的石头，在异常美丽的大家闺秀兰西尼纳夫人（Lancinena）额头上留下死亡的印记。

受到指控的人，只要是做得到，他们就会自行了断，以免遭受酷刑。烧死过大约八百名女巫、身为洛林②杰出法官的雷米（Remy），曾经对被告的这种恐惧心理觉得扬扬得意。"吾之律法公正至极，枉纵皆无，"他曾说道，"数日之前，一经归案而急急先行自缢者，凡一十六人。"

* * *

在我探究和撰写《历史》的漫长岁月中，在我潜心研究历史的三十年间，关于巫术的这种可怕文献，我不知反复阅览过多少。我先是遍阅宗教裁判所（Inquisition）的各种手册，以及多明我会教士（Dominicans）撰写的愚蠢与骗人之作（比如《祸根》《铁锤》《蚁丘》《鞭笞》《提灯》，等等）。接下来，我又阅读了高等法官

---

① 巴约讷（Bayonne），今法国阿基坦大区大西洋沿岸比利牛斯省的阿杜尔河与尼夫河交汇处的一座城市。
② 洛林（Lorraine），法国东北部与德国接壤的一个地区和旧省名，是历史上的洛林公国所在地。

(Parliamentarist)即世俗法官的著述；他们虽然瞧不起接手之前负责审判工作的僧侣法官，可他们自己其实同样愚不可及。关于这些人，我在此还要多说一句，也只要说一句，那就是：从公元1300年至1600年间以及后来，我们只能看到一种审判形式。除了这期间巴黎高等法院(Parliament of Paris)有过一次微不足道的例外，各地实行的都是同一种愚蠢而野蛮的审判方式，并且始终如此。在这个方面，即便是有一些贤明之士，也毫无用处。一旦涉及巫术，连亨利四世[①]治下那个身为波尔多(Bordeaux)地方法官和思想进步的政治人物、品性高尚的德·朗克尔[②]，也堕落到了跟15世纪的修道士奈德[③]、斯普伦格同样愚蠢的水平。

我们会倍感惊讶地看到，在不同的时代，这些文化背景大相径庭的人，竟然都没有向前迈进哪怕最小的一步。然而，您很快就会清楚地了解到，为什么所有人都会同样地被他们的指导原则所阻，或者更准确地说，都是受到了这种指导原则的蒙蔽，因而变得无可救药地沉迷于其中，变得野蛮残暴起来。那种原则，就体现在下面这样一种极端不公正的说法当中："因为一人的缘故，所有的人都会迷失；所有的人都会受到惩罚，并且理应受到惩罚。**人人生而堕落愚顽**，甚至于还未出生，在上帝的眼中就已死去。嗷嗷待哺之婴儿，也该死去。"

[①] 亨利四世(Henry Ⅳ，1553—1610年)，法国波旁王朝创建者。他原是胡格诺派(Hugenot)信徒，为继承法国王位而皈依天主教，被称为"贤明的亨利"。
[②] 德·朗克尔(De Lancre，1553—1631年)，法国波尔多的一位法官，曾于1609年遵照法国国王路易四世的命令，在巴斯克地区(Basque Country)的拉布尔(Labourd)进行了大规模的女巫逮捕和处决行动，在四个多月的时间里处死了几十人。
[③] 奈德(Nider，生卒年不详)，多明我会修士和宗教裁判所法官，是前文中《蚁丘》一书的作者。在书中，他曾称埃塞俄比亚的蚂蚁体型巨大如犬、头上长角，是残暴异教的象征。

这话是谁说的呢?是大家说的,连波舒哀①本人也这样说过。身为罗马威名赫赫的神学家兼教皇"圣殿总管"(Master of the Holy Palace)一职的斯皮纳②,曾经将这个问题阐述得非常清楚:"上帝为何让无辜者丧生?理由很充足:即便不因自己犯下的罪孽而死,他们往往也会因为犯有原罪而死。"(《论女巫》[De Strigibus],第九章)

此种暴行导致了两种结果,其一与司法有关,另一与逻辑有关。法官在审判时绝不会出错;带到法官面前的被告必然有罪,如若分辩,则罪加一等。法官根本无需绞尽脑汁或者使尽浑身解数,就能明辨是非。不管是哪个方面,审判都是在预先有了定论的情况下进行的。再则,逻辑学家和经院哲学家只需分析人的灵魂,探究灵魂经历的细微差别,明辨灵魂各个方面的本质,捕捉灵魂内在的矛盾与斗争就行了。这些人与我们不同,他们无需去阐释人的灵魂一步一步地变得邪恶的原因。倘若连逻辑学家和经院哲学家都能够理解这些细微之处与为探索做出的种种努力,他们又会怎样地哈哈大笑和摇头晃脑啊!而且,噢,他们接下来又会多么优雅地晃动自己空空如也的脑袋上那双漂亮的耳朵啊!

尤其是在对待"与魔鬼订立契约"那种可怕的交易,即为了一时的蝇头小利而出卖灵魂、甘受永恒受折磨的时候,我们这些属于另一流派的人则会试图重新去探究那条受到了诅咒的道路,重新

---

① 波舒哀(Bossuet,1627—1704年),法国中世纪的主教兼神学家,以讲道及演说闻名,拥有"莫城之鹰"(L'Aigle de Meaux)的别名,被认为是法国历史上最伟大的演说家,著有《哲学入门》《世界史叙说》等作品。他是路易十四的宫廷布道师,宣扬君权神授与国王的绝对统治权力。
② 斯皮纳(Bartolomeo Spina,约1475—1546年),意大利神学家兼经院哲学家,1542年被教皇保罗三世(Pope Paul III)任命为圣殿总管,代表作有《论女巫》。

引 言

探究那段由灾祸与罪行组成，导致灵魂堕入如此沉沦之深渊的可怕台阶。然而，我们那些优秀的同胞却非常关心这一切！在他们看来，灵魂与魔鬼似乎是天生一对，因此只要稍受诱惑，稍有突发奇想，稍微产生一种欲望和稍纵即逝的幻想，灵魂就会不顾一切，猛地坠入如此可怕的一种绝境。

* * *

我还发现，现代人也没有充分探究过巫术的道德演变过程。他们太过拘泥于古代与中世纪之间的联系了；虽然说二者之间的确存在关联，但此种联系其实很轻微，并不重要。无论是古时的魔法师当中，还是凯尔特人①和日耳曼人②的女先知当中，都没有出现真正的女巫。中世纪并不会招来惹麻烦的"酒神节"（Sabasies，源自"酒神巴克斯"③一词），以及相当具有田园气息的"巫魔会"④，这些都与14世纪的"黑弥撒"⑤以及那时人们严肃地针对耶稣的严重抵制毫无关系。这种可怕的观念绝非脱胎于一种悠久传承、环

---

① 凯尔特人（Celts），上古欧洲的蛮族之一，也是如今欧洲的代表民族之一，主要分布于西欧，包括如今的爱尔兰人、苏格兰人、威尔士人、英格兰的康沃尔人和法国的布列塔尼人等。
② 日耳曼人（Germans），起源于如今瑞典南部、挪威西部的斯堪的纳维亚半岛的一个欧洲民族，与凯尔特人、斯拉夫人曾被古罗马人称为"欧洲的三大蛮族"，如今的德意志人、奥地利人、瑞士人、盎格鲁-撒克逊人（英格兰人）、荷兰人、挪威人等都属于日耳曼人。
③ 酒神巴克斯（Bacchus Sabasius），古罗马神话中对应于古希腊神话中狄俄尼索斯（Dionysus）的酒神，是宙斯和塞墨勒（Semele）的儿子、奥林匹斯十二主神之一。
④ 巫魔会（Sabbath），原为犹太教的主要节日之一"安息日"。该词源于阿卡德语，本义为"七"，希伯来语意为"休息""停止工作"。犹太历的每周第七日（从每个星期五的日落到星期六的日落）为安息日，据说犹太教先知摩西这一日在旷野中受到了启示，故犹太人将其尊为圣日，不许工作。
⑤ 黑弥撒（Black Mass），指巫术术士对基督教仪式"弥撒"的渎神模仿。"弥撒"一词源于拉丁语，本义指"聚会"。弥撒圣祭是天主教最崇高的一种祭礼。

环相扣的传统,而是从当时的恐怖气氛中突然出现的。

那么,女巫究竟是在什么时候现身于世的呢?我可以毫不含糊地说,"始于绝望横行的时代",即始于教会上层导致人们陷入绝望深渊的那个时代。我的确可以毫不含糊地说:"女巫是教会自己一手造成的。"

我可不会轻而易举地相信教会给出的解释,因为那些解释似乎在粉饰太平,都属于借口。"女人生性软弱、轻浮,经不住诱惑。女人因贪欲而堕落。"呜呼!在当时的悲苦与饥荒当中,贪欲这种东西是不可能让女人陷入一种令人毛骨悚然的戾气之中的。若是热恋中的女人妒火中烧或者被人抛弃,若是一个孩子受到了后妈虐待并被赶出了家门,若是一位母亲遭到了儿子的毒打(这些都属于传说中老掉牙的一些主题),这样的人有可能会禁不住诱惑,去召唤恶魔;可这一切,并不会导致女巫出现。这些可怜之人或许向撒旦求助过,但这并不意味着撒旦一定会接收他们。唉,在撒旦看来,他们还不够成熟,还远远没有达到撒旦的标准。他们还没有学会憎恨上帝。

* * *

为了更好地理解这一点,您应当去看一看宗教裁判所留给我们的那些可憎记录,其中非但有洛伦特①和拉莫斯·朗贡②等人给出的摘录,还有图卢兹留下的宗教裁判所原始案卷。看一看这些

---

① 洛伦特(Juan Antonio Llorente, 1756—1823年),西班牙历史学家兼教士,曾任洛格罗尼奥市(Logroño)宗教法庭(宗教裁判所)委员,后又担任马德里宗教裁判所秘书长一职,著有《西班牙宗教法庭的历史批判》(Histoire critique de l'Inquisition espagnole)。
② 拉莫斯·朗贡(Lamothe Langon, 1786—1864年),法国历史学家兼作家,著有《法国宗教裁判所历史》(Histoire de l'Inquisition in France)等作品。

记录您就会发现,它们全都平铺直叙、枯燥乏味、极其沉闷,但记录的却又是如此可怕的暴行。只需看完几页,您就会觉得不寒而栗;您会不停地哆嗦,挥之不去;每一行文字里,您看到的都是死亡、死亡、死亡。您已经躺到了棺材里,不然就是被关在墙壁发霉的一间狭小石室里。最幸福的,是那些已经被处决了的死人。其中恐怖至极的,就是被关进"安息所"(In pace)。这个词会不断地在我们的脑海中浮现出来,就像一口不祥的大钟,一遍又一遍地敲击着活死人那颗业已残破的心灵:我们始终都会碰到同一个词,那就是"幽禁"(Immured)。

还有那种可怕的、将人碾碎压扁的机械装置,简直就是一台最残酷地将人碾得魂飞魄散的压榨机!螺丝拧了一圈又一圈,直到受刑者气息全无,然后从机械中突然传来一声响亮的碎裂声,受刑者便坠入了未知世界。

女巫刚一现世之时,既无父无母、无子无夫,也无家人。她有如奇迹,有如天外陨石,无人知道她从何而来。所以,究竟谁又胆敢去靠近女巫呢?

女巫的栖身之所安在?女巫所居之处,都是一些无法通行的地方,在荆棘丛生的密林里,在蒺藜与蓟草交织、让人无法靠近的荒野上。她会在古老的石阵当中过夜。就算有人发现她在那里,人们也会因为很害怕她而对她敬而远之;可以说,她仿佛被一圈火焰所围,无人胆敢靠近。

尽管如此,信不信由您,女巫依然是一个女人。她的这种生活尽管可怕,却会强化和支撑她的女性活力,以及女人的那种强烈情感。由此,您就可以看到,女巫身上具有两种天赋。一种是带有清醒而疯狂的灵感,因程度不同而呈现为诗歌、先见之明、深邃的洞察力、巧妙简练的言辞,尤其是透过所有的错觉而相信自身的能力。这样一种天赋，男巫并不具备。男巫这一方根本就没有这样的起点。

由这种天赋衍生出了另一种天赋，也就是独立受孕的超常能力。生理学家如今开始承认，这是一种无性生育，就是数个物种里的雌性所具备的那种感人的生育能力；这一点，与精神的孕育一样，也是一种事实。

* * *

女巫的确会独自受孕和生产，可她又会生出什么样的孩子来呢？那就是第二个自己，与男巫自我错觉中的女巫相似。由恨而生的孩子，却是凭借她的爱孕育出来的；因为若是没有爱，什么也创造不出来。尽管这个孩子让她感到惊慌失措，可她还是再次恢复了健康，会极其幸福地专注于这个新的偶像，因而干脆将其置于祭坛之上，顶礼膜拜，将自己的生命献上，把自己当成一种活生生的完美祭品。她甚至还会经常对审判她的法官如此说："我只担心一件事情，那就是为他受的苦还不够。"（引自朗克尔）

这个孩子的第一桩成就是什么，我该不该告诉您呢？竟然是一阵令人恐惧的大笑。在属于自己的那片广阔草原上，远离了西班牙的地牢和图卢兹那些遭到"幽禁"的人，他难道没有理由欢笑吗？整个世界就是他的"安息所"。他走留由心，来去自如。他的安息所，是无边无际的森林，是极目望不到头的荒原，是整个世界，就在世界那条丰腴多产的裙带之中。女巫温柔地称之为"我的罗宾(Robin)"，也就是那个大胆、逍遥快乐、栖身于绿林之中的亡命之徒罗宾汉(Robin Hood)的名字。她还喜欢用某些名字来亲切地称呼他，比如"小绿"(Little Green)、"美林"(Pretty-Wood)、"绿林"(Greenwood)，都是用这个淘气小子最喜欢光顾的地方为名。

一看到树林,他就会溜走,一门心思到林中快活去了。①

* * *

最令人惊讶的是,女巫原本应当一举造就一个真正的人。这个人的身上,会具有现实的每一种象征。我们既听说过,也见到过这个人;任何人都可以描述出他的样子来。

而身为教会骄子,怀揣着梦想与喜欢沉思的圣徒,却差不多默默无闻;他们翘首以待,就如人们确信自己在天国(Elysium)里占有一席之地一样。他们身上那种少得可怜的精力,全都集中在那种狭隘的**模仿**上;"模仿"一词,就浓缩了整个中世纪。② 另一方面,这个家伙却不知道等待为何物;这个受到了诅咒的私生子,唯一的天命就是灾难。他总是在寻寻觅觅,从不安生。他忙忙碌碌,插手天地间的一切事情。他极其好奇,哪里的事情都要管上一管。对于耶稣所说的"成了"③,他只是一笑置之,真是个玩世不恭的小东西啊! 他总是说着"还没完"或者"前进"。此外,他也不难取悦。他会承受每一种拒绝,获取每一笔不义之财。比如说,当教会认为大自然不纯洁和值得怀疑而将其抛弃之后,撒旦却紧紧抓住大自然不放手,将大自然当成自己的装饰品。不,还不止于此;他还利用大自然,使之有用于他,变成了各种艺术的源泉;由此,他便接受了别人给他所起的那个令人敬畏的名字,即"世界之王"(Prince of

---

① 此处就像其他一些段落中的情况一样,原文中文字上的一些隐含之意必然会丧失掉。——英译者注
② 这里是指《效法基督》(*The Imitation of Christ*)一书。此书由托马斯·肯培斯(Thomas à Kempis)编著,是中世纪"现代虔诚"运动中出现的一部灵修名著。
③ "成了"(*consummatum est*)是耶稣在十字架上断气前说的最后一句话,意思是自己完成了上帝的使命。见于《圣经·新约·约翰福音》19∶30,"耶稣尝了那醋,就说:'成了!'便低下头,将灵魂交付神了。"(引自简体和合本《圣经》,下同)

the World)。

有人曾经轻率地说过:"愿笑者遭殃。"于是,撒旦从一开始就被委以一项美差,拥有了欢笑的专属权利,以及将欢笑称为"**消遣**"的权利;其实,我们不妨称之为一种"**需要**",因为从本质上来看,欢笑就是人类的一种天性。如果我们不能欢笑的话,生命将无法忍受,至少在我们身处苦难当中时,就是如此。

由于完全把人生视为一场磨难,因此教会小心翼翼,不让这场磨难变得旷日持久。教会开出的药方,是顺从、寻找并期待死亡。这简直就是给撒旦留下了极其广阔的一片天地啊!于是撒旦摇身一变,成了医生,成了治愈生者的人。更有甚者,他还扮演了安慰者的角色,因为他擅长于让我们看到亡灵,召唤我们挚爱之人的影子,使之与我们再度相逢。

还有一个微不足道的方面为教会所弃,那就是逻辑,或者说自由的理性。这是另一道特别美味的珍馐,而对方则毫不客气,贪婪地尽情享用着。教会已经精心建造出了一种小小的"安息所",它们空间狭窄、屋顶低矮,只有一道开口、一条纯粹的缝隙能够透进昏暗的光线。它们就是所谓的"经院"(The School)。教会把一些削了发的僧侣送进去,他们所持的戒律就是"自由自在"。这些僧侣,后来全都成了跛足之人。三四个世纪过后,这种僵跛就成了一种常态,而奥卡姆①的观点,也与阿伯拉②的观点毫无二致了。③

将文艺复兴(Renaissance)追溯到这样一个阶段,是一件令人

---

① 奥卡姆(William of Occam,约 1285—1349 年),英国的经院哲学家、逻辑学家和圣方济各会修士,著有《逻辑大全》(*Summa Logical*)。
② 阿伯拉(Pierre Abélard,1709—1142 年),法国的著名神学家和经院哲学家,著有《神学》(*Theologia*)。
③ 阿伯拉的鼎盛时期是 12 世纪,而奥卡姆的威廉(他是邓斯·斯各脱[Duns Scotus]的学生)的鼎盛期则是在 14 世纪。——英译者注

愉快的事情。文艺复兴的确出现了,可它是如何发生的呢?靠的是那些有如撒旦一般勇敢的人刺破教会的穹顶,靠的是那些一心想要看到蓝天的可恶之人的努力。而且,文艺复兴主要出现在远离经院各派和文人学者的领域,出现在"丛林学院"(School of the Bush)里,也就是撒旦教导女巫和牧羊人的地方。

假若果真如此的话,这种教导原本是非常险恶的;不过,正是其中的危险,强化了人们那种热切的激情,增强了人们不可遏制地渴望看到和了解的那种心情。如此一来,那些邪恶的科学便开始出现了,比如不会让人中毒的医学和令人讨厌的解剖学。在那里,牧羊人除了观察天象、守望星辰,还在运用着一些可耻的秘方,在牲畜的身上撰写自己的论文。女巫会从附近的墓地偷出尸体;于是,您就有可能冒着被教会烧死的风险,头一次得以仔细端详那种神圣的奇迹,正如塞尔先生[①]曾经中肯地指出的那样,"人类极其愚蠢地埋葬,而非努力去理解"的奇迹。

帕拉塞尔苏斯是撒旦唯一允许到过那里的人,他还看到了第三个人;此人偶尔会偷偷溜进那个阴森森的集会之所,在那里展示自己的外科手术本领。此人就是那个幸福时代的外科医生,即双手粗壮有力的刽子手,能够娴熟地操作刑具,能够打断骨头,然后再次把骨头安回原状;就算杀人无数,有时他也会救人一命,只是会把人吊上一定的时间。

这座由女巫、牧羊人和刽子手等罪人组成的"大学",用其更加亵渎神明的论文,让对方变得更加大胆,并且迫使对手去学习。因为每一方都想生存下去。女巫原本会掌控一切;果真如此的话,人

[①] 塞尔(Étienne Serres,1786—1868 年),法国医生兼胚胎学家,著有《胚胎学、动物学与畸形学原理》(*Principes d'embryogénie, de zoogénie et de tératogénie*)等作品。

们就会对神学家永远不理不睬。因此，教会只好甘愿受苦，支持这些罪行了。教会曾信誓旦旦地称，它相信世间有善良的毒药（格瑞兰迪乌斯①所说）。教会发现，它被迫允许进行公开解剖。意大利人蒙迪诺②曾于1306年解剖过一具女尸，并在1315年又解剖了一具。这是一种神圣的启示，让人们发现了一个更加辽阔的世界，甚至超过了克里斯托弗·哥伦布（Christopher Columbus）发现的新大陆！在这种发现面前，愚人瑟瑟发抖或者怒吼不已，而智者却是双膝跪地，顶礼膜拜。

* * *

取得了这样的胜利，魔鬼自然可以继续生存下去。单凭教会，永远都无法终结掉魔鬼。除了达到某些政治目的，火刑本身毫无用处。

人们马上发挥出了聪明才智，将撒旦的王国分成了两半。针对身为撒旦之女兼新娘的女巫，人们将撒旦之子即医生武装起来了。虽说极度憎恨医生，但为了消灭女巫，教会却确立了医生的垄断地位。在14世纪，教会曾昭告天下，称任何女性要是没有经过正规学习就胆敢给别人治病的话，那她就是一名女巫，就必须去死。

不过，女巫又怎么能够正大光明地去学习呢？想象一下，如果这可怜的野蛮之人胆敢进入学校里去学习，会是怎样一件既可笑又恐怖的事情吧！那将是何等热闹狂欢的一幕场景啊！以前，每

---

① 格瑞兰迪乌斯（Paolus Grillandus，约1490—?），16世纪的意大利宗教法官，著有《异端邪说》（*Tractatus de hereticis et sortilegiis*）等作品。亦拼作"Paolo Grillandi"。
② 蒙迪诺（Mondino de Luzzi，约1270—1326年），中世纪的意大利医生、解剖学家和外科教授，著有《人体解剖学》（*Anathomia corporis humani*）。

到施洗约翰节①降临,他们常常把猫拴在一起,放到火上烧死。不过,要是把一名女巫捆起来投入那个鬼哭狼嚎的地狱中,要是一名女巫尖叫着被火烧死,这种情景对那些可贵的年轻僧侣来说,又该多有意思啊!

到了适当的时候,我们还会看到撒旦的没落。说来令人伤感,我们会发现撒旦受到招抚,变成了一个老好人。他会遭到劫掠抢夺,连他在"巫魔会"上所戴的两张面具中最邪恶的一张,也被达尔杜弗②攫走了。尽管撒旦的灵魂仍然无所不在,可其肉身却在失去女巫的过程中荡然无存了。至于男巫,只会让他感到厌烦。

既然已经把撒旦完全踩在了脚下,可我们究竟清不清楚发生的情况呢?在刚刚有点儿不太正常的那台巨大的宗教机器中,撒旦难道不是一个重要的角色,难道不是必不可少的一员吗?所有功能正常的机体都具有双重性和两面性。如若不然,生命根本就无法存续。生命是两种力量之间的一种平衡状态,这两种力量相互对立、彼此对称,却并不平等;弱势一方既与强势一方相对应,又与之相抗衡。强势一方对前者感到心烦,一心想要置之死地而后快。可这样做,其实完全错了。

当柯尔贝尔③在1672年禁止法官受理巫术申诉案件,几乎不

---

① 施洗约翰节(Midsummer Day),基督教纪念"施洗者约翰"的一个节日,为每年的6月24日,亦称"仲夏节"。施洗者约翰(John the Baptist)曾在约旦河为众人和耶稣施洗,故得此别名。
② 达尔杜弗(Tartuffe),法国17世纪喜剧作家莫里哀所作同名喜剧中的主人公,是个假装虔诚的伪君子,后来这个名字就成了"伪君子"的代名词。
③ 柯尔贝尔(Jean-Baptiste Colbert,1619—1683年),17世纪法国路易十四时代的政治家兼国务活动家,曾长期担任法国的财政大臣与海军国务大臣等职。

声不响地摆脱了撒旦之后,不屈不挠的诺曼底最高法院[①]却带着诺曼人的那种合理逻辑,指出了这一决定具有的危险倾向。魔鬼完全属于一种教义,与其他所有的教义都密不可分。如果去干涉"永恒的被征服者",难道不会同样是在干涉"征服者"吗?[②] 对前者行为的质疑,会导致对后者行为的质疑,也就是质疑上帝旨在对抗魔鬼所行的种种奇迹。支撑天堂的柱石,基座原本就立在地狱的深渊当中。贸然地铲除筑于地狱之中的基座,天堂本身就有可能山崩地裂。

柯尔贝尔当时有太多的事情要操心,因此没有听取这种意见。不过,魔鬼或许留意到了这一点,但受到了安抚。在从事着像通灵术或者亡者显灵这样卑微的谋生之道的过程中,魔鬼日渐隐退,并且认为,至少他不会孑然死去。

[①] 诺曼底最高法院(Parliament of Normandy),法兰西王国时期的一个省级高等法院,因位于鲁昂而又称"鲁昂最高法院"(Parliament of Rouen)。
[②] 此处"永恒的被征服者"(the Eternal Conqueror)和"征服者"(Conqueror)分指魔鬼与上帝。

上　卷

第一章

诸神之死

有些作家曾经宣称,基督教获得胜利之后不久,爱琴海沿岸就出现了一个神秘的声音,在大声呼喊着:"伟大的潘神①已死!"这位古老的、掌管自然的宇宙之神不复存在了;因此,世间当时一片欢欣鼓舞。人们都以为,随着自然之死,诱惑本身也已消亡。经历了如此混乱而漫长的一场暴风骤雨之后,人类的灵魂终于获得了一丝宁静。

这个问题,仅仅是触及了那种古老崇拜的终结、被人推翻以及那些古老宗教仪式的消亡吗?绝对不是。查阅一下最早的基督教文献,我们就会发现,字里行间全都充斥着一种希望,认为自然必将消亡,生命必将灭绝;简而言之,就是说世界末日近在眼前。掌管生命的诸神全都已死;他们的嘲笑,已经到了如此一种地步。一

---

① 潘神(Pan),古希腊神话中司羊群和牧羊人以及自然、山林乡野的神,是赫尔墨斯(Hermes)的儿子,有着人一样的头和身躯,山羊的腿、角和耳朵,好色,其模样在中世纪被欧洲天主教妖魔化而成了恶魔。在古希腊神话中,半人半羊的潘是创造力、音乐、诗歌与性爱的象征,同时也是恐慌与噩梦的标志。

切都在堕落、崩溃和向下坍塌。整个世界正在变成虚无:"伟大的潘神已死!"

诸神必死,这并不是什么新鲜的事情。古时的许多宗教崇拜,都以此种观念为基础。实际上,奥西里斯①和阿多尼斯②都曾为了复活而死去。而在舞台上,在只于众神节日里上演的戏剧中,埃斯库罗斯③也曾明明白白地通过普罗米修斯之口,断言有朝一日诸神都会死去;可诸神会如何死去呢? 就是被大自然古老力量的化身泰坦④巨人所征服、所击垮。

然而,在这一点上,实际情况却恰好相反。无论是在通常情况下还是在特殊情况下,无论是在过去还是在将来,早期的基督徒都会诅咒大自然本身。他们对大自然如此怨声载道,因此竟然会在一朵鲜花中找到魔鬼的化身。愿从前征服过死亡之海那些城邑的天使,速速重现! 但愿他们可以横扫一切,把这个尘世的空架子当成一层薄纱那样揉成一团;但愿他们最终可以把圣徒们从漫长的考验当中解救出来!

福音传道者⑤曾言:"此日即将到来。"神父们也曾声称:"那日

---

① 奥西里斯(Osiris),古埃及神话中的冥王,也是植物、农业和丰饶之神,据说生前是一个开明的法老,惨遭自己的弟弟害死,后被阿努比斯(Anubis)做成木乃伊复活,成为冥界主宰和死亡判官。
② 阿多尼斯(Adonis),古希腊神话中的春季植物之神,本为王室美男子,为爱与美神阿芙罗狄忒(Aphrodite)所爱,后被野猪所杀,据说他的生命分别在阴间和阳间渡过,象征着生命的轮回。
③ 埃斯库罗斯(Æschylus,公元前525—前456年),古希腊的三大悲剧作家之一,代表作品有《被缚的普罗米修斯》《阿伽门农》等。
④ 泰坦(Titan),古希腊神话中曾经统治世界的一个古老神族,是天神乌拉诺斯(Uranus)和地神盖亚(Gaea)的子女,最终被宙斯为首的奥林匹斯神族推翻并取代。亦译"提坦"。
⑤ 福音传道者(Evangelist),指《圣经·新约》中《福音书》的任何一位作者,即马太、马可、路加和约翰。

马上降临。"从古罗马帝国分裂和蛮夷入侵时起,圣奥古斯丁①就满怀希望,说世间除了上帝之城,很快就不会再有城市留存了。

然而,尘世的消亡是多么艰难,它又多么顽强地想要继续活下去啊!就像希西家王②一样,它乞求获得喘息之机,乞求表盘能够再转上一圈。好吧,那就这样,直到公元 1000 年吧。可自此以后,多加一天也不行了。

* * *

对于人们经常翻来覆去地说的一些事情,说旧时诸神已经终结,因为诸神自己早已疲惫不堪、不想再活,说诸神无比沮丧,几乎达到了递交辞呈的程度,说基督教只得将这些空无一物的阴影吹散于无形,我们又有没有十足的把握呢?

这些说法所针对的,是古罗马的诸神;人们提到了卡匹托尔山③上的众神,承认诸神只是初步死去。要我来说的话,诸神是将当地的精髓全都拱手让出之后才死去的,因为他们非但抛弃了自己的国家,也不再是各个民族精神的代表了。事实上,为了接纳诸神,罗马还对诸神实施过一场残酷的手术,使得诸神全都虚弱无力、脸色惨白。那些被罗马集中起来的伟大神灵,在其正式的生活当中,变成了古罗马帝国中一个个哀容戚戚的官员。不过,奥林匹

---

① 圣奥古斯丁(St. Augustin, 354—430 年),罗马帝国时期的基督教神父兼哲学家,曾任希波勒吉斯地区(Hippo Regius,今阿尔及利亚)主教,著有自传体作品《忏悔录》(Confessions)及长篇作品《神之城市》(De civitate Dei)。
② 希西家王(Hezekiah,约公元前 741—前 686 年),《圣经》中的犹大国国王,据说因为积极倡导百姓重新敬拜上帝并遵守上帝的谕令而被上帝加寿 15 年。
③ 卡匹托尔山(Capitol),组成罗马城地基的七座山丘之一,原本用于祭祀古罗马神话中的农神(Saturn),后来又建了朱庇特(Jupiter,即古希腊神话中的众神之首宙斯)神庙。

斯山诸神的没落,却没有减少本土神灵的数量,一众本土神祇依然掌控着无边无际的乡村、森林、山岳和泉流,仍然与乡村生活紧密地结合在一起。这些本土神祇都深居于橡树的中心和深渊急流之中,无法从中驱逐出去。

这是谁说的呢?当然是教会。教会粗鲁无礼地否定了自己说过的话。由于早已宣布诸神已死,因此教会对诸神依然活着大感恼火。一次又一次,教会执事会①曾经用带有威吓性的口吻宣称诸神已死,可您瞧啊,诸神却依然活着。

"他们都是魔鬼。"所以,他们必定会活着。既然没能把他们消灭,人类就只能忍受,任由朴素的百姓去打扮和伪装诸神了。借助神话传说的力量,他们都来接受了洗礼,甚至被迫加入了教会。不过,他们起码也应当皈依了教会吧?还没有。我们会发现,他们仍然偷偷地用以前的异教徒身份生存着。

他们都在哪里呢?是不是在沙漠、荒野和森林里?是的;不过,主要还是在人们的家里。他们都因那些最私密的家居习惯而得以保留下来了。家中的妻子会保护他们,将他们隐匿在家用物品里,甚至藏在自己的卧榻上。有了她,诸神就得到了世间的最佳之所,也就是壁炉边,此处甚至比神庙更理想。

* * *

世间从未有过一场革命,像狄奥多西②的革命那样猛烈。在

---

① 参见曼西(Mansi)、巴吕兹(Baluze);"亚勒尔大公会议"(Council of Arles),第442页;"图尔大公会议"(Council of Tours),第567页;"莱普亭大公会议"(Council of Leptines),第743页;《法令集》(*Capitulanies*)等,甚至可以参阅格尔松(Gerson)对于1400年前后的描述。——作者注
② 狄奥多西(Theodosius, 346—395年),最后一位统治整个古罗马帝国的皇帝,曾经废止古奥运会、宣布基督教为国教,死前将帝国一分为二,分封给两个儿子。

026　　中世纪的女巫

古时,我们可看不到一些如此来禁止任何一种宗教崇拜的痕迹。波斯的拜火教徒出于纯粹的英雄主义,可能亵渎过那些看得见的神祇,可尽管如此,他们还是任由这些神祇存在。拜火教极其偏爱犹太人,既保护了犹太人,又利用了他们。希腊是光明的女儿,曾经嘲弄过黑暗诸神,嘲弄过长着啤酒肚的卡皮里①;可希腊还是容忍了这些神灵,役使他们,甚至从中塑造出了希腊自己的火神(Vulcan)。威严无比的罗马非但包容了伊特鲁里亚②,甚至还包容了古意大利劳动人民那些乡野神祇。罗马虽说曾经迫害过德鲁伊教③,但也只是把这个教派当成一种危险的民族抵抗中心,才去加以迫害的。

　　基督教进行征服的目的,却是为了消灭敌人。这种征服,通过废除逻辑和根除哲学家,从而摧毁了学校;比如说,瓦伦斯④就曾大肆屠杀哲学家。基督徒把寺庙夷为平地,或者劫掠一空,将各种神像打得粉碎。假如耶稣的父亲不是因为自己是圣约瑟⑤而没有解除婚约,假如圣母马利亚被设立为一名女教师,并且合乎道德地生下了耶稣,那么这种新的传说可能会对耶稣的整个家庭更加有利。那里原本就有一条成就不凡的道路,可从一开始就被弃之一

---

① 卡皮里(Cabiri),希腊萨莫色雷斯岛(Samothrace)与忒拜(Thebes)等地崇拜的数个神秘的阴间神灵。
② 伊特鲁里亚(Etruria),意大利中西部的一个古国,公元前7世纪曾经迅速发展和对外扩张,形成伊特鲁里亚文明,后因罗马帝国崛起而没落和同化。
③ 德鲁伊教(Druid),指基督教占据英国之前,在古英国凯尔特文化中占据统治地位的一种宗教组织,其本义是指"熟悉橡树的人"或"橡树贤者"。
④ 瓦伦斯(Valens,328—378年),东罗马帝国皇帝,后在与哥特人的战争中战死。
⑤ 圣约瑟(Saint Joseph),耶稣的世俗养父。据说耶稣的生母马利亚与之订婚后,还没有结婚前,就受圣灵感召怀了孕;约瑟因为尚未和马利亚圆房,所以打算暗中解除婚约而不公开羞辱她,不料在梦中遇见天使长加百列,得知内情后决定顺服上帝的旨意。

边,因为人们努力想要获得一种高尚却空洞无比的纯洁。

于是,基督教便转到了尘世正在独自前行的一条孤独之路上,那是一条独身禁欲的道路,历任皇帝曾经都制定律法来反对这条道路,却都徒劳无用。修道制度的确立,更是让基督教在这条下坡路上一路向前猛冲。

不过,这个荒漠之上难道只有人类吗?魔鬼其实一路都如影随形,并且带着各种各样的诱惑。人类控制不住自己,被迫重新创造出一个个群体,甚至是一座座隐士之城。我们全都知道,西拜德[1]兴起的一座座城镇中,全都是面容阴郁的修道士;我们全都知道,他们当中弥漫着一种何等狂野不羁和桀骜不驯的灵魂,以及他们对亚历山大港[2]的进击是何等的致命。他们曾经说到过自己被魔鬼所困扰的情况,而且他们并未说谎。

世间形成了一道巨大的鸿沟;又该由谁去填补这道鸿沟呢?基督徒都称,魔鬼,到处都是魔鬼:**处处是恶魔**。[3]

希腊与其他国家一样,也有自己的魔鬼附体者,即那些受到了极大考验、被鬼魂附身的人。其中的关联,在很大程度上是属于表面上的;看来相似,其实根本就没有相似之处。在这里,我们可没有看到任何一种鬼魂,不过都是处在深渊当中、皮肤黝黑的孩子,都是反复无常的理想形象罢了。从那以后,我们到处都能见到他们,看到那些忧郁而令人生厌,一见到自己就浑身发抖的可怜之

---

[1] 西拜德(Thebaid),埃及底比斯(Thebes)周围的一个地区。
[2] 亚历山大港(Alexandria),埃及北部地中海沿岸最重要的一个港口,也是如今该国的第二大城市。
[3] 参见《沙漠神父的生活》(*The Lives of the Desert Fathers*),A. 莫里(A. Maurie)在《巫术》(*Magie*)第 317 页中引述过该作者的话。14 世纪时,"以弗所派"(Messalian)教徒以为自己身上全都是魔鬼,因此不停地吐口水、擤鼻涕,不遗余力地想要把魔鬼吐出来,令人觉得难以置信。——作者注

人。想一想,假如想象自己由两个人组成,您信任那个对方,可后者有如一个残酷无情的主人,在您的体内来来去去、到处乱跑,随心所欲地让您在荒漠上、在悬崖边乱走,该是一种什么样的情景啊!您的精力会越耗越多,体力则会越来越弱;而您那具可怜的躯壳越是虚弱,它对魔鬼的担忧也就越厉害。这些暴君,尤其会附着于女性身上,让女性喘不过气来,极易激动。它们往女性体内注入阵阵阴风,在女性体内酝酿一场场暴风骤雨,心血来潮时把女性玩弄于股掌之间,令她们陷入邪恶,陷入绝望。

呜呼,不止是我们自己,整个大自然都变成了恶魔!鲜花当中尚有魔鬼,那么阴森可怕的森林当中,又该有多少啊!我们认为极其纯洁的光明,沐浴在黑夜之子身上。天堂本身呢,噢,说句亵渎神明的话,全是地狱。那颗神圣的启明星,其耀眼的光芒以前经常照耀着苏格拉底、阿基米德和柏拉图这样的人,可如今又变成什么样子了呢?它也变成了魔鬼,变成了魔王路西法①。而到黄昏之时,又是邪恶的维纳斯②,用她那柔和而温婉的光芒,诱惑着我!

因此,这样一个社会日益变得暴怒和可怕,就是不足为奇的一件事情。由于对自己反抗魔鬼时如此软弱感到愤怒,因此它会上天入地,在神庙里,在古人曾用于祭拜,然后又成了异教徒殉道者所用的祭坛上,到处追击魔鬼。是不是可以设立更多的宗教节日呢?它们很可能会成为众多偶像崇拜者的集会。圣子之家本身也

---

① 路西法(Lucifer),希伯来语中对启明星(即金星)的称呼,原指"明亮之星",后演变成基督教传说中的堕落天使。据说堕落天使曾经带领天使们暴乱,成为七魔王之首,成了地狱之王,也成了"撒旦"的另一种叫法。
② 维纳斯(Venus),即金星。此星日出时现于东方,称为"启明",黄昏时现于西方,名曰"长庚"。在古罗马神话中维纳斯是爱与美的女神,位列十二主神之一,对应于古希腊神话中的阿芙罗狄忒。

开始受到人们的质疑,因为习俗可能会让家人在古老的拉列斯①周围团聚。而且,为什么要有家人呢?整个帝国就是一个由修道士组成的帝国啊。

不过,个人本身尽管沉默不语和孑然一身,却依然会仰望天空,依然会崇拜他在星辰之中重新看到的古老神灵。"就是他,"狄奥多西皇帝曾经如此说道,"导致了帝国的一场场饥荒和所有的瘟疫。"那些可怕的话语,使得民众将怒火盲目地发泄到了原本无害的异教徒身上。律法也盲目地将所有的怒火释放出来,去反对他们的律法。

汝等上古之神灵啊,前往尔之坟墓!将汝等消灭,爱、生命与光明诸神!披上修士之斗篷。少女们,变身为修女。妻子们,弃绝汝之夫君;若汝等宁愿看家,可作彼之冷漠姐妹。

但这一切,都可以做到吗?有谁能够,一口气就足以吹熄上帝那盏熊熊燃烧的明灯呢?此种由不敬之虔诚导致的草率行为,可能激发出一些奇怪而荒谬的奇迹。颤抖吧,尔等罪人!

在中世纪,人们经常会说起"科林斯的新娘"(Bride of Corinth)这个悲惨的故事。哈德良②手下的自由民弗勒干③曾经在一个快乐的时刻讲述过这个故事,而我们在 12 世纪看到过,在 16 世纪再次看到了;它既是大自然本身的深刻谴责,也是自然本身一种不可战胜的反抗。

---

① 拉列斯(Lares),古罗马神话中的家庭守护神。
② 哈德良(Adrian,76—138 年),古罗马帝国皇帝、军事家和政治家,在位时开拓了帝国北部疆域,并修筑了哈德良长城。
③ 弗勒干(Phlegon,生卒年不详),哈德良皇帝时期的希腊自由民,曾编著了一部奇闻合集《论天下异事》(*On Wonderful Events*),"科林斯的新娘"就是其中的一个故事,后歌德以此为题材创作了同名作品。

* * *

"雅典的一位年轻人前往科林斯的一户人家,那户人家原本答应把女儿许配给他。这个年轻人当时还是一位异教徒,并不知道自己想去的那户人家刚刚皈依了基督教。他抵达的时候,天色已经很晚了。那一家人全都已经休息去了,只有母亲还没睡,就给他做了丰盛的晚餐,然后让他去睡觉。由于累得要命,年轻人便躺下了。刚要睡着,一个人走进了他的房间:那是一位全身白衣、脸上也蒙着白纱的姑娘,前额上戴着黑金相间的发带。她看到了那个年轻人,便惊讶地举起白皙的手,说:'那么,难道我在家里也已成了陌生人吗?唉,可怜的隐士! ……可我害羞,要走了。继续睡吧。'

"'留下来吧,美丽的姑娘! 这是酒神巴克斯、谷神克瑞斯,爱神也与您同行。不要害怕,脸色也不要如此苍白!'

"'啊! 离我远点,年轻人! 我与幸福再也毫无关系了。由于母亲在病中立下了一个誓言,我的青春与生命已经永远注定。诸神都已逃走,人类受害者就成了我们如今唯一的祭品。'

"'哈! 难道就是您,您,我亲爱的未婚妻,从小就许配给了我的那个未婚妻? 我们祖辈所起的誓言,让我们在上天的赐福之下,永远结合在一起。姑娘,你是我的!'

"'不,我的朋友,不是我。汝当迎娶吾妹。若我于冰冷的地牢之中呻吟,汝是否会在伊之臂弯中想起我,想到我正日渐憔悴、只思念着汝,想着我又要被尘土掩埋。'

"'不,我对着这灯盏、对着许门①的火炬起誓,汝当随我一起

---

① 许门(Hymen),古希腊神话中的婚姻之神。"许门的火炬"(the torch of Hymen)现一般指"爱情、婚姻"。

回家,去见我的父亲。安歇吧,吾之爱人。'

"年轻人给了她一个金杯,当作彩礼。姑娘将自己的项链送给了他,却不要那个金杯,而是要求得到他的一缕头发。

"此时,到了举杯畅饮的时候;她用苍白的双唇,啜干了深红如血的葡萄酒。小伙子也像她一样,贪婪痛饮。他向爱神求恳。姑娘仍然抗拒着,只是她那可怜的心脏,似乎就要死去。小伙子开始绝望,便倒在卧榻之上哭泣起来。姑娘立刻扑倒在他的身旁。

"'噢!汝之悲伤,令吾何等难过!但是,汝若想抚摸我,哦,太恐怖了!那么,洁白如雪、冷漠如冰的我,将为汝之新娘。'

"'吾将再次暖汝之心;请到我这里来,汝非从坟墓里而来。'

"他们不停叹息着,相互亲吻。

"'汝有否感知吾之温暖乎?'

"爱情有如麻绳,将他们紧紧缠绕。他们的泪水与欢乐,交织在一起。随着从他的嘴中饮下烈火,她有了改变:她那冰冷的血液,燃起了激情;而她的内心,也不再怦怦直跳。

"可她的母亲,却在那儿听着。温柔呢喃的誓言,悲伤与快乐交织的呼喊。

"'嘘,公鸡打鸣了,明晚见!'接下来,他们亲吻了一次又一次,才依依不舍地告别。

"姑娘的母亲怒气冲冲地闯了进来;她看到了什么?看到了她的女儿。小伙子原本可能已经将姑娘藏了起来,用被子盖住她。可她挣脱了,在卧榻之上站起身来。

"'噢,母亲,母亲,您不愿意让我度过一个快乐的夜晚;您会把我从这个温馨的地方赶走!难道把我用裹尸布包住,把我送进坟墓还不够吗?有种更大的力量,已经将那墓石抬起。就算您请的神父们在为我掘出的墓穴之上喋喋不休地念经,也是枉然。青春

之火熊熊燃烧的地方,盐和水又有何用?泥土没法让爱情冻僵。您许下了诺言,我也刚刚收回了自己的承诺。'

"'呜呼,亲爱的朋友,汝必死去:汝只会干枯憔悴于此。我拿到了汝之头发,明日发即变白……母亲,最后再祈祷一次吧!打开我那阴暗的地牢,竖起一根桩子,让爱我的人儿在火焰中得到安息吧。让火花飞上天空,让灰烬变红。我们将奔向旧时的神灵。'"①

* * *

在中世纪,这个故事披着一层奇形怪状的外衣,用"邪恶的维纳斯"(Devil Venus)来吓唬我们。一位年轻的小伙子会鲁莽地把一枚戒指戴到了维纳斯雕像的手指上,而她则紧紧地攥着戒指,将它像新娘一样守护着,并且在夜晚来到小伙子的卧榻之上,去维护自己的权利。如果不举行驱魔仪式,小伙子就摆脱不了这个邪恶的配偶。同一个故事,还被人们愚蠢地用到了圣母马利亚(Virgin)身上,我们在《故事诗》②中就可以看到。假如我没有记错的话,路德③也在其《席间漫谈》一书中,用一种非常粗俗的方式讲述了这个古老的故事,直到读者都能闻到尸体的味道才罢手。西

---

① 作者在此隐瞒了一种令人震惊的说法。歌德外表显得很高尚,可其诗作的精神却并非如此。他用一种可怕的盲从思想玷污了希腊人的观念,破坏了这一传说中的奇妙之处。歌德在诗作中,待二人悲伤啜泣之时,把那位少女变成了一个吸血鬼。她之所以前来,是因为她嗜血,可以吸食小伙子心中的鲜血。而且,歌德还让那名少女冷酷地说出了下述不敬不洁之语:"等到结果了他,我就会去找其他人;年轻人的鲜血,将为吾之愤怒献祭。"——作者注
② 《故事诗》(*Fabliaux*),中世纪欧洲市民文学的代表作之一,亦译《小故事诗》,流行于1170年至1340年间,现存150篇左右,常以教士为嘲讽对象,暴露教士的贪婪、狡诈、勾引妇女等恶行劣迹,篇末往往有道德教训,总结全诗的意义,风格以粗俗幽默为主,作者多半佚名。
③ 路德(Martin Luther,1483—1546年),16世纪德国宗教改革运动的倡导者和基督教新路德教宗的创始人。《席间漫谈》(*Table Talk*)由其语录汇编而成。

班牙人德尔·里奥(Del Rio)则把故事场景转移到了布拉班特公国(Brabant)。在此人所述的故事中,新娘是在结婚之前不久去世的,丧钟正在鸣响。新郎疯狂地在乡间跑着。他突然听到了一声悲叹。原来新娘正独自在荒原上徘徊。"汝可否看见,"新娘说道,"谁在为我领路?"但新郎赶上了她,将她背回了家。到了此时,故事原本可能变得太过感人;可德尔·里奥这位冷酷无情的异端审判员却就此打住了。"揭开她的面纱之后,"德尔·里奥说,"他们只看到了一段木头,上面蒙着一具尸骸的皮囊。"勒罗耶法官[①]虽说很愚蠢,却复原了这个故事较早的版本。

自此以后,这些阴郁忧伤的说书人就完蛋了。我们所处的时代发端之前,这个故事毫无用处,因为到了那时,新娘已经胜利。大自然已从坟墓中回归,并且不是偷偷回归,而是以家中女主人的身份,正大光明地回归了。

[①] 勒罗耶(M. le Loyer),中世纪法国的一位胡格诺派法官,曾在 1590 年出版《失落的十部族》(*The Ten Lost Tribes*)一书。

第二章

中世纪为何陷入绝望

"像才生的婴孩（quasi modo geniti infantes）[①]；在无罪的内心中，应当彻底保持童真；应当平和，忘却一切纷争，安详地安息于基督手下。"这就是教会在人类大堕落之后的那个清晨，向这个风雨交加的尘界提出的善意忠告。换言之就是："火山、废墟、灰烬和熔岩，都会披上绿色。汝等业已焦渴之平原，将鲜花满地。"

只有一件事情，确实让人对重现和平抱有了希望，那就是所有的学校都已关闭，逻辑之路也已为人们所弃。这是一种极其简单的消除纷争之法，为所有的人都提供了一条和缓的下坡路，人们除了就坡下台，就别无选择。如果教义令人生疑，人生就会一路沿着传说的道路前行。从头到尾，就只有**模仿**这一个词可以概括了。

[①] 引自《圣经·新约·彼得前书》2∶2，"就要爱慕那纯净的灵奶，像才生的婴孩爱慕奶一样，叫你们因此渐长，以致得救。"

"只需模仿,便会万事大吉。模仿就是演练和效法。"不过,这是不是通往真正的童年,让人心活跃起来并使之回到那种清新而硕果累累的春天去的那条道路呢?而在这个要让我们变得年轻和宛如孩童的世间,我首先看到的,除了年龄的种种象征,就别无他物了;只有狡猾、奴性和对权力的欲望。在面对古希腊人和犹太人那些光辉的不朽巨著时,这又算得上哪门子的文学呢?我们在文学方面的式微,与印度从婆罗门教发展到佛教过程中的衰落一样,成了一种高贵的灵感过后的一种语无伦次。图书抄袭图书,教派抄袭教派,直到它们无法再这样抄来抄去为止。它们属于相互抢劫,就像亚琛①如今仍然点缀着从拉文纳②掠来的大理石一样。那时的社会生活,全是如此。一座城市里身兼主教一职的君主、一个部族的蛮夷国王,都会照搬罗马官吏的那一套。尽管人们可能会认为这种做法具有原创性,可正如夏多布里昂③恰如其分地指出的那样,我们的僧侣在修道院里,只是在修复他们那些古老的乡间别墅(Villa)罢了。他们既没有创造一个新社会的想法,也没有滋养那个旧社会的念头。在模仿东方僧侣的过程中,他们希望,服侍他们的仆人本身首先应当是无法生育的小僧侣兼劳力。正是在他们的恶毒之中,家庭在自我更新的过程中,也更新了整个世界。

看一看这些老耄之人继续变老的速度有多快,看一看我们是

---

① 亚琛(Aix-la-Chapelle),德国西部靠近比利时和荷兰边境的一座城市。相传 742 年查理大帝出生于此地,故后来将此地定为北都。
② 拉文纳(Ravenna),意大利东北部的一座港口城市。查理大帝曾将此地的很多宝物掠去装饰亚琛,还从罗马和拉文纳两地的古建筑上拆许多石柱,运往了亚琛。
③ 夏多布里昂(Chateaubriand,1768—1848 年),法国作家、政治家、外交家,是法国早期浪漫主义的代表作家,著有小说《阿达拉》《勒内》《基督教真谛》等。

怎样在一个时代里就从睿智的修道士圣本笃①堕落到了"阿尼安的本尼迪克特"这种迂腐味十足的修道士②,我们就会感觉到,这些人对那种在废墟中蓬勃发展起来的、了不起的大众创造成果,即《圣徒传》③可以说是一无所知。就算修士们撰写过什么,那也是民众要求他们去写的。这种年轻的植物,可能会从已经变成了一座修道院的古罗马废墟上的那些裂缝当中,萌发出一些枝叶与花朵来;不过,我们几乎可以肯定的是,它率先萌发的地方并非这里。它深深扎根于地下,由民众播种,由家庭培育,会获得每一个人的帮助,不论男女老幼,都是如此。那个时代充满暴力,生活动荡不安、多灾多难,使得这些可怜的民众都富于想象力,容易相信自己所做的梦,认为那些梦想会给他们带来莫大的安慰;它们都是古怪的梦想,其中充斥着奇迹,也充斥着愚行,虽说荒谬,却很迷人。

这些家庭都与世隔绝,深处林间与山中,就像我们如今在提洛尔④或者阿尔卑斯高地上仍然可以看到的那样;他们每周只下山一次,从来就不缺乏荒漠中的种种海市蜃楼。一名孩子看到了这个,某个女人又梦到了那个。一位新的圣徒就此开始出现。关于这位圣徒的故事,以带有打油诗韵律的民谣形式,逐渐流传开来。

---

① 圣本笃(St. Benedict,480—547 年),意大利天主教教士、圣徒兼本笃会的创建者。他被誉为西方修道院制度的创立者,于 1220 年被追封为圣徒,是天主教会的重要圣人之一。其全称是"努西亚的圣本笃"(Saint Benedict of Nursia)。后文中所称的"阿尼安的本尼迪克特"(Benedict of Aniane)是本笃会的一位修士兼修道院制度改革者,对法国加洛林王朝时期的宗教实践产生了重大的影响。
② 在查理大帝治下,本尼迪克特曾在朗格多克(Languedoc)的阿尼安(Aniane)修建了一座修道院。——作者注
③ 《圣徒传》(*The Lives of the Saints*),英国天主教神父兼圣徒传记作家阿尔班·巴特勒(Alban Butler,1710—1773 年)的代表作。
④ 提洛尔(Tyrol),阿尔卑斯山区中横亘奥地利西部与意大利北部的一个地区。亦拼作 Tirolo。

人们会在傍晚时分，在泉眼旁边的橡树之下，和着这首民谣载歌载舞。等到神父在星期日来到林中的教堂做礼拜时，发现那首传说中的圣歌已经在每个人的口中诵唱了。他便如此告诉自己："毕竟来说，历史是有益的，是有教化意义的……它会为教会增光。民众的声音，就是上帝的声音！（*Vox populi , vox Dei* !）不过，他们又是如何发现的呢？"人们可以让他看到无可辩驳的证据，就在见证过那个幽灵、见证过那种奇迹的某棵树上，或者某块石头上。对此，他还能说什么呢？

回到修道院之后，这个故事就会交给一个一无是处，只会写点儿东西的僧侣；这个僧侣充满了好奇之心，什么事情都相信，而不管事情是多么不可思议。他会用平淡乏味的词句加以修饰，将故事写出来，还会稍稍有点儿弄巧成拙。不过，如今故事已经写出来，被教会确认和神圣化，在修道院的饭堂里诵读，并且不久后就在教堂里诵读了。故事被人们一遍遍地抄下来，不停地添油加醋，并且主要都是增添些怪异之处进行美化，然后就会一代代地流传下去，最终在《黄金传说》①中占据了重要的位置。

* * *

如今，当那些美好的故事再次读给我们听的时候，甚至是听到那些乡下民族将自己的年轻心灵毫无保留地投入了那种简单、严肃而朴实的氛围中时，我们都会情不自禁地去纪念一种伟大的灵感；而在反思他们的命运时，我们也会感动得迸发出怜悯之心来。

他们确实采纳了教会提出的那种感人的建议："像才生的婴

---

① 《黄金传说》（*The Golden Legend*），中世纪欧洲广为流传的一部圣徒传记集，由意大利传记作家兼热那亚大主教雅各·德·瓦拉金（Blessed Jacobus de Varagine）编纂而成。

孩。"不过,他们还给这种建议赋予了一种意义;乍一想去,这种意义,我们是做梦都想不到的。这些人都珍视大自然,程度不亚于教会对大自然的害怕与厌恶;他们认为大自然极其朴实纯洁,甚至在结合了大自然的各种传说当中,也把后者奉为神圣。

《圣经》当中尖刻地称之为"长毛"的那些动物,即修道士们都信不过、害怕在它们当中发现魔鬼的动物,也以最动人的一种方式,进入了这些美丽的故事当中;比如说那头母鹿就让布拉班特的热纳维耶芙①振作起了精神,获得了莫大的慰藉。

即便是在传说中的生活以外,在普通的日常生活中,炉边那些卑微的朋友、人类工作中那些大胆无畏的帮手,也再次得到了人类的尊敬。它们都有自己的律法②,也有自己的节日。假如上帝那种无涯无际的仁慈当中,连最卑微的生物也有容身之地,如果上帝对这些卑微的生物似乎显出了一种满怀怜悯之心的偏爱,那么乡下之人就会问道:"我的驴子为什么没有加入教会呢?毫无疑问,驴子具有自己的缺点,但在这一点上,驴子不过是更像我罢了。驴子吃苦耐劳,但脾气倔强;它桀骜不驯、顽固不化、刚愎自用,总而言之,就跟我本人一样。"

由此,便出现了中世纪一些奇妙也最美好的盛大节日,比如傻瓜节、愚人节和驴子节。此外,在这些节日上,都是民众自己扮成驴子的模样,绘出自己的形象,丑陋、滑稽而卑贱地呈现在祭坛之

---

① 布拉班特的热纳维耶芙(Geneviève of Brabant),据说是德国特里尔(Treves)伯爵的妻子,因受到伯爵大管家的不实指控而被判处死刑,但刽子手救了她一命,之后她与儿子在一个山洞里生活了六年,其间得一只母鹿相助,最终伯爵发现了大管家的罪行,并在猎鹿的时候找到了他们母子。
② 参见 J. 格林(J. Grimm)的《德国法律史》(*Rechts Alterthümer*)和我本人的《法律起源》(*Origines du Droit*)。——作者注

前。的确,这是多么感人的一种景象啊!在巴兰①的引领下,驴子郑重其事地进入了维吉尔②和西比尔之列,③进入了它可作见证的地方。就算以前踢过巴兰,它也是在巴兰面前,才看到了古时律法之利剑。可在这里,律法已经终结,而恩典的世界似乎也向卑鄙者与愚人敞开了两扇大门。民众全都天真地相信它。由此便出现了那首崇高的赞美诗,其中对驴子说出了它可能对自己说过的那些话:

> 跪倒在地,说声阿门!青草与干草,汝已吃够。离开邪恶之旧路,往前走吧!
> ……
> 新者会逐走旧者,影子会在明月面前消失,光明已经逐走黑夜。

尔等何其大胆而粗俗乎!我们告诉你们要像孩子一样的时候,难道是要求你们像孩子那样任性和冒失?我们给的是牛奶,你们喝的却是美酒。我们曾经温柔地领着你,手中牵着缰绳,沿着狭窄的小路前行。彼时汝温驯而又胆小,不敢前进一步;可如今呢,

---

① 巴兰(Balaam),《圣经》中的人物,是派去诅咒以色列人的一位美索不达米亚先知。据说在被他的驴子斥责之后,巴兰曾对以色列人加以祝福。
② 维吉尔(Virgil,公元前70—前19年),古罗马诗人,著有《牧歌》《农事诗》《埃涅阿斯记》等。
③ 据鲁昂的宗教仪式描述。参见迪康热(Ducange,1610—1688年)对"盛宴"(Festum)与"新月"(Kalendæ)两个词的论述,还有马丁尼(Martène,1654—1739年),第三卷,第110页。西比尔头戴皇冠,身后跟着犹太人和外邦人、摩西、先知、尼布甲尼撒二世一众人等。从很早的时候起,并且在7—17世纪之间,教会一直都在努力禁止普通百姓举行"驴子节""傻瓜节""儿童节"和"愚人节"。直到现代精神出现之前,教会此举从未取得成功。——作者注

缰绳突然断裂,只需轻轻一跃,前路就畅通无阻了。啊!我们多么愚蠢,竟然任由尔等自行造就汝之圣徒,自行前去打扮圣坛,自行去用鲜花装点、堆放和铺满祭坛!哎呀,竟然难辨真假!可我们真切地看到的,正是教会曾经谴责过的古老异端,即**自然的纯真**:我在说什么呢?这是一种新的异端邪说,不太可能在明天就终结,它就是**人类的独立**。

聆听和顺从吧!你们不准去做出发明创造。不准再出现传说,也不准再有新的圣徒,因为我们的圣徒已经够多了。你们在做礼拜的时候,不准再诵唱新的圣歌,不准再有什么灵感。你们要公之于众的殉道者,都应当谦逊地留在他们的坟墓里,等着由教会去认可。教士和修道士都不准再给农民和农奴削发,应赋予他们公民之自由。卡洛林王朝时代的教会,具有的正是此种狭隘而可怕的思想。① 当时的教会不惜食言,不惜欺骗自己,还会对孩子们说:"变老吧!"

* * *

确实是一种堕落啊!可这样做,诚实吗?他们原本要求我们都保持年轻。啊!可神父和民众不再是一条心了。一场永不到头的脱离开始了;一条无法跨越的鸿沟,将他们永远隔离开来。神父本身已成领主与王子,会穿着自己的金色袍服出来,在那个不复存在的伟大帝国的皇室演讲中吟诵赞美诗。至于我们自己,则是悲悲切切的一群人,丧失了人类的语言,失去了上帝愿意倾听的唯一一种语言,所以除了与那些老实巴交、从不蔑视我们,且在寒冷的冬天会让我们在马厩里取暖,或者用外套盖在我们身上的朋友像

---

① 参见《法令集》中的《各地法令》(*passim*)。——作者注

牛羊一样低声下气，还能干什么呢？我们将与不会说话的野兽生活在一起，让自己也变成哑巴。

事实上，我们如今也不像以前那样需要去教堂做礼拜了。不过，教会可不会让我们获得自由：它会坚持要我们回去，聆听我们不再理解的东西。从此，一场浓雾，一场沉重如铅、色彩阴暗的浓雾，便笼罩了整个世界。笼罩了多久的时间呢？恐怖地达到了一千年。在十个一百年的时间里，整个中世纪都弥漫着一种前所未有的颓废，即便是到了后期那种属于半梦半醒的时代也是如此，这些时代全都笼罩在一种最令人生厌、最无法忍受的显圣摆布之下；那种情形有如抽筋，也就是精神疲惫引起的抽筋，而人们则称之为一阵呵欠。

当不知疲倦的钟声在惯常时刻响起时，人们会打呵欠；当带有鼻音的赞美诗用古老的拉丁语诵读时，人们也会打呵欠。他们全都预见到，世间不再存在任何希望，一切都会跟以前毫无二致。明天必定会感到无聊，这让一个人从今天就开始打呵欠；想到漫长而令人厌倦的日子，想到漫长而令人厌倦的未来岁月，就非但让人觉得颓丧疲惫，还从一开始就让他们对生活感到厌倦。从脑袋到肚子，再从肚子到脑袋，这种致命的痉挛会自动蔓延开去，让人不停地张开大口，既没有尽头，也无法补救。虔诚的布列塔尼亚人（Bretons）虽然称之为一种真正的疾病，却把它归咎于魔鬼的恶毒。农夫们都说，魔鬼一直蜷伏在林中；如果有人经过，照料他的牛群，他就会为此人吟诵晚祷和其他祭礼之辞，直到此人死去，呵欠随之消失。①

---

① 有位杰出的布列塔尼亚人算是中世纪的最后一人，他曾去执行一项徒劳无用的使命，想要罗马改变宗教信仰，并在罗马听到了一些绝妙的建议。"您想要怎样呢？"教皇问他道。"只有一件事情，那就是不要再用《每日祈祷书》(*Breviary*)。"——作者注

＊　＊　＊

变老,其实就是变弱。当撒拉逊人①、斯堪的纳维亚人对我们构成威胁之时,倘若民众一直年迈体衰,我们的结局又将如何呢?查理大帝②会哭泣,教会也会哭泣。教会承认,自己的圣物没能保护其圣坛免遭这些野蛮恶魔的侵害。③ 难道教会不是最好向自己打算紧紧束缚的任性孩童发出召唤,向自己想要麻痹的年轻巨人发出召唤,要他们施以援手吗? 这场运动用两种截然相反的方式,贯穿了整个9世纪。民众先是受到了压制,不久之后又被扔向阵前;我们既害怕他们,又要求他们施以援手。正是由于有了民众并且经由民众,我们才匆匆忙忙地筑起可以遏制那些野蛮人的屏障与防御工事,同时保护神父和他们的圣徒从教堂逃往那里。

尽管"秃头皇帝"④曾经下令不准建造,可人们还是在山上建起了一座城堡。难民来了,此人哭喊着说:"看在上帝的分上,让我进去,起码让我的妻子和孩子们进去吧! 我和我的牲畜,会在你们的外围扎营。"城堡给了此人勇气,让他觉得自己是一个男子汉。堡垒让他有了躲阴之地,反过来他也要捍卫和保全自己的保护者。

以前由于饥荒,小民百姓不得不成为农奴,臣服于那些大人物;可在这一点上,又存在何等巨大的差别啊! 他自甘为封臣

---

① 撒拉逊人(Saracen),中世纪入侵欧洲的阿拉伯游牧民族的统称,尤指在叙利亚沙漠周边不断地侵扰古罗马帝国边界的阿拉伯人。
② 查理大帝(Charlemagne,742—814年),法兰克王国的国王,800年,由教皇加冕为"罗马人的皇帝",被后世尊称为"欧洲之父"。
③ 参见亨克玛主教(Hincmar)那份著名的声明。——作者注(亨克玛[806—882年],兰斯大主教,他是"秃头查理"的朋友、顾问。)
④ 即"秃头查理"(Charles the Bald)。——英译者注(秃头查理[823—877年],西法兰克王国国王,查理大帝之孙。)

(vassal)，这种人可以称为勇敢无畏者。① 他既自暴自弃，又保守着自我，并且留有前往别处的权利。"我要走得更远：世界很大，我跟其他人一样，也可以在那里建造自己的城堡。防御好城堡的外围，我肯定就能在城堡里面照顾好自己。"

于是，封建世界就这样高尚而堂皇地出现了。城堡的主人会用下面这样的话语来交代手下的封臣："汝可随意而去，必要之时吾将助汝；汝若陷身泥淖，吾当亲力亲为，下马救汝。"这些话语，就是以前的标准说法。②

* * *

不过，有朝一日，我将看到什么？我的视力，会不会变得模糊不清？山谷之主骑马而行，设立边界，无人可以越过；呜呼，还设下了种种看不见的界限。"那是什么？我不明白。"那就意味着，整个领地封闭起来了。"领主用大门和铰链将其牢牢锁控，存于天地之间。"

真是极其恐怖啊！究竟是凭借哪种律法，这种封臣（或者勇敢无畏之人）才拥有如此强大的权力呢？民众由此明白，封臣也可指奴隶。同样，"奴隶"这个词本指公仆，事实上还经常指一个高傲之人，甚至用于指帝国的伯爵或者亲王；可到了弱者那里，它的意思却变成了农奴，即其生命连半个便士③都不值的可怜虫。

他们被这张可憎的大网困住了。但在遥远的下方，有一个人

---

① 在那些谈论个人建议等方面的人看来，这种区别太细微，几乎感受不到。——作者注
② 参见 J. 格林的《德国法律史》和本人的《所有权起源》。——作者注
③ 便士（penny），英国最小的货币单位，以前是 240 便士等于 1 英镑，1971 年后为 100 便士合 1 英镑。

却岿然不动,声称他拥有的那片土地是自由的,是一片自由保有之地,是太阳之采邑。此人坐在界石之上,帽子紧扣于头上,看着伯爵或者皇帝在近处经过。"继续前行,皇帝;走汝之路!若汝稳立马上,吾于此石之上尤稳。尔等或将消逝,而吾身不灭,因吾乃自由。"

可我没有勇气,说出这种人的最终遭遇。他周围的空气变得越来越浓,他的呼吸变得越来越不顺畅。他似乎被下了一道符咒,无法动弹,宛如一个瘫痪之人。他饲养的牲畜日益消瘦,仿佛被人施了魔法。他的仆役,全都饿死了。如今他的土地上什么都种不了,一到晚上,幽灵便把土地上的东西全都一扫而光。

可他仍然坚称:"在自己的家里,穷人就是国王。"但是,别人可不会让他如此我行我素。他受到传召,必须到帝国法庭上去接受审判。于是他便前去,有如旧世界中的一个幽灵,如今无人再识。"他是谁呀?"年轻者问道。"哦,此人既非领主,也非农奴!那么说,他什么也不是了?"

"我是谁?我是修建第一座城堡的人,是曾经救助过你们的人,是离开城堡之后勇敢无畏地到桥边去迎战北欧异教徒的那个人。非但如此,我还在河上筑了水坝,在草地上耕耘,然后如上帝一般,将大地从水中拉拽上来,创造了这片土地。谁又有权,把我从这片土地上赶走呢?"

"是的,我的朋友,"一位邻近的人说道,"您不该被赶走。您应当耕作这片土地,但您对耕作的方式却有欠考虑。还记得吧,我的好伙计,您在年轻的时候,也就是大约五十年前,太过鲁莽,娶了我父亲手下的小家奴杰奎琳(Jacqueline)。记得有句俗话说:'讨好我家母鸡的,定是我家的公鸡。'您就是我的家禽。解下您的佩带,扔掉您的刀剑!从今日起,您就是我的农奴。"

这种说法一点儿也没有添油加醋。这种可怕的故事在中世纪不停地重演。啊,那就是刺中他的一把利剑。我还删节和省略了许多的内容,因为在回顾这个时代的时候,同样的冷酷和同样的利刃,常常会刺透一个人的内心。

他们当中曾经有一个人,在受了这种莫大的侮辱之后变得怒不可遏,连一句话也说不出来。这种情形,就像是罗兰[1]被人出卖时一样。全身的血液,都涌到了他的嗓子里。他的眼睛冒着怒火,他的口中虽说无言,却又如滔滔不绝一般令人胆怯,让在场的所有人都吓得脸色苍白。他们开始后退。他死了,死于血脉根根爆裂。他的血管中喷出殷红的鲜血,溅上了那些谋杀者的脸庞。[2]

* * *

人类之事的难以预料,让自由民堕落成附庸,附庸变成仆人,而仆人又变成了农奴的可怕过程:中世纪的恐怖之处,并且使之陷入绝望深渊的,就是这些方面。人们无法逃避这种情况,因为一个人若是往前迈上一步,就会陷入万劫不复之境地。他会变成异类,变成迷途之人,变成一只被人们追逐的野兽。凡是经过之处,地面会变得黏滑无比,让他陷足其中,无法动弹。空中弥漫着的瘟疫会夺走他的性命;他会变成受到永久控制的一件物品、一种死去

---

[1] 罗兰(Roland),法国英雄史诗《罗兰之歌》中的主人公,原为十二圣骑士之首、查理大帝的外甥,后因得罪了查理大帝的妹夫而被后者出卖,在远征西班牙异教徒撤军时战死。

[2] 此事就发生在阿威斯纳伯爵(Count of Avesnes)身上;当时,他的自由保有地被宣布为纯粹的封地,而他自己也成了一个纯粹的封臣,成了埃诺伯爵(Earl of Hainault)的农奴。亦可参阅关于佛兰德大法官(Great Chancellor of Flanders)兼布鲁日(Bruges)首任地方法官的可怕故事,此人也被宣布为农奴。见于古尔特里乌斯(Gualterius)的《法国史》(*Scriptores Rerum Francicarum*),第八卷,第334页。——作者注

的生物、一个微不足道之人、一只野兽、一个只值两个半便士的人，因为只要赔偿两个半便士，就可以将他杀害。

　　从表面上来看，中世纪那个悲惨时代的两大主要特征就是如此；由此，中世纪就把自己的灵魂弃与了魔鬼。与此同时，我们不妨来深入审视一下内部的情况，探究一下中世纪精神生活中最深的一些内容。

第三章

炉边的小恶魔

如今有一种风气,就是人们都很向往中世纪早期的那几百年,因为传奇就是在那几百年里自行孕育出来的。这些传奇故事中的乡民对教会都是百依百顺的,因此我们很容易认为,在他们身上可以看到一种非常伟大的纯洁。此种纯洁,无疑就是圣父(God the Father)安身的神殿。不过,涉及普通罪孽时,宗教裁判所却谈到了一些奇怪的杂念,谈到了后来在撒旦的统治下非常罕见的一些东西。

这些东西之所以出现,有两个原因:一是那个时代的彻底无知,一是住在同一屋檐下的近亲之间的亲密接触。当时的人对于我们现代的种种伦理道德,似乎只是稍有了解。他们那个时代的伦理观念,尽管也存在各种各样的反驳理由,却还是类似于祖祖辈辈和远古时代的伦理观念,认为与陌生人通婚不合道德,因而只允许亲属通婚。由此联结起来的各个家庭,便变成了一个家族。他们不敢散居于周边的荒漠之上，只敢在墨洛温王朝①的一座宫殿或者一座修道院的外围耕作土地，每天晚上都栖身于一座大宅子（郊区住宅）里。由此，有人便讨厌地将其类比为古时的私人监狱；那个时候，庄园里的所有奴隶全都是挤在此种监狱里。这些庄园当中，许多都一直留存到了中世纪，甚至是中世纪之后也依然存在。对于这样一种制度所带来的后果，领主并不会产生什么顾虑。在领主看来，这个家族就是一个家庭，这帮人"一起日出而作、日落而息……大家吃的是同一种面包，喝的是同一个杯子里的水"。

在如此混乱的情况下，可没有人会很尊重女人。女性的地位，完全说不上高高在上。就算处女这种理想女性的地位一代高过一代，可真正的女人身处这些粗鄙不堪的人当中，身处男人与牲口混杂的环境下时，几乎无人重视。不幸的是，这种情况只有随着独立住宅的发展才能改变，要到人们终于鼓起勇气，各自在一座座小村庄里生活，或者到遥远的林中空地上建起自己的小屋，出去耕作那一片片富饶肥沃的土地之后，才能改变。也就是说，真正的家庭源自分户。只有筑就鸟巢，才能孵出小鸟。从此以后，他们便不再是物品，而是人了；也正是到了那时，女性才真正诞生。

* * *

那是一个极其动人的时刻；那一天，她走进了自己的家里。接下来，这个可怜之人终于可以变得纯洁和神圣了。当她独自坐在家里纺纱织布，而丈夫则在林中劳作时，她可能会思考一些想法，并且神游天外。那座小屋虽说潮湿而松垮，还不停传来冬日北风

---

① 墨洛温王朝（Meroving），克洛维一世（Clovis I，466—511 年）创建的一个欧洲王朝，法兰克王国的第一个王朝，曾在 500—751 年间统治着相当于当代的大部分法国与德国西部的领土。

第三章　炉边的小恶魔　　049

的呼啸之声,却会报之以平静、宁和与安静。小屋里面有各式各样的昏暗角落,让主妇们寄托自己的梦想。

到了此时,女人已经拥有了某种财产,拥有了某种属于自己的东西。在古老的歌谣当中,纺纱杆、床和箱子,就是她的全部家当。① 我们还可以添加一张桌子、一把椅子,或许还有两条凳子。一所简陋不堪的房子,里面几乎一无所有;不过,接下来它就有了一个活生生的灵魂来装点!炉火让她心情愉快,幸运的黄杨护卫着她的床铺,时不时还伴有一大捆马鞭草。坐在门边,这座"宫殿"里的女主人一边纺着纱,一边照看着几只羊。此时,我们还没有富裕到养得起一头母牛的程度;不过,假如上天赐福这个家庭的话,我们到时一定养得起母牛。森林、一小片牧场,还有蜜蜂在地上飞来飞去:这就是我们的生活方式!只是我们还没有种下多少玉米,未来时日还漫长得很,收成没有保障。这样一种生活,无论多么贫困,对女人来说都不像以前那么艰难;她不会再像与大家一起劳作的那个时代,不会把身体搞垮而过早地憔悴了。而且,她也有了更多的闲暇时光。您可千万不能根据《故事诗》和"圣诞颂歌"这样的粗俗作品去评价她,不能根据不久之后我们就不得不忍受的那些肮脏下流的传说所带来的愚蠢笑声和放纵去评判她。她独自一人,没有一个邻居。阴暗、卑微而封闭的城镇里那种邪恶而不健康的生活,邻居之间的相互窥探,可怜而危险的流言蜚语,此时都还没有出现。还没有哪位老太太会在傍晚时分,在狭窄的街道开始变暗的时候前来,用"为了获得她的爱,有人快要死去"之类的话

---

① "长凳边三步,床边三步,箱子边三步,再走三步,又回到了原地。"(Trois pas du côté du banc, Et trois pas du côté du lit; Trois pas du côté du coffre, Et trois pas — Revenez ici.)(引自《舞蹈大师之古谣》[*Old Song of the Dancing Master*])——作者注

语去引诱年轻的姑娘。她还没有朋友,只有自己的沉思;她只会跟自家的牲畜或者林中的树木交谈。

至于牲畜与树木对她说了什么,我们都很清楚。这些东西让她想起了母亲与祖母曾经说过的那些谚语,也就是那些一代一代地在女性之间传承下来的古老谚语。它们并无害处地让人记起那些古老的乡间精灵,记起一种动人的家庭信仰,而在一所吵闹喧嚣、大家共同居住的大房子里,这种家庭信仰无疑没有什么威力,可如今它却再次出现,萦绕于这座孤独的小屋之上了。

这是一个奇特而微妙的世界,到处都是仙女和小妖,它们是专为女人的灵魂而创造出来的。人们创作神圣传奇的伟大创造力受到阻碍并枯竭之后,另一种更加古老、更具有诗意的传奇,就会受到人们的欢迎,就会带着一种温和的影响力,暗中盛行起来。这种传奇就是女性的珍爱之物,因而她会崇拜之、拥抱之。仙女也是女性,她们是一面奇妙的镜子,会让女性看到自己打扮得更加美丽的模样。

这些仙女都是些什么人呢?传说中曾言,远古之时有一些高卢王后,她们既高傲自负又爱异想天开,在基督率其使徒降临时,竟然表现得极其傲慢无礼,竟然对他们不理不睬。当时,她们正在布列塔尼①跳舞,而基督及其使徒降临时,她们也没有停下来过。由此,她们的厄运便开始了;她们被判有罪,要活到"审判日"②来临的那一天③。她们中的许多人都被变成了老鼠或者兔子,比如

---

① 布列塔尼(Brittany),法国西部的一个地区。
② 审判日(Day of Judgment),基督教教义中指世界即将终结、决定人类命运的一天。到了那一天,耶稣基督会从天上再临,将死者复活,并将所有人召至上帝的审判台前,按各人生前的所行接受审判。亦译"最后的审判"。
③ 关于这一点的所有章节,都汇编于莫里先生的两部学术著作中(《小精灵》[Les Fées,1843]和《巫术》[1860])。亦可参见格林的作品。——作者注

小精灵,它们夜晚会在古老的德鲁伊石碑周围聚集,缠着您跟它们一起跳舞。同样的厄运,也降临到了美丽的麦布女王①身上,她曾用胡桃壳为自己制作了一辆皇家马车。她们全都反复无常,有时脾气还很坏。不过,如果记得她们的糟糕命运,我们还能对她们感到惊讶吗?尽管又小又古怪,可她们也有一颗心灵,也怀有得到爱的渴望。她们既善良又邪恶,全都是各种各样的幻想。婴孩甫一出生,她们就会顺着烟囱而下,来赐予婴孩种种禀赋,预定婴孩日后的命运。她们都很喜欢优秀的纺纱女,甚至自己也会郑重其事地纺纱。我们不是也说,"像仙女那样纺纱"么?

这些童话故事,倘若除去最新的编纂者用于贬抑的种种荒谬的点缀之语,就会表达出人心本身。它们标志着一个具有诗意的阶段;这个阶段,就位于原始村居中所有人紧密群居的局面,与一个日益壮大的自由民阶级编造出我们那部愤世嫉俗的《故事诗》时那种松散的状态之间。②

这些传说,也具有基于史实的一面,让我们记起大饥荒时代的食人魔等现象。但通常来说,它们的立意会比任何一段历史都高,借着青鸟③的翅膀,在永恒的诗意世界中翱翔,诉说着我们那些永不改变的愿望,诉说着永远不变的心灵历史。

可怜的农奴渴望呼吸、休息,渴望找到一种有可能终结其苦难的财富,而且这种渴望会不断地浮现出来。更常见的是,通过一种崇高的理想,这种财富还会变成一个人,变成一个沉睡着的挚爱之人,就像《睡美人》(*The Sleeping Beauty*)里的情况一样;但是,也不乏有魅力之人通过某种隐藏在面具之下的致命魔法而找到了自

---

① 麦布女王(Queen Mab),英国民间传说中掌管人类做梦的仙女。亦译"仙后麦布"。
② 12世纪与13世纪叙事诗人所作的一部故事集。——英译者注
③ 青鸟(Blue Bird),即知更鸟,因传说它与圣婴降生有关,故又称"上帝之鸟"。

我的现象。因此,世间才有了那部感人至深的三部曲,即令人钦佩、一部强过一部的《生角的瑞奇》(Riquet with the Tuft)、《驴皮》(Ass's Skin)以及《美女与野兽》(Beauty and the Beast)。① 爱情不会气馁。经由那种至丑,它追求并且获得了隐藏着的美。在这些故事的结尾,那种感觉简直达到了崇高之境,我认为没有哪个人读后会不掩卷流泪的。

有一种最真实和最真挚的激情潜藏于其下,那就是人类那种不友善的本性经常在不同阶层的可怜人之间设置的那种不幸福的、无望的爱情。一方面,是农家少女因无力让自己打扮得足够漂亮去赢得骑士欢心而产生的忧伤;另一方面则是看到美丽、端庄的城堡贵妇骑着一匹白马,优雅得光芒四射地经过他掘出的犁沟时,农奴发出的那一声声压抑叹息。因此,东方才出现了那首描述玫瑰与夜莺之间不可能的爱情,听来令人叹惋的牧歌②。尽管如此,两种情况之间还是存在巨大的差异:鸟儿与鲜花都很美丽;不仅如此,它们还美丽得别无二致。不过,有一个地位卑微、注定要深处社会底层的人却坦率地承认,自己丑陋而可怕。但在悲鸣的过程中,此人却感觉到自己身上具有一种力量,比东方人可能知道的力量更加强大。带着英雄的气概,凭借极其强烈的欲望,此人终于摆脱了自己那种无聊的伪装。这个怪物爱得如此深切,以至于被人所爱,而作为回报,他还会凭借那种爱而变得漂亮起来。

这一切当中,弥漫着一种无尽的柔情。这个被施了魔法的灵

---

① 这三部作品中,前两部都是法国 17 世纪的诗人、作家兼学者以及童话这一文学派别奠基者查尔斯·贝洛(Charles Perrault, 1628—1703 年)所作,而后一部则由法国小说家维伦纽夫夫人(Gabrielle-Suzanne Barbot de Villeneuve, 1685—1755 年)所作。
② 指英国唯美主义作家奥斯卡·王尔德(Oscar Wilde, 1854—1900 年)创作的童话作品《夜莺与玫瑰》。

魂，并非只考虑自己。它还忙于拯救整个自然与整个社会。各种各样的受害者，比如被后妈揍过的孩子、被大人忽视和虐待的小妹妹，无疑都是它喜爱的对象。它的怜悯之心，甚至延伸到了城堡贵妇的身上；它会为城堡贵妇落入了像"蓝胡子"①这样暴躁凶狠的领主手中而哀伤。它对野兽也满怀怜悯，会由于它们仍然保持野兽外形而努力去安慰它们。耐心一点吧，它们的好日子即将来临。有朝一日，它们禁锢的灵魂必将生出双翼，必将获得自由，变得可爱而为他人所爱。这就是《驴皮》以及此类故事的另一面。尤其是，我们在其中能够看到一颗女性的心灵。田间地头那种粗鲁的劳力，可能会对牲畜残酷无情，但在女性面前，它们却并非牲口。女性会带着孩童的感受去对待它们。在女性的想象当中，一切都具有人性，一切都具有灵魂；因此，整个世界都会变得高贵起来。这是一种美丽的魔法。尽管地位卑微，尽管自认为丑陋无比，她却把自己所有的美丽、所有的优雅都给予了周围的世间万物。

*　*　*

那么，根据此种东西来进行幻想、身材娇小的这位农妇，有那么丑陋吗？我告诉您吧，她要整理家务，她要纺纱和照料家禽，她要到林间去捡拾木柴。然而，她既无繁重事务要干，也无后来盛行的谷物种植造成的乡下村姑那种丑陋的外表。她也不像城中那些肥胖的主妇，后者体态笨重、懒惰得很，我们的祖先还由此创作出了许多关于肥胖的故事呢。她没有什么安全意识；她温顺胆小，觉得自己可谓是任由上帝摆布。她看得见远处山上那座黑暗阴森的

---

① 旧时民间传说中的一个贵族，个性嗜虐且爱好杀人，曾将自己的妻子们连续杀害，因胡须为蓝色而得此名。贝洛曾创作同名童话，收录于《格林童话》的第一版中。

城堡,从城堡而来的无数伤害都有可能降临到她的身上。对于自己的丈夫,她既感畏惧,又以之为荣。虽说在别的地方是一名农奴,可到了她的身边,他就成了一位国王。她会把最好的一切都留给丈夫,自己却一无所有地活着。她又小又纤弱,就像教会的那些女圣徒。那个时代生活糟糕,却偏要女人不断生育,只是这样做也会让女人变得体弱多病。孩童大量死亡,有如玫瑰般脸色苍白的女人全都极其紧张。此后不久,14世纪的那种癫痫舞蹈病就会爆发。与此同时,快到12世纪的时候,年轻人身上这种发育不良的状态还会带来两大弱点:一是夜间梦游,一是白天能看到异象,神情恍惚和喜欢哭泣。

* * *

这种女性虽说天真无邪,却还有一个秘密,教会或许永远都不会得知。她把对远古那些可怜神灵悲悯的记忆,深深地锁在自己的心中;而那些远古诸神,如今都已堕落到了变身幽灵的境遇;[1]您一定明白,幽灵也无法免于受苦。居于岩石之间和橡树之中,它们的处境一到冬季就非常悲惨,因而尤其喜欢温暖之地。它们在房子的四周游荡;有的时候,人们还看到它们在马厩里靠着牲畜取暖呢。由于没有了祭香与焚烧的祭品,它们有时候还会喝牛奶。节俭的主妇不会限制丈夫的口粮,却会减少自己的口粮,并且在夜间留下一点儿奶油。

---

[1] 女性的这种忠诚的确非常感人。5世纪时的一些农民曾经冒着被迫害的危险,将旧宗教中的神灵用麻布或者面粉做成小玩偶并举行游行。8世纪时也出现过同样的情形。《法令集》虽说以处死相威胁,却徒然无用。12世纪时,沃姆斯的布尔查德(Burchard of Worms)也证明《法令集》毫无用处。1389年,索邦神学院(Sorbonne)曾经猛烈抨击某些偶像崇拜的迹象,而到了1400年,格尔森也曾谈到,这仍然是一种具有活力的迷信。——作者注

那些只在暗夜现身的幽灵,因自己被白天放逐而感到遗憾,故渴望着见到灯光。到了晚上,主妇便开始了她那种危险的旅程:她会手提小小的灯笼,来到幽灵们栖身的那棵大橡树边,或者来到那口隐秘的泉水边;平静如镜的水面会把火焰放大,可以让那些悲伤的亡命之徒振作起精神。

不过,要是有人得知了此事的话又该怎么办,天哪!她的丈夫谨慎胆小,畏惧教会;因此,他肯定会狠狠地揍她一顿。神父向幽灵们发起了猛烈的进击,将它们赶出了每一个地方。可是,神父竟然在橡树里面给幽灵们留下了容身之所!它们在森林里又能造什么恶呢?呜呼,不会了;一个又一个教会执事会,都在对幽灵穷追猛打。每逢圣日,神父甚至会到橡树边上去,用祈祷和圣水将幽灵逐走。

假如没有好心的人怜悯它们,幽灵又会有什么样的下场呢?然而,这个女人却愿意照顾它们。她是一名虔诚的基督徒,但愿意在心底里给幽灵留下一个角落。只有它们,她才能把那些琐细的自然之事交托;这些事情在一名贞洁的主妇家中原本无碍,可教会却不由分说,认为这些事情值得谴责。它们就是主妇的知心密友,也是倾听女人这些动人心扉之秘密的对象。把圣木添到火上时,她会想起它们。此时正值圣诞节期,但同时也是北方精灵的古老节日,即"最长之夜节"(Feast of the Longest Night)。所以,"花神节前夜"(Eve of May-day)也就是"马亚守夜节"(the Pervigilium of Maia),是个植树的节日。"圣约翰前夜"(Eve of St. John)也是如此,是生命、鲜花和刚刚觉醒之爱的节日。没有孩子的主妇珍视这些节日,全心全意地献祭,把这样做当成自己的特定义务。向圣母马利亚起誓,或许没有多少用处,因为它与马利亚无关。她更喜欢低语呢喃,对着某位古时的天才人物说话,而在其他的日子里,这个天才则被人们当成乡下的神祇来崇拜;后来,在某个本地教会的好心之下,天才又变成了一名圣徒。① 因此,床、摇篮与所有纯洁可爱的灵魂能够念念不忘的最美秘密,都属于古时的神灵。

＊　＊　＊

这些精灵也并非忘恩负义,不知道感恩。有一天,她醒来后,一个手指都没动,就发现家务全都做完了。她惊讶地在胸前画了个十字,什么也没说。丈夫出门后,她便问自己,却百思不得其解。一定是精灵干的。"是什么精灵呢?它怎么会来这里?我多想看到它呀!可我又很害怕,因为人们说,看到精灵的人都会死去。"然而,她家的摇篮却会自己摇动。她觉得自己被人紧紧地抱着,并且听到一个柔和低沉得让她以为是自己发出来的声音,在如此说道:"亲爱的女主人,我很喜欢摇着您的宝宝睡觉,因为我自己就是一个宝宝。"她的心怦怦直跳,但还是鼓起了一点儿勇气。摇篮的纯洁无邪让这个精灵的神情也天真无邪了,这使得她相信这个精灵善良而温柔,起码也受到了上帝的不公对待。

从那天开始,她就不再孤单了。她很容易感觉出精灵的存在,而精灵也从未远离过她的左右。它揉蹭着她的睡袍,她听得见刮蹭的声音。它时刻都在她的周围游荡,显然无法离开她的身边。她到厩棚,精灵也会跟到厩棚;还有一天,她认为精灵就在搅奶器里呢。②

---

① 参见 A. 莫里的《巫术》,第 159 页。——作者注
② 这是淘气小精灵最喜欢出没的一个地方。时至今日,深知精灵品味的瑞士人还会以牛奶献祭。瑞士人称精灵为"滑稽"(drôle),德国人称之为"地精尼克斯"。法国人称之为"小妖精""地精"和"恶魔",英国人则称之为"顽皮小妖帕克"或者"好人罗宾"。莎士比亚曾称,精灵为了叫醒昏昏欲睡的仆人们,好心地把他们身上捏得青一块紫一块的。——作者注

第三章　炉边的小恶魔

可惜的是,她既无法把精灵抱起来,也看不到它!有一次,她突然触到火把的时候,依稀看到那个淘气的小东西正在火花中打滚;还有一次,她又差点儿在一朵玫瑰花上看到它。尽管个子很小,可精灵却会干活、打扫、整理,让她摆脱了万千烦恼。

然而,精灵也有自己的毛病:它轻浮、大胆,如果她不牢牢地加以控制,精灵可能就会放荡不羁起来。精灵看到的和听到的都太多了。在清晨时分,它有时会复述女主人前一晚上床睡觉前、灯光熄灭时极其轻柔地低声说出的一句话。她很清楚,精灵非常轻率,好奇心也异常重。她很厌烦,觉得自己总是有人跟着,因此会发发牢骚,并且喜欢唠叨。有的时候,她威胁精灵,将精灵赶走之后,她会觉得如释重负。可就在那时,她又会发现自己被一阵轻柔得有如鸟翼的呼吸抚摸着。原来,精灵竟然躲在一片树叶下。精灵在欢笑:它那温柔的笑声当中毫无嘲弄之意,说明将纯洁的女主人吓了一跳,让它感到很开心。女主人一旦露出非常生气的神情,这个捣蛋鬼又会这样说道:"不,亲爱的,我的小心肝,把我放在这里,您一点儿也不难过啊。"

她觉得内心愧疚,便不敢再说什么。可她如今心想,自己太过宠爱它了。然而,她虽说有所顾虑,结果却是更加宠爱精灵了。整个晚上,她似乎都觉得精灵正在蹑手蹑脚地走向她的床边。她非常害怕,便向上帝祈祷,紧紧地挨着丈夫。她该怎么办呢?她可没有勇气把一切向教会和盘托出。她告诉了自己的丈夫,可丈夫起初只是满脸不信地笑了笑。接下来,她又说出了一些情况,比如精灵非常鲁莽,有时甚至是冒失妄为。"有什么关系呢?它太小了。"如此一来,丈夫就让妻子安下了心。

对于我们这些看得更加清楚的人来说,是不是也应当感到安心了呢?她仍然纯洁无瑕。她不会去仿效城堡里面那个当着自己丈夫的面都有情人和男侍献殷勤的贵妇。然而,我们还是应当承认,精灵已经为她那样做铺平了道路。把自己藏在玫瑰底下的人,才是最危险的男侍;而且,精灵也带有一丝情人的味道。它比任何人都更具侵入性,因为它太小,可以悄悄地前往任何地方。

它甚至会不知不觉地潜入丈夫的心中,向他献殷勤,从而赢得他的好感。它会替丈夫照看工具,在花园里替他干活,而到了晚上,它又蜷缩在烟囱里,躲在宝宝和家猫的后面,以此作为奖赏。他们都听得见它发出的细微声音,就像蟋蟀的鸣叫;但他们从来都没有看到过它的全部,除非有一丝微弱的亮光,照亮了它很喜欢藏身的某条缝隙。那样一来,他们就看到或者以为自己看到了一张瘦小的脸庞,并且大声说道:"啊!小东西,我们终于看到你了!"

在教堂里做礼拜的时候,神父让他们不要相信精灵,因为即便是一只看似天真无邪、像微风一样来去无痕的精灵,终究也有可能是一个魔鬼。可他们小心谨慎,不相信这种说法。精灵的小小身材,让人相信它是纯洁无邪的。有精灵相伴,他们就会兴旺发达。丈夫与妻子一样,对精灵不离不弃,或许还甚于妻子。他很明白,这个淘气狡猾的小精灵,会让他的家里财源兴旺。

第四章

诱惑

我一直都把那些可怕的阴影,摒弃在这幅画面之外;在那个时候,它们原本会让这幅画可悲地变得黯然失色。我指的尤其是这些农村家庭的命运所面临着的那种不确定性,指的是他们时时都有的那种害怕心理,以及某种恣意的暴行随时有可能从城堡降临到他们身上的那种预感。

仅仅两个方面就让封建统治变成了人间地狱:一方面是这种制度的极度牢固性,可以说人们像钉子一样被牢牢地约束在地上,迁徙变得完全不可能了;另一方面,就是人们的命运具有极大的不确定性。

那些乐天派历史学家不厌其烦地说到固定地租、包租权以及购买豁免权,却忘记了这一切都是些多么微不足道的保障措施。您非但必须付给领主这么多的东西,而且只要领主愿意,他就可以拿走您剩下的一切;这就是所谓的扣押权,真是恰如其分啊。您可以不停地干活,我的好伙计!可您在地里劳作的时候,远处城堡中那帮可怕的家伙却会下来,冲进您的家中,想要什么就拿走什么,为了"侍奉他们的领主"。

再看一看那个站在犁沟旁边,沮丧地耷拉着脑袋的人吧!如此我们就会看到,此人总是脸色阴沉、心情压抑,仿佛是在等待着某种噩耗。他是在沉思某种不道德的行为吗?不是的;但有两种想法在他脑海中萦绕,宛如两把利刃,轮番让他心如刀扎。第一种想法就是:"今天晚上,我家会是个什么样子呢?"另一种想法则是:"但愿翻开这片草皮,就让我看到一些财宝!噢,但愿那个善良的精灵会帮帮忙,出钱赎得我们的自由!"

我们相信,按照伊特鲁里亚人的精灵有一日曾化身为一个孩子,在犁头之下突然出现的方式,一个矮人或者身材最小的侏儒有时也会应农夫的这种恳求从地里现身,坐在犁沟之上,如此说:"汝所欲何为?"可令其惊讶的是,可怜的农夫什么都不会要,而是会吓得脸色惨白,在胸前画着十字,然后马上悄悄地溜走。

事后,农夫有没有感到遗憾呢?他是否从来没有对自己说过"你这个傻瓜,你会永远倒霉"这样的话呢?我完全相信,他确实如此;但我也相信,是一种不可遏制的恐惧感,才使得他止步不前。我无法相信那些将巫术之事全都告诉我们的修道士,也不相信人类与撒旦的契约是守财奴或者一个恋爱中的人凭空捏造出来的。相反,本性和理智都告诉我们,它完全是人们在可怕的暴行与可怕的痛苦这两种重压之下,陷入极度绝望之境的最终源头罢了。

* * *

可有人告诉我们说,到了圣路易①时代前后,那些深重的苦难

---

① 圣路易(St. Louis,1214—1270年),法国卡佩王朝第九任国王(即路易九世),"圣路易"是对其尊称。他还被后世奉为中世纪法国乃至全欧洲君主中的楷模,人送绰号"完美怪物"。

第四章 诱惑　　061

一定已经大为减轻,因为圣路易禁止贵族之间发动私人战争。可我个人的观点却恰恰相反。在他发布禁令至英法战争之间的那八十年或者一百年间(1240—1340年),大领主们虽说都不准再像过去那样对邻近地区大肆烧杀掳掠,但这却变成了自己手下封臣的一个噩梦。对于后者而言,这样一种和平完全就是一种战争。

精神上的领主即修道士以及其他一些人,就像近来出版的《奥德·里戈尔①学报》(*Journal of Eudes Rigault*)中表明的那样,会让人感到不寒而栗。那是一幅令人厌恶的肆意景象,集野蛮与不加约束于一体。僧侣领主对女修道院的抨击尤其严厉。严肃的里戈尔身为鲁昂大主教(Archbishop of Rouen)兼神圣国王的告解神父,曾经亲自对诺曼底地区(Normandy)的情况做过一次调查。每天晚上,他都会到一座修道院去。在所有的修道院里,他都看到了过着大封建领主生活的修道士,他们身上佩着武器,喝得烂醉如泥,进行决斗,热衷于在耕地上打猎;生活在他们当中的那些修女则极其混乱,到处都暴露出了她们的无耻行径导致的结果。

假如教会里的情况都是如此,那么世俗领主的情况是什么样子呢?平民百姓们都如此惊恐地抬头仰视的那些阴森森的城堡里面,又是个什么样子呢?有两个无疑都是基于史实而形成的传说,即《蓝胡子》(*Blue-Beard*)和《格丽泽尔达》(*Griselda*)向我们描述了这个方面的一些情况。以折磨他人为乐的领主"蓝胡子"对待自己的家人都是如此,那么在他的封臣、他的农奴看来,他实际上又是个什么样的人呢?他是我们所知的、唯一一个因为此种残暴行径而接受了审判的人;并且这种情况不会早于15世纪,因为当时

---

① 奥德·里戈尔(Eudes Rigault,1210—1275年),法国中世纪的方济各会神父,1248—1275年间担任鲁昂大主教一职。

吉尔·德·雷茨①还绑架了许多的儿童。

沃尔特·斯各特勋爵②笔下的弗龙特·德·波夫,以及传奇剧和冒险小说中的其他贵族,在这些可怕的现实面前,不过都是一些可怜之人罢了。《艾凡赫》中的圣殿骑士,也是一种软弱无力的虚伪设想。作者并不敢去分析圣殿里或者城堡围墙之内独身生活的肮脏现实。那些地方几乎没有多少女性,因为他们认为女性不值得收留。体现骑士精神的传奇故事完全掩盖了真相。的确,值得我们注意的是,一个时代的文学作品常常都会表达出与那个时代完全相反的社会行为,比如说,在"大恐怖时代"③里,继弗洛里安(Florian)④之后,就出现了内容空洞的田园牧歌剧。

这些城堡中的房间呈现出来的东西,要比任何一本书都更加清晰;起码,从如今我们可以看到的那些房间来说,就是如此。披甲卫士、男侍从和跟班们,晚上全都挤在低矮的拱形屋顶之下,白天则要站在狭窄的露台上守城垛,一个个都处在极度疲惫的状态下,完全活在下面那些领主的恶作剧当中;他们的功勋不再是对邻近地区用兵打仗,而是成了狩猎,呜呼,成了猎杀百姓。可以说,他们对农奴家庭实施了无数次侮辱与无尽的暴行。领主自己清楚得

---

① 吉尔·德·雷茨(Gilles de Retz, 1405—1440 年),15 世纪时法国的一位贵族骑士、领主兼军队领导人,曾是"圣女贞德"的战友,后被认定为儿童连环杀手而被定罪。
② 沃尔特·斯各特勋爵(Sir Walter Scott, 1771—1832 年),英国著名的历史小说家和诗人,著有七部长篇叙事诗、二十七部历史小说、一些中短篇小说以及历史著作和传记,后文中的《艾凡赫》(*Ivanhoe*)是其历史小说的代表作之一,而弗龙特·德·波夫(全名 Reginald Front-de-Bœuf)则是其中的一个角色,是一名圣殿骑士。
③ 大恐怖时代(Great Terror),指法国大革命中法兰西第一共和国成立之后到雅各宾派罗伯斯庇尔(Maximilien Robespierre)政府倒台的那一段时间,因处死人数众多、全国笼罩在一片恐惧气氛中而得名。亦拼作 The Terror 或者 Reign of Terror。
④ 这是一位撰写田园诗、寓言故事和戏剧的作家,年轻时曾是伏尔泰的朋友,后在"大恐怖时代"遭到囚禁。——英译者注

很，对于这样一支没有女性的军队，只有时不时地放任他们为所欲为，才能让他们服从命令。

这是一种极其可怕的想法，因为上帝竟然会让邪恶者中罪孽最深重的人，去折磨那些罪孽不那么深重的人，竟然让后者变成前者的猎物；中世纪那种"美妙"的教条，在这个例子当中就得到了最充分的证明。人们觉得上帝已经不再与他们同在。每一次新的劫掠，都越来越清晰地预示着世界即将变成撒旦的王国，直到人们开始相信：从此以后，他们只应当向撒旦祈祷。

而在上方的城堡里，却传来了嘻嘻哈哈的嘲弄之声："女农奴都太丑了。"至于她们的美丽，却无人过问。那帮人最大的快乐，就在于实施暴行，就在于打击她们和让她们哭泣。即便是到了17世纪，当洛林公爵（Duke of Lorraine）告诉贵妇们说，他的手下如何在平和宁静的村庄里到处骚扰和折磨所有的女性，连老人也不放过时，那些贵妇们仍然哈哈大笑。

我们可以想见，最为频繁地遭受这些暴行的，是那些家境殷实且在农奴中相对比较显眼的家庭；即那些农奴出身，但在12世纪时业已是村庄头领的那些村长家庭。贵族们憎恨、嘲笑并且残酷地折磨他们。在贵族们看来，他们刚刚产生的道德尊严感是不能原谅的。他们的妻子和女儿都不准变得善良与聪明；他们没有权利获得任何尊重。他们的荣誉不能属于他们自己。"农奴之身"，就是贵族们永远咬牙切齿地说出的一句残酷之语。

* * *

将来，人们会慢慢地相信，基督教国家的律法比古时奴隶制度的任何一种法令都要变本加厉，它将那些最严重、可能永远伤及人心的暴行当成一项实际的权利，明文规定了下来。宗教贵族与世俗贵族一样，都拥有这种肮脏的特权。在布尔日①郊外的一个教区，那里的神父也是一位贵族，此人曾公然宣称新娘的初夜权属于他，但他愿意把这种权利出售给新娘的丈夫。②

人们一直都很容易认为，这种邪恶之事只是有名无实。但在某些国家当中，为获得此种豁免而设定的价格，几乎超过了每一位农民的承受能力。例如，在苏格兰，领主要求新郎交出"数头母牛"：如此巨大的代价，农民是不可能出得起的。因此，可怜的年轻妻子就只能任凭贵族摆布。此外，贝阿恩③的法庭还公开宣称，这项权利是自然产生的："农民的长子可认定为领主之子，因为领主很可能是他的父亲。"④

即便是我们忽略这一点，所有的封建习俗，也会迫使新娘子带着所谓的"喜菜"，到城堡里去。让她置身于这样一群下流无耻而又难以管束的卑鄙单身者当中，必定是一件残酷的事情。

我们完全可以想象到，那是一种可耻的场景。想象一下，年轻的丈夫领着新娘前往城堡时，可怜的人儿身边全是骑兵、跟班发出的笑声和侍从们的嬉闹，这是种什么样的情景！不过，城堡里有贵妇，她本人会对这些人加以约束吗？根本就不会。那些传奇故事让我们都相信这位贵妇具有优雅的教养⑤，可丈夫不在家的时候，是她在管理着手下的那帮人，对自己带给丈夫、束缚于封地之上的

---

① 布尔日(Bourges)，法国中部的一座城市。
② 劳里埃(Lauriere)，第二卷，第 100 页(关于 Marquette 一条)；米什莱，《法律起源》，第 264 页。——作者注
③ 贝阿恩(Béarn)，法国西南部的一个地区。
④ 本人在 1837 年出版《法律起源》一书的时候，是不可能了解这本出版于 1842 年的作品的。——作者注
⑤ 这些贵妇对待她们的诗人、《罗马玫瑰》(Roman de la Rose)的作者让·德·梅隆(Jean de Meung)的态度，就体现出了这种微妙之处。——作者注

那些农奴进行审判、惩罚,或者下令进行惩罚;这样的一位贵妇,根本不可能怀有仁慈之心,尤其是不可能对一个身为农奴、恰巧又漂亮美丽的姑娘心怀仁慈。由于按照那个时代的习俗,她可以公开拥有自己的情人和男侍,因此对于用丈夫的放荡来支持自己的放荡这一点,她并不会感到难过。

所以,她不会采取任何措施来阻止这种胡闹,不会阻止他们嘲弄那个浑身发抖地前来赎回其新娘的可怜之人。他们一开始会同他讨价还价;他们会嘲笑"吝啬的农民"所忍受的种种痛苦;他们会吸干他的每一滴鲜血与骨髓。他们为什么会如此怒不可遏呢?因为小伙子穿戴得非常整洁;因为他诚实而安居乐业;因为他是村里有名望的人。可实际上又是为什么呢?是因为她虔诚、贞洁而又纯洁;是因为她深爱着他;是因为她吓坏了,正在哭泣。她那双甜美的大眼睛,乞求别人的怜悯。

这个可怜的小伙子把自己的一切全都献出,连她的嫁妆也一并交了上去,却依然无用,因为交上去的这一切还是太少。他对这种残酷无情的不公感到愤怒,或许会说出"他的邻居什么也没有付"之类的话。傲慢无礼的家伙啊!他竟然敢跟我们争吵!于是,他们便把小伙子包围起来,有如暴徒一般大喊大叫,而棍棒和扫帚也会像雨点一样落到他的身上。他们把他推来搡去,打倒在地。"你这个嫉妒的恶棍,你这个给脸不要脸的恶棍!"他们会如此大叫,"没人会抢走你的老婆,今天晚上你就可以把她领回去,让你脸上有光去吧……你的长子会是一位男爵!"大家都看着窗外这个呆呆地穿着结婚礼服的年轻人那个可笑的身影。他的身后是一阵阵的笑声和喧闹的人群,直到地位最低的厨子,也在追赶着这个"戴绿帽子的人"①。

* * *

　　假如魔鬼也没什么指望的话，这个可怜的家伙准会气炸了。他独自一人回去了；家里会不会既空荡又凄凉呢？不会，有人正坐在家里等着他呢：炉火旁边，撒旦就坐在那里。
　　可不久之后，他的新娘就会回来，可怜的人儿脸色苍白，衣衫不整。唉！唉！看看她的状况吧。她会跪倒在他的脚下，乞求他的宽恕。接下来，他怀着一颗快要爆裂的心，用双臂抱住了她的脖子。他流泪，他抽泣，他吼叫，直到房子再次摇晃起来。
　　不过，她一回来，上帝也回来了。尽管遭受了种种苦难，但她依然纯洁、无邪和神圣。撒旦这一次暂时无利可图，因为签订契约的时机还不成熟。
　　我们那些愚蠢的"故事诗"和我们那些荒唐的传说，在涉及这种致命暴行以及其他所有后续问题的时候，都是想当然地假定，女性是站在压迫者的一方，来对付自己的丈夫；它们试图让我们相信，压迫者的粗暴对待让她感到幸福，给她带来了快乐。确实有可能出现这种事情！她无疑有可能受到地位、礼貌与优雅举止的诱惑。可没有哪位女性会为此目的而承受痛苦。强大者嘲笑任何向农奴表达出真正爱意的人。那一帮人，上至神父、管家，下至跟班，都认为他们的暴行会让她觉得光荣。连最卑微的男侍也以为，只要用傲慢无礼和拳头来给自己的爱情调味，他就是位了不起的贵族。

---

① 那些古老的故事很有趣，但同时也相当单调。故事中只对三种笑话感兴趣："戴绿帽子者"的绝望、"挨打之人"的叫声和"被绞死者"的苦脸。第一种引人发笑，第二种还算有趣，至于其中最重要的第三种，则会让人们捧腹大笑。并且，三种笑话都有一个共同点：受到虐待的都是弱者和无助的人。——作者注

*　*　*

有一天,这个可怜的女人在丈夫外出的那段时间里刚刚受到虐待之后,便开始哭泣,并且一边扎起长发,一边大声说道:"啊,林中那些不快乐的圣徒啊,我向他们许愿又有什么用处?他们是聋了呢,还是年纪太老了?为什么我没什么保护精灵,没有既强壮又有力,必要的时候甚至有点儿邪恶的精灵呢?我在教堂门口看到过一些这样的精灵石雕,可它们待在那里干什么?为什么它们不去它们的应去之地,不到城堡里去,把那些罪人全都带走并且烧死呢?哦,谁人愿意赐予我力量与威严?我愿意以身相许,来换取这种力量与威严。啊,除了自己,我还能给予什么?我这边还有什么可给予的呢?我一无所有。这具躯壳之外,这个灵魂之外,如今只剩下一堆灰烬!为什么除了这个无用的妖精,我没有某个了不起、强壮而有力的精灵来帮助我?"

"亲爱的女主人!如果说我弱小卑微,那也是您的过错;我无法长得更大。此外,如果我长得很大,您和您的丈夫都会容不下我。您会请神父用圣水将我赶走。然而,如果您愿意的话,我也可以变得强大有力。我的女主人,因为精灵本身无所谓大小、无所谓强弱。只要心存愿望,最矮小者也有可能变成巨人。"

"用什么办法呢?"

"哦,没有什么比这更简单的了。要想让人变成巨人,您只需给他一件礼物。"

"什么礼物?"

"一个可爱的女性灵魂。"

"啊,顽皮的家伙!然则汝为何物,汝欲何物?"

"只要您每天给我的东西……您会比上边那里的贵妇更善良

吗？她把自己的灵魂都献给了自己的丈夫和情人，同时也全部交给了自己的男侍。我可不止是您的男侍，不止是您的仆人。在很多事情上，我也不止是您的小女仆！请不要脸红，也不要生气。我只是想说，我的心中全都是您，或许早已深藏在您的心中。如若不然，我又怎能明白您的心事，甚至是了解您连自己都要隐瞒的心思？那样的话，我究竟是谁呢？就是您的小小灵魂，就是公开向着那个伟大灵魂如此诉说的灵魂。我们是无法分离的。您知道我已经跟了您多久吗？好几千年了，因为我属于您的母亲，属于您的外祖母，属于您的祖祖辈辈。我就是'炉边精灵'（Spirit of the Fireside）。"

"魔鬼！汝欲何为？"

"啊，汝夫将富，汝身将强，人将惧汝。"

"吾在何处？汝定为隐匿财宝之魔！"

"我若行公正、善良和虔敬之事，又为何要称我为恶魔？上帝不可能无所不在，不可能永远都在操劳。有时上帝会想要休息，让我们这些精灵来负责较小的农牧之事，来弥补其天意所忽略、其公正疏于处理所带来的种种弊病。

"在这个方面，您的丈夫就是一个例子。他是一个可怜而当之无愧的工匠，他竭尽全力，却一无所获。上帝根本就无暇来顾及他。可我呢，尽管对他心怀嫉妒，却仍然深爱这位善良的主人。我怜悯他：他的力气越来越小，无法再打起精神来了。他会死去，就跟您业已死于痛苦之中的孩子一样。今年冬天他就生病了，明年冬天他又会是什么样子呢？"

听了此话，她双手捂脸，哭泣了两三个钟头，甚至更久。所有眼泪都已流尽之后，在胸膛仍然猛烈地一起一伏的时候，她说话了："我别无所求，只是求您救救他。"

她没有许下任何承诺，可从那一刻起，她就成了魔鬼的人。

第四章 诱惑

第 五 章

魔鬼附身

所谓的黄金时代,也是一个可怕的时代;因为我就是这样称呼人类首次开始使用黄金的那个艰难时代的。黄金投入使用是在公元1300年,就是那个从未说过一句话的"美男子国王"①统治时期;这位了不起的国王看似一个傻乎乎的魔鬼,可实际上却是一个手段强大的魔鬼,实力强大到足以焚毁圣殿、远达罗马并用铁拳率先给了教皇一记重击。

于是,黄金便成了一位了不起的"教皇",成了一个全能之神;而这一切并非是无缘无故的。这场运动,始于欧洲的十字军东征;当时人们唯一在意的财富,就是那些有助于他们推进这一事业的东西;也就是说,那种能够迅速进行交换的财富。为了向遥远之地进击,这位国王除了黄金,什么都不想要。一支攫取黄金的军队,一支专为财政服务的军队,散布到了各个地区。领主带着对东方

---

① 即法国的"美男子国王"腓力四世,他曾镇压过巴黎的圣殿骑士,并且率先保障了高卢教派(Gallican Church)的自由权利。——英译者注(腓力四世[Philippe IV,1268—1314年],法国卡佩王朝国王。)

的梦想而归,他总是向往着东方的种种奇妙之物,渴望着大马士革的金属盔甲、地毯、香料和贵重的战马。为了获得这些东西,他就需要黄金。他会一脚把送来谷物的农奴踢开。"那还不够,我想要的是黄金!"

就在那一天,世界发生了变化。在此之前,在诸多的罪孽当中,税收总是具有一种确定性,不会给人们带来麻烦。根据年景的好坏,地租是按照自然规律和收成的多少而定的。假如领主说:"这也太少了吧。"农奴就会如此回答道:"阁下,上帝只给了我们这么多啊。"

可黄金呢,唉!我们又上哪里去找?我们没有军队,可以到佛兰德①的城镇里去抢夺。我们又该到哪里去掘地三尺,来为领主获得这种财宝呢?噢,但愿那个看守隐匿财宝的精灵,会成为我们的向导!②

---

① 佛兰德(Flanders),中世纪欧洲的一个伯爵领地,包括现在的比利时及法国各一部分地区。
② 在整个中世纪,各种恶魔都困扰着世界;但是,直到13世纪,撒旦才有了固定的形象。莫里先生曾说,"**契约**在那个时代之前,罕有提及",我认为他说得很对。当时的人又怎么能够去对付一个还没有真正出现的魔鬼呢?而且,订约双方那时也还没有发展到订下契约的程度。在意志堕落为永远地出卖自己的可怕通行证之前,它必须感到彻底绝望才行。陷入绝望之境的并非不快乐的人,而是那些真正不幸的人,是那些明知自己不幸,却还要遭受更多痛苦且无法摆脱的人。这种可怜者就是14世纪的人,也就是封建主要求他们做到像用黄金来付租这样不可能做到之事的人。在这一章和下一章里,我提到了环境、感受、日益增长的绝望之情,它们都导致了**契约**的穷凶极恶,而比这些方面更加厉害的,则是**女巫**这种可怕的人物。就算这个称呼曾经被人们随意使用,但在当时,这种情况本身也非常罕见,就如一桩婚姻或者一种神父身份。为便于说明,我用一种小说的线索,把审视过程中如此微妙的一些细节结合到了一起。此种结合的外在躯壳并不重要。其中的关键一点就是要记住,这些事情并非像他们试图让我们相信的那样,并非由**人类的浮躁**、**我们那种堕落本性的反复无常**、**欲望的偶然说服**所造成。这些事情,必须有一个冷酷无情、具有种种残酷需要的时代所带来的致命压力,才能出现。与城堡下方的黑暗相比,地狱本身似乎应当是一个庇护所和一个避难所,这一点很有必要。——作者注

就在所有人都陷入绝望当中的时候,那个带着精灵的女人却已来到了附近的那个小村庄,坐在自己的一袋袋谷物之上。她独身一人,其他人仍在村里争论不休。

她按照自己所定的价格出售谷物。不过,即便是其他人全都走上前来,一切都对她很有利,某种奇怪的神奇诱惑力对她发挥了作用。没人和她讨价还价。她的丈夫会在地租还没有到期的时候,就带着响当当的金币,来到地主收租的那棵榆树下。"真是令人惊讶啊!"他们全都说,"只能是魔鬼附到了她的身上!"

他们笑了起来,可她没有笑。她既感悲伤,又觉得害怕。那天晚上,她徒劳地努力祈祷。阵阵奇怪的刺痛让她无法成眠。一些奇异的形状出现在她的眼前。那只温顺的小精灵似乎也变得专横起来。它的胆子越来越大。她感到不安和生气,想要起身。她在睡梦当中呻吟着,觉得自己身不由己,说:"我不再属于自己了!"

* * *

"这可是一个非常明事理的乡下人啊,"领主会说,"竟然提前付租!你让我很感兴趣,你懂记账吗?""懂一点儿。""那好吧,你应该和这些人算算账。每个星期六,你应当坐在那棵榆树下,收取他们的租金。到了星期天,在做弥撒之前,你就应当把收来的租金送到城堡里来。"

他们的处境发生了多么巨大的变化啊!在一个星期六,当妻子看到自家那位可怜的、原本也是一名农奴的工匠,却像老爷一样坐在贵族才有资格享受的树荫之下时,她的心脏跳得又是多么厉害啊。一开始的时候,丈夫觉得眼花缭乱,可时间一长就习惯了,会摆出一副郑重其事的样子来。的确,这可不是一件开玩笑的事情,因为领主命令他们都要向他表示出应有的尊重。当他来到城堡,而那些心怀嫉妒的人看起来都像在嘲笑并且计划报复他的时候,领主却说:"你们都看到了那边的城垛吧,那里有根绳子你们却看不到。不过,绳子已经准备妥当。哪个家伙胆敢先去碰一碰他,马上就会吊到那里去,吊得高高的。"

* * *

这句话开始在人群当中传来传去,直到它像一种令人恐惧的气氛,在这两口子的身边弥漫开来。每个人都向他们脱帽致敬,事实上还会深深鞠躬。他们经过的时候,众人都远远地站开去,不挡他们的路。为了躲避他们,人们会转到一些交叉路上,弓着背,眼睛则谨慎地看着地面。这样一种变化,开始时让他们很生气,可后来却是感到悲伤了。他们在整个地区都是独自来去。妻子的精明招来了城堡中的人怀有敌意的嘲笑,以及城堡下方农奴们那种令人颤抖的恨意。她觉得自己被可怕地孤立在两种危险当中了。除了她的领主,或者更准确地说,是除了他们交给领主的那种租金,再也没有人会来保护她;不过,当时要想收到那笔租金,要想催促农奴的拖拉做法,要想战胜农奴那种迟钝的敌对情绪,甚至要想从一个一无所有的人那里榨取到什么东西,他们又必须使用何种强硬的压力、何种威胁和何种残酷的手段才行啊!这一点,从来就不是丈夫的拿手好戏。妻子费了九牛二虎之力,才让丈夫达到了目标;她对他说:"硬起心肠来。必要的时候就要残忍。要严厉打击。否则的话,你就实现不了自己的承诺;那样一来,我们就完了。"

然而,与夜间的折磨相比,白天这种痛苦可以说是微不足道的。她似乎已经丧失了睡觉的能力。她会从床上起身,走来走去,在家里四下乱走。一切都静寂无声,可家里的变化何其巨大啊,原来的那种纯洁无邪,那种美好的安全感,全都一去不返了!"炉边的那只猫在想些什么？它假装在那里睡觉，却时不时地睁开那双绿油油的眼睛看着我。那头胡子长长的母山羊看起来那样谨慎和不祥，知道的东西肯定很多，只是说不出来罢了。缕缕月光照进了牛栏，可那头母牛为什么要这样斜着眼看我呢？这一切，必定都不正常！"

她浑身瑟瑟发抖，回到了丈夫的身边。"幸福的人，看他睡得多香啊！我的睡眠结束了，我无法入睡，再也无法睡着了。"然而，过了一段时间之后，她终于沉沉睡去了。可是，哦，接下来她是多么痛苦啊！那个纠缠不休的访客就在她的身旁，要求这个要求那个，向她发号施令。就算她一时通过祈祷或者画十字摆脱了它，它马上又会以另一种形式重新现身。"滚回去，魔鬼！汝所欲为何？吾乃信奉基督之人。不，汝不当触吾！"

为了报复，它会显出一百种可怕的形状；像毒蛇一样缠在她的胸脯上，像青蛙一样在她的肚子上跳舞，不久后又像一只尖嘴猴腮的蝙蝠，用可怕的亲吻挡住她那惊慌失措的嘴。它究竟想要什么呢？那就是把她逼到一个角落，以便最后征服和击垮她，使得她可能屈服并说出一个"是"来。可她仍然坚决果断地说"不"。她仍然下定决心，每天晚上都要勇敢面对残酷的斗争，面对此种无谓的斗争带来的无尽苦难。

*　*　*

"精灵呈现为肉体，能够达到什么样的程度呢？精灵的努力和方法当中，具有什么样的现实情况呢？如果允许一个总是游荡在身边的精灵侵入自己的内心，她是不是有罪呢？那种情形属不属于纯粹的通奸呢？"这就是魔鬼有时会留下来，狡猾地削弱她的抵抗时所用的方法。"如果我只是一丝气息、一缕青烟、一片稀薄的空气,像许多神学家所称的那样,你又为什么要害怕,你这个可怜而可怕的人,并且它与你的丈夫又有什么关系呢?"

在中世纪的这些时代,正是许多在我们看来都毫无意义的问题,即一些纯粹的经院哲学问题,在幻象的伪装之下,有时还以恶魔的辩论、内心进行的残酷对话等形式,扰乱、恐吓和折磨着灵魂,构成了灵魂的痛苦命运。尽管在附体者身上表现得凶狠异常,可在整个罗马帝国时期,甚至是到了圣马丁①所处的时代或者5世纪,魔鬼始终都是一种精灵。随着野蛮民族入侵,魔鬼也变得越来越野蛮,才开始让自己具有了肉身。由于肉身变得极其巨大,因此魔鬼很喜欢用石头砸破圣本笃修道院里的大钟。通过恐吓掠夺过教会财物的那些人,魔鬼也越发变得活生生起来。人们受到教导,相信罪人非但会受到精神上的折磨,甚至还会受到肉体上的折磨;罪人会承受肉体上的酷刑,那种酷刑并非理想中的火焰,而是像燃烧的煤炭、烧烤架以及烧得通红的铁棍能够唤起的那种剧烈痛苦。

这种关于折磨人的魔鬼会给死者的灵魂带来肉体痛苦的观念,是教会可以利用的一座宝库。活着的人因为被悲伤与怜悯刺痛,因此会扪心自问:"是否有可能将这些可怜的灵魂从一个世界救赎到另一个世界,我们在尘世间所行的那些补偿方式,即赎罪和妥协,是否也有可能适用于这些灵魂呢?"连接两个世界的这座桥梁,是在克吕尼②发现的;从其诞生之日,即公元900年左右开始,这里马上就跻身于那些最富有的修道院之列了。

---

① 圣马丁(St. Martin,约316—397年),法国的主保圣徒,曾任图尔主教,并在高卢等地修建了多座隐修院。
② 克吕尼(Cluny),法国东部勃艮第大区索恩-卢瓦尔省的一座市镇,是在公元910年身为亚奎丹公爵(Duke of Aquitaine)的"敬虔者威廉"(William the Pious)建立克吕尼隐修院之后发展起来的。

只要是上帝亲自执行惩处,下手严厉,或者根据古老的格言来说,就是用天使之剑来惩罚,人们就不会那样恐惧了;就算上帝下手像法官一样重,那也仍然出自一位神父之手。执行惩罚的天使仍然会像自己的利剑一样纯洁与干净。如果由肮脏卑鄙的恶魔来执行惩处,情况就完全不同了;因为恶魔并不像焚毁所多玛城①的那位天使,反倒像是率先从所多玛闯出来的那位天使。恶魔待在那种地方,他们的地狱有点儿像所多玛;在那里,比有罪者更加堕落的这些精灵服从他们的掌管,并且从他们实施的酷刑中获得一种可怕的快乐。挂在教堂门口的简单雕塑作品上描绘的教义就是如此。通过这些雕塑,人们吸取到了以痛苦为乐的可怕教训。恶魔以惩罚为借口,在他们的受害者身上发泄出种种最离谱的突发奇想。这确实是一种不道德与极其可耻的观念,让虚假的正义与邪恶的一方成为朋友,并且以玩物作礼,让邪恶者变得更加邪恶,让魔鬼本身更加堕落!

* * *

确实是一个残酷的时代啊!想一想,那种天堂是多么黑暗与低矮,又是多么沉重地压在人类的头上啊!想一想那些可怜的小小孩童,他们从儿时起就被灌输了这些可怕的想法,在摇篮里就已瑟瑟发抖了!看一看那个纯洁无辜的少女,她竟然相信自己会因为精灵给她带来快乐而受到了诅咒!那位妻子,虽然在自己的婚床之上饱受精灵进攻的折磨,不停地反抗,却再一次感受到精灵已经深入到自己的内心!这是一种可怕的感受,那些患过绦虫病

---

① 所多玛城(Sodom),《圣经·旧约·创世记》中所称的罪恶之地(还有一个是蛾摩拉),上帝派两位天使用硫磺与火将其焚毁。

(toenia)的人都很清楚。您会觉得自己拥有双重人格；您会跟着那只怪物的动向，一会儿狂暴无比，不久后又是柔和起伏，而后面这种情况更加麻烦，因为它会让您以为自己是在茫茫的大海上。接下来，您就会狂奔而去，被自己吓得惊恐万分，渴望逃离、渴望死去了。

就算是在魔鬼没有向她发怒的时候，魔鬼曾经强行进入其内心的那个女人，也会像一个被忧郁压得喘不过气来的人一样，四下游荡。因为从那时起，她就再也无力回天了。魔鬼已经牢牢地缠住了她，就像一缕不纯洁的水汽。魔鬼就是"空中之王"、风暴之王，更是内心的风暴之王。所有这一切，都可从斯特拉斯堡大教堂①的那条大门廊之下看到，呈现得虽说很粗暴，却极其有力。这个邪恶的女人领着一群无知的少女，引诱她们走向毁灭；魔鬼占据了她的内心，让她鼓胀起来，并且下流地溢出她的身体，呈一缕浓浓的黑烟，从她的裙裾之下冒出来。

这种鼓胀，就是魔鬼附体时一个令人痛苦的特点，让她所受的惩罚与她的自尊交织在一起。斯特拉斯堡大教堂壁画里的这个骄傲的女人，肚子鼓鼓地挺在前面，而她的头则远远地仰在后面。她为自己的体形感到欢欣，对变身为一个怪物感到快乐。

然而，我们正在谈论的那个女人还没有走到这一步。只是她已经对魔鬼、对她那种高高在上的新命运感到满意了。大地已经承受不了她。在这些美好的日子里，她体态丰腴、容貌姣好，昂首挺胸地走在街上，毫不留情地嘲笑别人。她既令人畏惧、令人憎恨，也令人钦佩。

---

① 斯特拉斯堡大教堂(Strasburg Cathedral)，法国斯特拉斯堡市中心的一座大教堂，是中世纪最重要的历史建筑之一，也是欧洲著名的哥特式教堂，在法文中被称为"圣母教堂"(Cathedrale Notre-Dame)。

在外貌和举止方面,我们的这位村姑会说:"我应该变成那位贵妇本人。那个不知羞耻的懒女人在上面干什么,自己的领主不在家,却混在那些男人当中?"于是,竞争就此开始了。村里的人虽说厌恶她,却也以她为荣。"如果说城堡里的贵妇是男爵夫人,那么我们的这位夫人就是女王;并且不止是女王,只是我们不敢说究竟是什么。"她的美貌是一种可怕而奇异的美丽,骄傲与痛苦同样令人神魂颠倒。魔鬼本人,就在她的那双眼睛里。

* * *

魔鬼既拥有了她,却又没有占有她。她仍然是**她自己**,并且保留着**自我**。她既不属于魔鬼,也不属于上帝。魔鬼当然可以侵蚀她,可以像一种美好的氛围那样包围着她。不过,魔鬼却依然一无所获,因为魔鬼还没有获取什么的意愿。她虽说被魔鬼附了体、饱受折磨,可她依然不属于魔鬼。有的时候,魔鬼会残忍地利用她,却仍然什么也得不到。魔鬼会把燃烧着的炭放到她的胸膛上,或者放在她的肚子里。她会跳起来,痛苦地扭动着身体,却仍然会说:"不,你这个屠夫,我还是要做我自己。"

"当心!我要用无比严酷的毒蛇之鞭抽你,我会狠狠地揍你一顿,让你过后会哭泣,并且用你的哭号之声,撕裂空气。"

第二天晚上,魔鬼没有再来。到了早上(那是星期天),她的丈夫就到上面的城堡里去。他什么也没干成就回来了。领主说:"涓涓细流,推不动磨盘。你每次都给我带来半个便士,没有一点儿用处。我两个星期之后就必须动身。国王要向佛兰德进军,可我连一匹战马都还没有;我自己的那匹战马,自从上次比武之后就瘸了。准备好做你的事去吧,我还缺一百镑。"

"可是,我的主人,我上哪里去找一百镑呢?"

"如果愿意的话,你可以把整个村子洗劫一空;我打算给你派出充足的人手。告诉你的教友们,如果不出钱,他们损失的就会是人了,尤其是你自己,你就会丧命。我已经受够你了,你简直有一副妇人之心,你非常懒散、拖拉。你会丧命,你应当为自己的胆小和懦弱付出代价。且慢,你现在下去也好,我把你留在这里也罢,都没有太大的区别。今天是星期天,那边的人看到你把双腿挂在我的城垛上晃来晃去,一定会放声大笑。"

这个不幸的男人,又把这一切都告诉了自己的妻子;然后他就绝望地准备死去,准备把自己的灵魂交托给上帝。她同样害怕得很,坐卧不安。该怎么办呢?她已经把精灵打发走了,现在觉得多么难过啊。它要是回来就好了!到了第二天早上,丈夫起床之后,她才重重地倒在床上。她刚一这样,便觉得胸口压了个沉重的东西。她喘不上气来,仿佛就要窒息了。那个重重的东西往下落去,直到压上她的肚子;接下来,她觉得自己的胳膊被两只钢铁一样的手紧紧抓住了。

"你需要我,我就来了。那么,冥顽不灵的家伙,我终于拥有了你的灵魂,终于拥有了!"

"可是,噢,先生,是要我交出自己的灵魂吗?我那可怜的丈夫!您以前很爱她,您说过的,您还答应——"

"你的丈夫!还是忘掉吧。你确定自己的心思一直都放在他的身上吗?你的灵魂!我是好心好意要它的,可它已经属于我了。"

"不,先生,"她说,即便是身处如此可怕的困境当中,自尊也再次回到了她的身上。"不,先生;那个灵魂属于我,属于我的丈夫,属于我们的婚姻。"

"啊,你这个不可救药的小傻瓜!就算现在你受到了刺激,你

第五章 魔鬼附身

也仍然会挣扎！我时时刻刻都看着你的灵魂,我比你自己更加了解它。一天又一天,我注意到了你起初的不情不愿、你的痛苦和你的一阵阵绝望。我看到,当你低声说没有人可能陷入一种不可能的境地时,你有多么沮丧。接下来,我看到你日益变得听天由命了。你受到了一点儿打击,叫的声音都不怎么响亮了。至于我呢,我之所以要求拥有你的灵魂,完全是因为你已经失去了灵魂。与此同时,你的丈夫也要死了。还能怎么办呢？我为你感到难过,你已经在我的掌控之中;可我还想要更多。你必须坦率而自愿地交出灵魂,否则的话,你的丈夫就会死去。"

在睡梦之中,她用极低的声音回答道:"啊,那就我吧！我的身体,我这具可怜的肉身,您可以拿走,去挽救我的丈夫;可我的心呢,绝对不行。没有人曾经拥有过它,我不能交出来。"

这样,她便完全听天由命地在那里等待着。魔鬼朝她甩过来两个词语,然后说:"那就留着它们吧,它们会挽救你的。"听了这话,她打了个寒战,感到体内涌起一阵火一般可怕的震颤,接着大叫了一声,在吓了一跳的丈夫臂弯中醒来,泪水如注,将他淹没。

* * *

她用力挣脱了丈夫的搂抱,起身下床,担心自己会忘掉魔鬼那两个重要的词语。她的丈夫吓得不轻,因为她连看都没看他一眼,只是飞快地朝墙上一瞥,目光锐利得有如美狄亚。此时的她,从来都没有这样美丽过。她那乌黑的眼珠,以及眼珠四周那一圈淡黄的眼白中,闪烁着一缕让人不敢直视的微光,一缕有如火山上含硫气体发出的微光。

她径直往镇上走去。第一个词,就是"绿色"。她看到,一位商人家的门口挂着一件绿色的袍子,正是"世界之王"魔鬼的颜色;那是一件旧袍子,可她一穿上,就变得崭新而有光泽了。接下来,她没有询问任何人,就径直走到了一个犹太人的家门口,然后使劲地敲门。里面的人极其小心地打开了门。那个可怜的犹太人正坐在地上,满身是灰。"亲爱的,我必须得到一百镑。"

"哦,夫人,我怎么去找一百镑呢?镇上的采邑主教刚刚把我的牙齿都拔了,要让我说出我的金子在哪里。① 看看吧,我的嘴里还在流血。"

"我知道,我知道;可我前来,就是为了从你这里获得消灭你们那位主教的办法。如果教皇受到重击,主教就当不了多久啦。"

"这是谁说的?"

"托莱多。"②

他低下了头。她边说边喘气;在她的内心深处,自己的灵魂正在与魔鬼搏斗。房间里弥漫着一种奇妙的暖意,犹太人亲身感受到了一种有如喷泉般的炽热。"夫人,"他一边说,一边垂着眼皮看着她,"虽然我又穷又残,可我还是存了几个便士,为了养活我那些可怜的孩子。"

"您不会后悔的,犹太人。我要向您发下一个重誓,谁违反了就会不得好死。您给我的这笔钱,一个星期后的一大早就会收回。

---

① 这是向犹太人横征暴敛时的一种常见手段。"无地王"约翰一世经常使用这种行径。——作者注("无地王"约翰[John Ⅰ,1166—1216年],英国金雀花王朝第三位国王。)

② 托莱多似乎一直是西班牙无数巫师们的圣城。这些巫师们与已经开化的摩尔人、西班牙学识渊博且掌管着王家岁入因而地位至高无尚的犹太人之间的关系,让他们达到了一种很高的文明程度,因此他们还在托莱多组建了一所大学。到了 16 世纪,他们皈依了基督教并进行了改编,只剩下纯粹的白魔法。参见《身为博蒙特领主、普瓦图医生的亚迦德巫师的证词》(*Deposition of the Wizard Achard, Lord of Beaumont, a Physician of Poitou*),见于朗克尔的《怀疑》(*Incredulité*)一书,第 781 页。——作者注

第五章　魔鬼附身

这就是我以您和我自己的重誓而发下的誓愿,并且这个誓愿更重:'托莱多'。"

* * *

一年过去了。她已经长得又胖又丰满,让自己变成了一团金子。男人们都对她的魅力大感惊讶。每个人都钦慕她,服从她的命令。由于某种邪恶的奇迹,那个犹太人变得极其慷慨,哪怕是最轻微地表示一下,他也会大方地借钱给她。她亲自操持那座城堡的供养问题,这既是由于她本人在镇里颇具声望,同时也是因为她的横征暴敛使得村里的人都很害怕。那件无所不能的绿色袍裾来回飘动,还越来越新,越来越漂亮了。她自己也越来越美丽,仿佛随着成功与自豪而与日俱增似的。大家对如此自然的一种结果感到害怕,都说:"她在一生当中会变得多么高大啊!"

在此期间,我们得到了一则消息:领主要回来了。长久以来都不敢露面,以免当面碰到城堡下方那个女人的贵妇,此时便骑上了自己的白马。在手下的簇拥之下,她动身去迎接自己的丈夫;她停下来,向丈夫致意。

她说的第一句话就是:"我盼了您多久啊!为什么您要离您忠诚的妻子而去,活活让我当一个相思成疾的寡妇当了许久呢?不过,今晚我可不会侍候您,除非您赐予我恩惠。"

"说吧,说吧,我的夫人,"领主笑着说,"不过你可要快点,因为我渴望着拥你入怀了。你变得多么美丽啊!"

她在他的耳旁私语了几句,因此没人知道她究竟说了什么。到城堡里去之前,这位可敬的领主在村中教堂边下了马,走进了教堂。在灯光之下,他看到村中重要人物的前头有一位女士;他并不认识那位女士,便稍稍向她致意。她带着无与伦比的骄傲,头上戴着那个时期流行的尖顶带角女帽（即埃宁帽①），比男子们都高出了一个头；人们常常称那种帽子为魔鬼的"得胜帽"，因为帽子上饰有两个尖角。那位真正的贵妇因为在她的面前黯然失色而感到脸红，便走了出去；相形之下，贵妇显得非常矮小。过了一会儿，她便生气地嘟囔着说："您的农奴来了。一切都完蛋了，简直是翻了天，驴子竟然欺负起马儿来了。"

他们就要离去的时候，贵妇宠爱的一名大胆男侍从自己的腰间抽出一把锋利的匕首，轻轻一转，就巧妙地割破了女士腰间的那件精美长袍。② 人们全都大吃一惊，但看到男爵一家人都开始追赶她之后才开始明白过来。鞭子呼啸着，迅速而无情地落到了她的旁边。她想逃跑，可由于已经长得有点儿胖，因而行动缓慢。才跑了二十来步，她就绊倒在地；因为她最好的朋友已经在她的去路上放了一块石头，将她绊倒了。在众人的哄笑当中，她在地上爬着，大声叫喊。可冷酷无情的侍从们又用鞭子狠狠地抽打着她。那条高贵漂亮的灵缇犬也帮着追赶，撕咬她身上最柔软的部位。

---

① 这是14世纪女性佩戴的一种可笑头饰，通常都有一个角或者两个角从头上向后倾斜。——英译者注

② 那个时代，这种残酷的暴行很常见。根据法国和盎格鲁-撒克逊人的法律，淫荡者就是这样接受惩罚的。参见格林，第679页和第711页。斯特恩霍克，第19页和第326页。迪康热，第三卷，第52页。米什莱，《法律起源》，第386页和第389页。渐渐地，同样粗鲁的暴行也开始施加于诚实的女性、公民的妻子身上，因为贵族们想要贬损她们的傲气。我们都知道，暴君哈根巴赫（Hagenbach）曾经将阿尔萨斯（Alsace）有头有脸的市民家那些正直的贵妇引入伏击当中，而他这样做的原因，很可能是因为瞧不上她们那种全由丝绸与黄金制就、富丽堂皇的王室服装。在本人的《法律起源》一书中，我还描述过安茹（Anjou）的佩斯勋爵（Lord of Pacé）对附近那些漂亮（而且正直）的女性所提的奇怪要求。此人曾经要求那些女性带上四个便士和一束鲜花，到城堡里去跟他手下的军官跳舞；这是一趟危险的旅程，其间她们可能很害怕佩斯勋爵也会像哈根巴赫那样冒犯她们。她们被迫屈服，因为后者威胁说要把她们的衣服剥光，并且用带有领主武器印章的棍棒刺她们的身体。——作者注

最后,在一片可悲的混乱当中,在可怕的人群当中,她终于爬到了自家的门口。门关着。她手脚并用,拍打着家门,哭喊着:"快点,快点,我的爱人,为我开门!"她停在那儿,就像人们钉在农户门上的倒霉猫头鹰一样,而人们的拳头仍如雨点一般无情地落在她的身上。房子里什么声音也没有。她的丈夫在里面吗?还是说,他因为家里富裕而吓坏了,害怕众人把他家洗劫一空而不敢开门呢?

此时,由于受了那么多的苦楚、挨了那么多的鞭打和那么重的拳头,她已经昏倒在地。她发现自己坐在冰冷的石制门槛上,裸露着身体,半死不活,身上流着血,除了披着那一头波浪般的长发,几乎一丝不挂。城堡里的人当中,有人说了一句:"不要再打了!我们可不想打死她。"

他们将她一个人留下,让她去找地方躲藏。可在心里,她却看得见城堡里洋溢着的欢乐气氛。然而,领主有点儿惶惑,说他对这事感到难过。可教堂神父却用他那种温顺的声音说道:"如果这个女人像他们所说的那样,是**被魔鬼附体了**,那么我的主人,您应当把她交给神圣的教会,这才是对您那些善良的封臣负责,才是对整个国家负责。既然此事完全牵涉到圣殿骑士团(Templars)和教皇,那么看看恶魔干的这是什么事啊!只有火,才是恶魔应得的。"听了此话,一位多明我会修士说:"阁下说得很对。此种恶灵乃程度最高之异端。魔鬼附体之人与异教徒无异,也应当处以火刑。然而,我们当中有一些善良的神父,如今仍然信不过火刑。他们睿智地希望,在万物之前,灵魂可以慢慢地通过斋戒而得到净化、考验和征服;他们希望灵魂不会带着傲气被烧死,认为不应当让灵魂在火刑柱上感到得意。假如夫人您出于了不起的虔诚与慈悲,肯不辞辛劳地对这个女人加以影响的话,那就不妨把她关在一个安全的小房间里,让她安息数年,钥匙则只应由您掌管;如此一来,通过不断进行矫正,您可能就是在为她的灵魂行善,让魔鬼蒙羞,使她温顺谦卑地把自己交与教会。"

第六章

契约

除了受害者,贵妇什么都不缺。他们很清楚,把这个女人带到贵妇面前,就是她能够接受的、最讨她欢心的礼物。如果有人愿意把那具可怜的、血淋淋的尸体交到她的手里,作为爱的象征,贵妇也一定会温柔地认可此人的忠心。

可猎物意识到了猎人的心思。片刻之后,她就会被人带走,永远地封印在石头之下。于是,她用自己在马厩里无意中找到的几块破布裹身,很快就消失了,并且不到午夜时分,就在一片长满荆棘和蓟草的偏僻沼泽之上,找到了一个僻静之所。那里位于森林的边缘;借着若有若无的亮光,她或许摘了几颗橡子,像野兽一样将橡子咽下肚去。从傍晚算起,已经过去了很久很久;她也彻底变了。她不再是村里的美人与女王,似乎随着精神上的变化,她也改变了自己的体态。蹲在摘来的橡子之间,她的样子就像是一头野猪,或者是一只猴子。当她听到或者仿佛听到一只猫头鹰的尖叫,接下来又是一阵刺耳的笑声时,她心中萦绕着的,完全是不属于人类的思绪。她感到害怕,可没准那只是一只快乐的学舌鸟,只是按照那种鸟儿的惯常习性,模仿着所有的声音。

可是那笑声又开始了;是打哪里来的呢?她什么也看不见。笑声似乎来自一棵老橡树。然而,她却清清楚楚地听到了这样的话:"那么,你终于来到这里了!你来得太过勉强了;如果没有探寻过你最终需求的深度,现在你也不会到这里来。你首先不得不接受鞭子的考验;尽管高傲自大,可你哭号着,乞求怜悯;你很乐意被人嘲笑、被人毁灭、被人遗弃,甚至得不到丈夫的庇护。假如我不是充满仁慈之心,让你看到城堡里为你准备好了安息所,今天晚上,你又会在哪里呢?晚了,太晚了,你才到我这里来,只是等到他们叫你为老太婆之后,你才前来。你年轻的时候没有善待我,当时我可是你的小妖精,渴望着服侍你。现在轮到你了,如果我想要的话,该由你来服侍我、亲吻我的双脚了。

"你生来就是我的,因为你有那种与生俱来的邪恶,因为你具有那种恶魔般迷人的魅力。我就是你的爱人,就是你的丈夫。你自己的那位丈夫,已经对你关上了家门,可我却不会关上我的这扇门。欢迎你来到我的领地、我自由自在的草原和我的森林。你可能会问,我怎么会成为赢家呢?难道不久之前,我不是任何时候都可以拥有你吗?你不是受到了侵犯,被我附了体,内心充满了我的火焰吗?我让你脱胎换骨了;你体内的所有血管,全都流淌着我。你可不知道,你完全属于我。可我们的婚礼,还得以各种各样的形式来庆贺才是。我彬彬有礼,并且觉得自己相当细心。让我们永远结合为一体吧。"

"哦!先生,处在眼前这种境况下,我还能说什么呢?很久很久以前,我就觉得,真真切切地觉得,您就是我的全部宿命。您怀着恶意爱抚着我,赐予我无尽的恩惠,让我变得富有,可最终目的却是要让我失望。昨天,当那条黑色的灵缇犬咀嚼着我那可怜地裸露着的血肉,用利齿撕咬着我的时候,我说过:'就是他!'到了晚上,当希罗底①的女儿用恶语恐吓众人,有人挑唆他们,要他们把我的血给她喝的时候,那就是您!"

"确实如此;不过,是我救了你,把你带到了这里。你猜得到,我什么都做过。我毁灭了你,可为什么呢?是因为那样一来,我就可以彻底拥有你了。实话说,我已经厌烦你的丈夫了。你喜欢争论和诡辩,与我喜欢干活大不一样。我是要么全要,要么什么都不要。这就是我塑造和训练你、磨炼你并让你变成熟的原因,全都是为了我自己好。你明白了吧,这就是我在品味上的微妙之处。我并不像人们以为的那样,不会接纳那些马上就会抛弃自己的傻瓜。我更喜欢那些经过了精挑细选、已经到了一种愤怒与绝望的微妙阶段的灵魂。算了;我一定要让你知道,此刻的你看上去有多么快乐。你是一位大美人,是一个最令人向往的灵魂。我已经爱恋你那么久了,但现在我急不可耐地想要得到你。

"我会做各种各样的事情,而不是那种只算计未婚妻的丈夫。如果你想要的只是财物,那你马上就会得到。就算你想要取代纳瓦拉的琼安(Joan of Navarre)去当王后,虽然有点困难,但也可以马上实现,而国王也不会在自尊和傲慢问题上丢太多的面子。我的妻子比王后更了不起。但你还是先过来,把你的愿望告诉我吧。"

"先生,我只求具有作恶的力量。"

"真是一种令人愉快的回答,非常令人愉快!我难道没有理由

---

① 希罗底(Herodias),《圣经》中的人物。她是大希律王的孙女,起初嫁给了她的叔父"希律腓力第一"(即"腓力"),生有一女。后因罗马皇帝恺撒罢黜了"希律腓力第一"的王位,她又嫁给了希律·安提帕("希律腓力第一"的哥哥),并且借其女之手,杀了"施洗者约翰"。

来爱你吗？实际上，你说的那些话里，包含了所有的律法和所有的预言。既然你做出了这样一种好选择，那么除此之外的一切，全都应当投入进去。你会了解到我的所有秘密。你必看见大地的深处。整个世界都要前来，把黄金倾倒于汝之脚下。看这里，我的新娘，我赐予你真正的钻石，**复仇之钻**。我了解你，小坏蛋；我了解你最隐秘的欲望。呜呼，在这一点上，我们彼此完全是心意相通啊！至少在那个方面，我可以完全拥有你。你会看到敌人跪在你的脚下，乞求和祈祷你大发慈悲，并且乐意去做她原来让你做过的任何事情，来让你放过她。她会哭泣，而你会优雅地说道：不；一听到这个，她就会哭喊起来：'死亡与万劫不复！'……来吧，我会把这当成我的特殊任务。"

"先生，我听从您的吩咐。我以前确实忘恩负义，因为您一直都在不遗余力地帮我。我是您的了，我的主人，我的神！我不想再要别的。您的情话甜美悦耳，您的殷勤无比温柔。"

于是，她便开始崇拜它，并且崇拜得五体投地。起初，她是按照神庙里的形式向它表达敬意，而这种敬意表明，她完全放弃了自己的意志。她的主人，就是"此世之王""风中之王"；如今轮到它像一只热切的精灵那样来吸收她的精华了。她马上按照相反的顺序，领受了三圣礼，即洗礼、神父身份和婚姻。在这个与原有教会完全对立的新教会中，一切都必须以错误的方式来做。她温顺而耐心地忍受着入会启蒙①，心中只想着一个词，那就是"复仇"！

* * *

她非但没有被这种有如地狱霹雳般的磨炼所击垮或者削弱，

---

① 这一点还有待进一步解释。我们必须提防 16 世纪一些作家迂腐而添油加醋的说法。——作者注

第六章 契约

反倒重新站了起来,活力十足、目光炯炯。一度清高地暂时遮住自己的月亮,再次看到她之后,就逃走了。由于被地狱里的蒸汽鼓胀到了一种令人惊讶的程度,心中充满火焰、愤怒以及某种无以言表的新欲望,所以她一时变得异常丰满高大,显出了一种可怕的美丽。她环顾四周,发现自然界的一切全都变了。树木能够说话了,诉说着过去的故事。草药都变成了简单的东西。昨天她刚刚踩踏过的那些植物,此时则像人们一样在谈论着医学。

次日她醒来之时,已经身在远离敌人的地方,处境非常安全了。人们搜寻过她,可他们只是发现了她那件倒霉绿袍的一些碎布。她是不是在绝望当中,径直跳进了湍急的河流当中呢?还是说,她还活着,只是被魔鬼带走了?没有人说得清。不论是哪种情况,她肯定都受到了谴责;没有找到她,倒是给那位贵妇带来了极大的安慰。

就算看到了她,此时他们也很难再认出来,因为她的变化实在是太大了。只有她的那双眼睛依然没变,虽说并不明亮,却闪烁着一种非常奇怪、相当令人生畏的微光。她也担心自己把别人吓到;她从来都不会双目低垂,而是左右顾盼,因为斜视的时候,可以让如炬的目光中带着的所有力量都消散于无形。从她全身的颜色突然变成棕色来看,人们可能会说,她一定是经历了火焰的炙烤。可更加细心的人却会觉得,更准确地说,那种火焰就源自她本人,因为她的身上带着一种不纯洁的、灼人的炽热。撒旦刺穿她的那支火焰之箭仍然留在那里,仿佛是从一盏邪恶之灯里发出了一种狂野而可怕的迷人光辉。就算想避开她,您也会无法动弹,而每一种感官中都会弥漫着一种奇怪的不安。

她看到,自己来到了一个属于隐居者的洞穴入口,就像您在法国中西部地区的山岳中看到的无数洞穴一样。那里位于梅林

(Merlin)王国和墨鲁西纳(Melusina)王国之间的边境地区，当时还是一片荒野。一些一眼望不到头的荒原上仍然留存着证据，说明了古代的一场场战争、无休无止的浩劫和众多的恐怖场景；这些过往，让这个地区的人民再也无法安居乐业。到了那里，魔鬼就是到了自己的乐土。此地为数寥寥的居民当中，绝大多数都是魔鬼的狂热崇拜者。不管魔鬼可能在洛林地区那些高低不平的灌木丛中、在侏罗山脉的黑松林中或者在布尔戈斯那些弥漫着咸味的沙漠中发现了什么有吸引力的东西，[①]他更喜欢的，或许仍是我们向西部进军。在西部，我们不但有可能发现具有远见卓识的牧羊人、山羊与牧羊人组成的那种邪恶联盟，还可以看到人们与大自然之间更紧密地携手合谋，看到人们对疗法和毒药有了更深入的洞察，以及他们与博学的托莱多、与"魔鬼大学"(University of the Devil)之间具有的一种神秘的、我们并不了解的联系。

冬天即将来临；它的气息先是让树叶掉光，然后又将树叶及枯木上的小枝堆到了一起。她发现，这一切全都在她那个昏暗的巢穴入口处准备妥当了。经由一片宽约半英里[②]的树林和荒原而下，您就会来到一些村庄附近；那些村庄，都是在一条河道旁边慢慢形成的。"看看你的王国吧！"她内心的那个声音说道。"今日为乞丐，明日你将成为整片土地上的女王。"

[①] 侏罗山脉(Jura)，法国和意大利之间的一条山脉；布尔戈斯(Burgos)，西班牙北部的一座城市。
[②] 英里(mile)，英制长度单位，1英里约等于1.61千米。

第 7 章

逝者之王

　　起初,这样的承诺并未对她产生太大的影响。那是一个偏僻的隐居之所,没有上帝,西部极其单调的微风拂过,她回想自己失去了一切,受到了如此严重的屈辱,种种回忆在强大的孤独面前却显得更加无情;想到自己突然之间如此难受地变成了寡妇,离开了那个任由她受到羞辱的丈夫,这一切就足以让她屈服了。她成了命运的玩物,看上去就像是荒原上一株可怜的野草,没有根,只能东倒西歪,被东北风猛烈地抽打和残酷无情地刮断;更确切地说,或许她就像那种多角的灰色珊瑚,它们紧紧地黏在一起,结果却更容易断裂。孩童们在她身上踩踏,人们则笑着说:"她是风的新娘。"

　　想到这个比方,她便狂乱地嘲笑起自己来。可是,她却听到,从黑暗洞穴的深处传来了一个声音:

　　"无知和愚蠢的人啊,你根本不知道自己说的是什么。如此东倒西歪的植物,保不齐也会瞧不起那些繁茂而丑陋的药草。就算摇摆不定,它起码也是独立之身,开花结籽都由自己做主。汝当似彼，作汝自身之根，虽狂风肆虐，亦鲜花怒放；这是我们为自己而开的花朵，因为它们源自坟墓之尘与火山之烬。

"第一朵撒旦之花，今日当以吾之旧名，以吾之旧能，赐于汝。吾曾为**逝者之王**，如今亦是。悲乎，吾岂非为人所谤乎？只有我，才能令亡者重新现身；这是一种无尽的恩赐，为此我自然值得拥有一座祭坛。"

* * *

看透未来和回忆过去、预先阻止时光流逝和再次重温那些飞逝的旧日时光，用过去之事充实当下和用将来之事充实当下，正是中世纪禁止的两个方面，只是此种禁令纯属徒劳罢了。大自然是无法战胜的；在这样一个时代，我们只能是一无所获。会犯此种错误的，就是**凡人**。他不应当深陷自己耕出的犁沟当中，不应双目低垂，只盯着自己跟在耕牛之后亦步亦趋的步伐。不，我们将昂首前行，看得更远、看得更深！我们如此小心谨慎地丈量着这片土地，用脚踢着，还不停地对着它说："汝之腹中有何物？其中有何秘密？吾等托付于汝之谷物，汝会返还；可吾等托付于汝，由汝掌管之人类之种、挚爱亡者，却未见返还。吾辈之友、吾辈之爱，均长眠于此，彼等岂无再生之日乎？呜呼，但愿能再见彼等，虽片刻须臾，又有何妨！

"有朝一日，我们自己也会来到他们已经前往的那片未知之地。不过，我们在那里能否再见到他们？我们会不会与之同在？他们在哪里，又在干些什么？我所挚爱的这些亡者，他们一定成了被人紧紧看守的囚徒，以至于没有给我一丝迹象！如何才能让他们听到我的声音？我的父亲也是如此，我曾是他唯一的希望，他曾如此深爱着我，为何从来都没有来到过我的身边？啊，我亦如此！

双方都受到了束缚、囚禁,彼此之间一无所知;我们都是在一个黑暗的夜晚,徒劳地寻找一丝光明!"①

人们对大自然的这种永恒思索,从远古时代的纯粹悲恻到中世纪就变得痛苦、怨恨与日益软弱,而心灵也因此而变得越来越卑贱了。他们似乎期待着把灵魂击溃,期待着把灵魂压扁,挤进一具小小的棺木之中。将农奴夹在四块松木板间埋葬的做法完全适于达到这个目的:这种情况会让人时不时地想到窒息而亡。如此封存于棺木中的死者,就算回到生者的梦中,也不再是一个被极乐世界的光环所包围、闪着熹微光芒的人影,只能是某种可怕的狮鹫②手下的可怜玩物。这是一种多么可憎而不虔敬的想法啊,我那善良、和蔼的父亲,我那受到所有人敬重的母亲,竟然会变成这样一只怪兽的玩物!如今您可能觉得好笑,可在一千年的时间里,这可不是一个让人发笑的问题;一想到这个问题,那时的人们就会痛哭流涕。而且,即便是到了如今,当一个人用笔把这些亵渎神明的事情写下来时,他的内心也会怒不可遏,而笔尖也会在纸上愤怒地划过。

* * *

此外,把祭奠死者的"亡灵节"(Festival of the Dead)从古时所定的春季改到十一月,无疑也是一种残忍的做法。这个节日起初定在五月份,因为此时的亡者是葬在鲜花当中。后来又定到了三

---

① 杜梅尼尔(Dumesnil)的《不朽》(*Immortalité*)和《新信仰》(*La Foi Nouvelle*)中也闪耀着此种微光。见于雷诺、亨利·马丁等(Reynaud, Henry Martin, &c.)的《天地》(*Ciel et Terre*)。
② 狮鹫(griffin-cat),古希腊神话中一种狮身鹫首、长有翅膀的神兽,为禽兽之王,是恶魔的代表。

月份，于是这个节日就变成了劳作和嬉戏的标志。逝者与谷物种子一起埋入大地，承载着人们的同一种希望。可到了十一月份，所有的劳作都已结束，而接下来的许多日子里，天气都是阴暗沉郁；此时，人们都回到了各自的家中，一个人会再次坐到炉边，望着对面那个今后永远都会空荡荡的地方。啊，在这样一个时刻，我的悲伤又会变得多么沉重！很显然，他们在选择一个本身就令人深感悲哀的时候举办大自然的葬礼时，担心的是一个人会找不到足以让自己感到悲伤的理由！

哪怕是最冷静、最忙碌的人，不管多么沉迷于生活当中那些可以分心的琐事，他们起码也会有较为悲伤的时刻。过了十年以后，不，过了二十年以后，在阴暗的冬日清晨，在降临得极其迅速、要把我们吞噬的黑夜里，您的心中就会响起一种奇怪而微弱的声音："早上好，亲爱的朋友，我们来了！您依然活着，仍在一如既往地辛勤劳作。真是太好了！您并没有因为失去了我们而太感沉重，您也学会了在没有我们的情况下生活；可我们却不能没有您，永远都不能没有您。队伍已经封闭，缺口也已填满。我们的家中已经殷实，我们已经赐福于它。一切全都安好，比您的父亲带着您到处跑的时候更好，比轮到您的小女儿对您说'爸爸，抱我'的时候更好。可是，瞧啊！您在哭泣。够了，直到我们再会！"

唉，他们逝去了吗？那种恸哭之声，亲切而又刺耳，可那是勉强出来的吗？不。就算我忘掉自己一千次，也绝不应当忘记他们！而且，无论付出何种代价，我们也必须这样说：某些痕迹正在慢慢消逝，已经看得不那么清晰了；某些人的音容笑貌虽说并未真的消逝，却也变得日益苍白、日益暗淡了。发现自己是如此脆弱和转瞬即逝，并且像忘川之水一样摇摆不定，感到随着时光流逝，一个人会失去自己希望永远留存的那种可贵悲伤，真是一种冷酷、痛苦而令人

第七章　逝者之王

羞愧的想法啊。我会祈祷说,请把它还给我吧;我肩负太多的道德责任,使得我的泪水永远也流淌不尽。回头再看我一眼吧,我恳求你们,我所深爱的那些人。你能不能至少帮我在夜里梦到他们呢?

* * *

到了十一月份,这样的祈祷仪式会不止一次。在教堂的敲钟声和落叶的飒飒声中,他们离开了教堂,低声地相互交谈着:"我说,邻居,上面那个地方住着一个女人,人们对她的看法褒贬不一。至于我自己,我可什么也不敢说;可她具有统治尘世的力量。她会召唤亡灵,死者则会应声前来。噢,如果她能让我的朋友再回到我的身边就好了!您知道,当然是在没有罪孽、不触怒上帝的情况下。您一定知道,我很孤独,并且失去了尘世当中的一切。可谁知道这个女人是什么人,谁知道她究竟来自地狱还是来自天堂?我可不会去(其实此人一直都好奇得要命);我是不会去的。我可不希望危及自己的灵魂;此外,那边的森林还经常闹鬼。人们多次在荒原上发现了一些不宜看到的东西。您难道没有听说过杰奎琳的情况吗?就是有天晚上跑到那里去找绵羊的杰奎琳。哦,她回来之后就疯了。我可不会去。"

这样一来,在彼此互不知情的情况下,起码也有许多男子去过那里。到目前为止,女人们都还不敢冒如此巨大的风险。她们都说一路上危险重重,都在向一些从那里回来的人提出许多的问题。这个新的女巫并不像隐多珥①的那位女巫,后者曾应扫罗②的祈

---

① 隐多珥(Endor),以色列北部的一个地方,据说扫罗曾在最后一战前秘密前往此地,让那里的女巫为他召唤出撒母耳的灵魂。见于《圣经·旧约·撒母耳记上》28:3—20。
② 扫罗(Saul),《圣经》中的人物,据说他是便雅悯支派的后人,是一位大能勇士的儿子,后来成了以色列犹太人进入王国时期的第一个王。

祷，召唤过撒母耳①。她不会让你看见鬼魂，而是会给你一些神秘的咒语和功效强大的魔药，可以让鬼魂回到你的梦里。啊，需要求助于这些东西的人，他们该有多么悲伤啊！那位祖母已经年过八十，本身已经步履蹒跚，却会再次见到孙子。她付出了异常艰辛的努力，费力地来到了那里，同时也为自己快要进土却还在犯下罪孽而感到羞愧。那个地方长满紫杉和荆棘的荒凉景象，以及那个冷酷无情的冥府王后粗鲁而黑暗的美丽，都让她深感不安。可怜的老妇人浑身发抖，匍匐在地，哭泣着，祈祷着。她没有听到任何回应。可等到她大着胆子稍稍抬起头之后，却看到，地狱本身也在哭泣。

* * *

大自然不过是在恢复正常罢了。这位冥府女王当时羞得满脸通红。"堕落的灵魂！"她如此对自己说道，"为何如此软弱？你带着坚定的愿望来到这里，除了作恶，什么也不想干。这不是主人的教导吗？这个样子，他会怎样嘲笑你啊！"

"不！难道我不是伟大的黑暗守护者，让他们来来去去，为他们打开梦境的大门吗？你的但丁②，当他描绘我的模样时，却忘记了我的特点。他给了我那件无用的礼服，却没有看到我手中握着奥西里斯的牧羊杖，没有看到我是在墨丘利③那里继承了他的节杖。他们徒劳地想在这两个世界之间筑起一道无法逾越的墙壁；

---

① 撒母耳（Samuel），《圣经》中的人物，以色列最后的一位士师，也是以色列立国后的第一位先知。据说他的父母本无儿女，后来他的母亲在圣殿中祷告，神便将撒母耳赐予她。
② 但丁（Dante，1265—1321年），意大利文艺复兴时期的著名诗人，著有长诗《神曲》（包括《地狱》《炼狱》和《天堂》三部曲）等作品。
③ 墨丘利（Mercury），古罗马神话中众神的使者，以及掌管畜牧、小偷、商业、交通、旅游和体育之神，是古罗马的十二主神之一，对应于古希腊神话中的赫尔墨斯。由于他也是医药的保护神，因此其盘绕着两条蛇的节杖就成了医学的标志。

可我的脚后跟却长有翅膀,因此我飞了过去。借着那受了中伤的精灵,借着那冷酷无情之怪物的善意反抗,哀悼者获得了帮助,母亲和爱人们也得到了安慰。他同情这些人,却又蔑视他们的新神。"

中世纪负责抄写的人士,全都属于神父阶层,他们从不肯承认民众心中发生的种种深刻而无声的变化。很显然,从那个时候起,怜悯之心就转到了撒旦那一边。圣母马利亚本身虽说是理想恩典的化身,却没有对心灵这样一种需求做出回应。教会也没有做出回应,只是公开禁止了召唤亡灵的做法。在所有的卷册都以保持早期卑鄙贪婪的魔鬼形象或者第二个时期那种狮身鹫首、残忍嗜杀的魔鬼形象为乐时,撒旦却已经为那些不会读书写字的人改变了模样。他保留了古代冥王的某些特征;可他那种苍白却又全然冷酷无情的威严,即让死者复活、让生者再次见到亡者的本领,却越来越近乎他父亲的本性,或者越来越近乎其祖父,即灵魂牧者奥西里斯的本性。

通过这一种变化,还会出现其他诸多的变化。人们口头上承认了地狱判官和油锅的存在;可在内心里,他们真的相信那里有这些东西吗?对于那些被充满了痛苦的可恨传统所困扰的人来说,赢得地狱中的这些恩赐会不会真的如此容易呢?虽说一种观念会中和另一种观念,却不会全然抹杀掉后者;它们之间会出现一种模糊的混合形象,越来越接近维吉尔笔下的那个地狱。在这里,人类的心灵得到了极大的慰藉。最值得庆幸的就是,可怜的女性由此得到了解脱,因为对她们所爱之死者进行惩罚这种可怕的教义,一直都让她们泪水不断,让她们无法都得到安慰。她们的一生不过就是一声长长的叹息。

* * *

这位女预言家正在沉思主人的话,突然听到了一声轻轻的脚步声。天色刚刚破晓;今天是圣诞节的第二天,马上就到新年的第一天了。松脆多霜的草地上,一个身材矮小、皮肤白皙的女人走了过来;她全身颤抖,刚走到那里就昏了过去,呼吸困难。她穿着黑色的袍子,清楚地说明她是一名寡妇。在美狄亚那锐利的目光之下,她不用动,也不用说话,就暴露出了一切:她日渐萎缩的身形,毫无秘密可言。女预言家大声对她说道:"你不用告诉我,愚蠢的小东西,因为你永远也不会结束这一切。我会替你说出来。哦,你在渴望爱情!"稍稍恢复神智之后,她便又双手合十,几乎跪倒在地,把一切都和盘托出,彻底地进行了告解。她承受了痛苦,哭泣过,祈祷过,并且还想继续默默地忍受下去。可这冬日的节庆、家人的团聚、其他毫不怜惜并向她炫耀自己合法爱情的女人那难以掩饰的幸福,再次把那支燃烧的利箭射进了她的心里。唉,她又能怎么办呢?要是他能够回来安慰她一下就好了,哪怕片刻也行!"就算要我付出生命代价也行;让我死吧,只要让我能够再见他一眼!"

"回家去吧:关好门,关好百叶窗,不要让任何好奇的邻居看到。脱下你的丧服,穿上你的嫁衣;在桌上为他铺好桌布;可仅仅这样,他还不会回来。你要唱他为你所作,并且经常向你诵唱的歌曲;可仅仅这样,他还不会回来。接下来,你要把他最后穿的那件衣服从盒子里拿出来,亲吻它,并且说:'汝若不至,岂非更糟!'随即,当你饮下这杯苦涩却会让你安然入睡的酒之后,你要躺下来,就像一个刚嫁的新娘。接下来,他就必定来到你的身边。"

假如第二天早上她没有露出快乐之色与温柔之情,没有低声向自己的密友承认此种奇迹,那么这个小东西就不可能是女人了。"千万不要说出去。他亲自对我说,如果我每个礼拜天都穿上这件睡袍,并且睡得很沉稳的话,他就会回来。"

这是一种并非没有危险的幸福。假如教会得知她不再是寡妇,她的爱情重新唤醒了她,幽灵前来慰藉她的话,这个鲁莽的女人又会有什么样的结局呢?

可说来也怪,这个秘密却守住了。她们所有人都达成了默契,把如此美好的秘密隐瞒起来了。因为谁会不关心这种事情呢?谁没有失去过所爱之人,谁又没有深深哀恸过?谁又会不乐意看到两个世界之间架起的这座桥梁呢?"呜呼,汝乃仁慈之女巫!幽冥之灵,汝当受颂!"

第八章

自然王子

　　西北地区漫长而凄凉的冬季最是难熬。即便时节已过,它也会再次光临,就像一种令人提不起神的愁绪,会不断回来,再度肆虐。一天清晨,万物苏醒之后,都是银装素裹、明亮如针。在这种令人不停地瑟瑟发抖、残酷地带有嘲讽意味的壮观奇景中,整个植物界似乎变成了没有生命的矿物,丧失了美好的多样性,凝冻成了一团粗糙的晶体。

　　可怜的女预言家麻木地坐在用树叶生起的火边,被冰冷彻骨的东北风折磨着,心里突然感到一阵剧痛,因为她感受到了自己的孤单。可也正是这种想法,让她松了一口气。随着自豪感恢复,一种活力也回到了她的身上,温暖了她的心,照亮了她的灵魂。她的目光变得专注、敏捷而犀利,像针一样锐利;而这个世界,这个让她饱受痛苦的残酷世界,在她的面前也变得透明如镜了。很快,她就因为这个而高兴起来,就像为她征服了自己而高兴似的。

　　是因为她不是一位女王,不是一位拥有侍臣的女王吗?空中的乌鸦,显然与她具有某种关联。九泉之下,那些庄严的尸体像古时的占卜师一样，前来向她诉说过去的事情。路过的狼群不敢正视，胆怯地向她致意。那时比如今更加常见的熊，有时会用一种极其温和的方式，笨拙地坐在她的洞穴门口，宛如一位隐士在呼唤同伴，就像我们在《沙漠教父的生活》(Lives of the Desert Fathers)中经常看到的情况一样。

人们只是在打猎或者杀害它们的时候才认识的所有鸟兽，都像她一样，被人们视为不法之徒。她与这一切都达成了默契，因为撒旦就是最大的一个不法之徒，把天生的自由带来的愉悦和在一个自给自足的世界里生活的无比快乐，全都赋予了自己。

* * *

孤寂带来的自由万岁！整个尘世似乎仍然裹着一张白色的尸布，被一堆冰雪、被无情的晶体所束缚，它们是如此均匀、尖锐而令人痛苦。尤其是公元1200年之后，整个世界就像封闭在一座透明的坟墓里，万物看上去全都可怕地一动不动，无情而僵硬。

哥特式教堂一直都被人们称为一种"结晶"，实际也的确如此。公元1300年前后，建筑艺术抛弃了所有的古老形式和逼真想象，永远重复着，与斯匹茨卑尔根岛[①]上那些单调的棱柱相抗争，变成了真实而可怕的与那座冷酷的水晶之城相似的模样；有一种令人恐惧的想法，认为那座水晶之城会把所有的生命都埋葬其中。

不过，尽管那座丰碑拥有全部支柱、扶壁和飞拱来支撑，有一种东西却会让它摇摇欲坠。外面并没有传来巨大的撞击声，可其地基中却有某种温柔之物，以一种察觉不到、有如融化冰雪的作

[①] 斯匹茨卑尔根岛(Spitzbergen)，挪威的一个岛屿，位于格陵兰岛北部以东，气候寒冷。

用，侵蚀着那个晶体。我说的是哪种东西呢？就是整个尘世淌下的卑微热泪，直到它们汇集成一个哭泣的海洋。我怎么称呼它呢？那就是一股未来的气息、一种自然生命的激荡，不久它就会以势不可挡的力量重新崛起。这座奇妙的建筑不止一面已经在下沉，它带着恐惧之情，对自己说："那是撒旦的气息。"

这座赫克拉①式的冰川之下有一座火山，可那座火山无需喷发；一股温和、缓慢而轻柔的热量从下方抚触着它，呼唤走得更近，并且用低低的声音说道："坍塌吧。"

* * *

如果女巫从黑暗中能够看到，但丁和圣托马斯②在远处明亮的灯光下彻底地忽视了万物的真实状况，那她就有了可以嘲笑的理由。但丁和圣托马斯两人都认为，魔鬼是靠狡诈或者恐怖取胜的。他们把魔鬼描述得丑陋而粗俗，就像魔鬼小的时候一样，那时耶稣仍然可以把魔鬼扔进猪群中。如若不然，他们就会把魔鬼描述得不露声色，就像经院里的逻辑学家一样，或者像一个吹毛求疵的律师。假如魔鬼比这种由野兽和好争辩的人组成的混合体好不到哪里去，假如只是生活在沼泽里，或者对什么都无事生非，魔鬼很快就会饿死。

当巴尔托卢斯③描述，魔鬼反驳那个女人即圣母马利亚，而后者却驳回了魔鬼的诉求，并且判决魔鬼需要付出代价时，人们都太

---

① 赫克拉（Hecla），冰岛南部的一座活火山。
② 指圣托马斯·阿奎那（St. Thomas Aquinas），绰号"天使博士"，死于 1274 年。——英译者注
③ 巴尔托卢斯（Bartolus）或称巴尔托利（Bartoli），此人是 14 世纪的一位律师兼法律作家。——英译者注

过容易对魔鬼感到幸灾乐祸。实际上，当时世间的情况却恰好相反。魔鬼巧妙地胜过了原告本人，胜过了他那个美丽的敌手，即所有的女人；魔鬼诱惑了女人，且事实上并非通过口头的诉请，而是通过既有魅力和不可抗拒性、同样具有真实性的论据。他把科学和自然的果实交到了女人的手中。

魔鬼既没有争论，也没有提出请求：他只是展现出了自己。他开始致力于东方这个刚被人们发现的天堂。从人们曾经想要毁灭的那个亚细亚世界，突然出现了无与伦比的黎明，万丈光芒从远处传来，穿透了西方的严冬。我们在那里看到了一个自然与艺术的世界；那个世界的确曾为无知者所诅咒，可如今它终于挺身而出，在一场令人愉悦的爱情与母爱之战中，击败了那些已故的胜利者。一切都已征服，一切都为之倾倒；除了亚细亚本身，他们一无所有。亚细亚前来迎接我们，手中奉上满满的东西。亚细亚的薄纱、披肩和地毯都如此喜人得柔软，如此奇妙得和谐，还有明晃晃、做工精良的刀具和丰富多彩的金属纹饰武器，都让我们认识到了自身的原始。此外，尽管看似微不足道，这些被撒旦统治着的、可恨的"异端"之地，却显然获赐了大自然最精美的果实，拥有上帝种种力量形成的不老灵药；那里既有位居第一的植物咖啡，又有位居第一的动物阿拉伯马。我的意思是什么呢？就是那里汇集了整个世界的珍宝、丝绸、食糖，以及一大堆无所不能的草药，可以抚慰我们的心灵，安抚和缓解我们的痛苦。

这一切全都在公元 1300 年前后，突然出现在我们面前。西班牙自己的大脑全然是由摩尔人和犹太人塑造而成的，尽管该国又被哥特人的野蛮后代所征服，却成了那些"恶棍"的证人。凡是魔鬼的那些后代进行劳作之处，一切都欣欣向荣：泉水喷涌而出，地上繁花似锦。一种真正可敬而无害的艰苦劳作让那里到处都是令人称奇的葡萄园,人们则在其中恢复健康,将所有的忧虑都涤尽,并且似乎是在大口大口地痛饮着由善良与上苍之怜悯调制而成的甘露。

* * *

撒旦把那杯洋溢着生机的醇酒带给谁了呢?在这个长久以来出于理性而禁食的斋戒世界里,谁又能足够坚强地接受这一切,做到既不眼花缭乱,不酩酊大醉,又不会有丧失理智的危险呢?

世间究竟还有没有一颗大脑未曾被圣托马斯的教义所石化或者固化,以至于仍在向这个活生生的世界以及其中的各种生机敞开着呢?有三位魔术师,即大阿尔伯特(Albert the Great)、罗杰·培根(Roger Bacon)和维伦纽夫的阿诺德(Arnaud of Villeneuve),①他们通过不懈的努力去探索大自然的奥秘;可那些精力充沛的知识分子却欠缺灵活性和受到民众欢迎的本领。撒旦依靠的是自己的夏娃(Eve)。女人仍属世间最自然之物,仍然保持着我们在一只小猫或者一个精力十足的孩童身上看到的那些淘气纯真之秉性。此外,女人在那部尘世喜剧中演技也更佳;而这部喜剧就是全能的普鲁提斯②用于自娱自乐的一场游戏。

不过,由于生性轻浮而多变,因此女人就更不容易被痛苦折磨得麻木不仁!我们业已看到,被世界放逐且在荒芜的原野上扎下根来的这个女人,就是一个恰当的例子。我们难道还不清楚,浑身伤痕累累、内心充满仇恨的她,是否会重新进入那个自然的世界,重新踏上生活的美好道路吗?毫无疑问,回到那个世界之后,她会

---

① 这是 13 世纪三位杰出的经院学者,他们的科学研究为将来的发现指明了道路。——英译者注
② 普鲁提斯(Proteus),古希腊神话中可以随意改变形状并具有先知本领的海神。

第八章 自然王子　　105

发现自己与自然界格格不入,并且主要是由于生病,她才会回到自然世界去。在暴风雨反复肆虐的过程中,她会因为如此羸弱而变得越发害怕和性格暴烈。

待到了和煦的春日,从空中,从地下深处,从鲜花以及花语中,都会浮现新的启示,环绕在她的四周,因此,一开始她会感到眼花缭乱。她那鼓胀的胸脯会如洪水一般充溢。这位科学的女预言家,会像库曼①或者德尔斐的女巫一样备受煎熬。经院学者们会觉得,这样说很有意思:"把她吹得鼓胀起来的,除了风就一无所有了。她的爱人,即空中之王,用梦境和幻想、用风、用烟雾和空虚,充斥着她的心灵。"多么愚蠢的讽刺啊!让她陶醉的真正原因远非如此,远非空虚,而是一种真正而实在的东西,一下子就在她的胸间充盈。

*　*　*

你们有没有见过非洲那种坚硬的野生灌木龙舌兰呢?它的样子十分尖利,味道苦涩,神态愤怒,长着巨大的鬃毛而非树叶。它会经历十年的爱情与死亡。有朝一日,长久聚集在这粗糙之物上的多情花枝终会萌芽,发出鸣枪一样的声音,朝空中飞去。这根枝芽将变成一棵完整的大树,高达三十英尺②,开满悲伤的花朵。

在一个姗姗来迟,因而终于春意盎然、四周都生机勃发的春日上午,这位忧郁的女预言家也产生了一种类似的感受。

此时,万物都看着她,万物都为她而盛开。凡有生命之物都在温柔地说着:"谁人懂我,我就属于谁。"

---

① 库曼(Cumae),古希腊在意大利最早的一个殖民地。
② 英尺(foot),英制长度单位,1英尺约等于30.48厘米。

多么鲜明的对比啊!这是一位身处荒芜之地与深感绝望的妻子,在憎恨与复仇之火中长大,可瞧啊!所有这些纯洁无邪的东西却达成了一致,都在对着她微笑!树木为南风轻轻吹拂,向她致以温柔的敬意。田野上的一草一木,带着各自独特的气味、疗效或者毒性(通常情况下都是三者兼具),全都呈现在她的面前,并且说:"把我采下来吧。"

万事万物显然都在相爱。"它们不是在嘲笑我吧?比起这个奇怪的节日,我更愿意堕入地狱。精灵啊,汝果真为吾曾熟知的可怕精灵,果真为我身上仍带着其残忍行径的痕迹,带着其虐待造成的伤口且仍在让我憔悴的那个可怕精灵?我在说些什么,我的感官究竟又在何方?它所造成的伤口仍在折磨着我吗?

"啊,不!这不是我在愤怒之中期待看到的那个精灵;不是那个'总是说,不!'的精灵。这个精灵允许爱情,允许我们因为爱情而心醉神迷。他是怎么啦?他是不是疯了,成了迷失在生命中的灵魂?

"他们说,伟大的潘神已经死了。可在这里,他却伪装成巴克斯和普里阿普斯①,眼巴巴地带着那些拖延已久的欲望,威胁着、挖苦着、倾注着。不,不!让这酒杯远离我吧!我若饮用,只会带来麻烦,谁又知道呢?这种绝望,比我过去有过的种种绝望更加强烈。"

与此同时,无论这个女人走到哪里,她都会变成爱情的伟大目标。她万众簇拥,并且由于有了她,万物都开始瞧不上自己的同类。人们提及的、她假装最喜欢的那头黑色公山羊的情况,或许适

---

① 普里阿普斯(Priapus),古希腊神话中的男性生殖力之神以及花园和葡萄园之神,是酒神与爱神之子。

用于所有的人。马儿为她嘶鸣,毁坏了一切,让她陷入了危险之中。倘若她从远处路过,身为可怕的草原之王的那头黑色公牛,就会悲伤地吼叫。而且,看哪,连远处的那只鸟儿,也沮丧地离开了自己的母鸟,振翅疾飞,急急地想要这个女人相信它的爱情!

这就是她的主人新行的专横之事;最有趣的巧合就是,她的主人竟然放弃了赋予他的"逝者之王"这一身份,突然变成了一个真正的"生者之王"。

"不!"她如此说道,"任由我自己去怨恨吧,除此之外,我别无他求。让我为万物所惧,也惧怕万物!我将拥有的美丽只存于有如黑色毒蛇一般的头发上,只存于这张因悲伤而皱纹密布的脸庞上,以及汝之雷电留下的伤疤上。"可那个"邪恶之王"(Lord of Evil)却带着狡黠的温柔回答道:"哎呀,可你的这种狂怒,只会让你更加美艳动人!唉,在同一种刺激之下大声喊出来,继续诅咒吧!这样做,只是用一场风暴召唤另一场风暴。由愤怒通往快乐的途径,迅捷而平稳。"

无论是她的愤怒还是她的自傲,都无法把她从这样的诱惑之中拯救出来。不过,她却被自己那种无边的欲望拯救了。世间已没有什么会让她感到满足。在她看来,任何一种生命都太过拘束,都缺乏力量。远离她吧,骏马、公牛和堕入爱情的小鸟!走开,尔等生灵!于渴望永生之吾看来,尔等何其羸弱!

她心怀女人的那种渴望;可是,她渴望的究竟是什么呢?那就是渴望完整,渴望容纳一切的大完整。撒旦可没有预见到,任何一种生灵都不会让她感到满足。

撒旦无法做到的事情,却通过某种不可言喻的方式,为她做到了。被一种如此宽广和深沉的欲望、一种有如大海般无边无际的渴望困扰着,她会沉沉睡去。在这样一个时刻,她会忘记其他的一切，心中再无一丝怨恨，也没有留下一丝复仇之念；她沉睡在平原之上，如自己憎恨的那样纯洁无邪，像一头绵羊或者一只鸽子，四肢伸展，舒适而华丽地躺在那里。

她睡着了，还做了个梦，一个令人愉快的梦！似乎普世生命的神奇力量已经深藏于她的体内；仿佛生死以及此后的万事万物，全都牢牢地存于她的腹中；仿佛作为对她一切苦难的回报，她终于与大自然本身融为了一体。

第九章

魔鬼为医

　　从 13 世纪到 15 世纪,"科林斯的新娘"那幅静止而凄惨的场景,曾经不停地在文学作品中重现。尽管此时仍是黑夜,正是黎明之前,可人类和大自然这对恋人却再度重逢,欣喜若狂地拥抱在一起;与此同时,他们却看到自己受到了可怕瘟疫的袭击,说来也太可怕了!我们似乎仍然能够听到,这对恋人中的一个对另一个说道:"一切都完了:汝之头发,明日将白。我已死去,汝亦将死。"

　　这三个世纪当中,人类经历了三次可怕的打击。第一种就是我们的外貌发生了可憎的变化,出现了皮肤病,而其中最主要的就是麻风病。第二种,就是邪气内侵,让人的神经变得古怪地兴奋起来,癫痫舞蹈病就发作了。接下来,待一切都归于平静之后,我们的血液却出现了变化,溃疡则为 15 世纪盛行的梅毒铺平了道路。

* * *

　　就我们可以看到的情况而言,中世纪的主要疾病通常都是饥饿、体弱、贫血,以及我们在当时的雕塑作品中可以看到的那种肺病。人类的血液就像清水,可其中到处都藏着可怕的疾病。除了替各国国王治病的高薪御用医生(他们都是犹太人或者阿拉伯人),就只有教堂门口有人行医,用圣水治病了。星期天做完礼拜之后,一群病人就会来到那里,而教堂神父就会如此告诉他们:"你们犯下了罪孽,上帝才让你们受苦。感恩吧:你们来世所受的苦,就会少得多了。你们自己去忍受痛苦和死去吧。教会有为死者专用的祷词。"病患们身体虚弱、面容憔悴、无比绝望,没有了活下去的欲望,只好老老实实地遵循着这种忠告,让生命顺其自然。

这是一种致命的打击、一种悲惨的局面,因为它会让这些铅丹时代无休无止地继续下去,使得人类无法取得任何进步!最糟糕的情况就是,一个人竟然会如此轻易地任自己听天由命,竟然会如此温顺地迎接死亡,既没有任何力量,也一无所求。结束中世纪的那个新时代更加重要,因为它以残酷的苦难为代价,首先让我们能够恢复以前的那种活力,也就是说,**复苏了我们的欲望**。

* * *

有些阿拉伯作家曾经断言,皮肤病的大范围爆发,就是13世纪的标志,是人们服用了某些兴奋剂,以便重新唤醒和恢复人类本有的激情导致的。毫无疑问,燃烧从东方带来的香料,在某种程度上往往会造成这种问题。蒸馏法与种种发酵饮料的发明,可能也在这个方面发挥了作用。

可一种规模更大、范围广泛得多的发酵却在继续进行着。在两个世界、两种灵魂之间进行激烈的内心斗争这一过程中,第三种幸存下来的灵魂,却让前面两者都安静了下来。就在日渐衰落的宗教信仰与新生的理性彼此争论不休的时候,有人站到了它们之间,紧紧地掌控了人类。您问这是何人?那是一个污秽而狂暴的灵魂,是一个拥有可憎之欲望、从内心发出痛苦声音的灵魂。

由于禁止一切宣泄途径,不论是肉体上的享乐还是灵魂的自由奔流,全都被禁,所以如此紧密地碰撞在一起的生命之力,必然会让自己堕落下去。没有了光明、声音和语言,生命力就会通过痛苦和不祥的毒瘤来诉说。接下来,就发生了一件新的可怕之事。那种欲望虽说受到了遏制,却没有减弱,而是发现自己突然被一种残酷的妖术、一种令人震惊的蜕变阻住了去路。① 爱神在盲目地张开双臂前进。它躲闪着、呻吟着,却无法逃跑:血液中的火焰始终都在熊熊燃烧着;肉体会在猛烈的情欲中蚕食自己,而情欲在阵阵烈火中会变得更加猛烈,会因绝望而变得更加狂暴。

信奉基督教的欧洲又会找到什么方法来治疗这种具有双重性的疾病呢?除了死亡与囚禁,就别无他法了。倘若苦涩的形单影只、毫无希望的爱情、狂躁而不断刺激的激情会让您陷入一种病态,倘若您全身的血液正在腐烂分解,那么您就应该住到安息所里去,或者到荒原上去建座小屋居住。您终生都得手里拿着铃铛,以便大家看到您之后,可以从您的面前逃走。"不准有人看到你;你也得不到任何安慰。如果你靠近,那就只有死路一条。"

* * *

麻风病是最后一个阶段,也是这种灾难达到的极点;不过,还

---

① 麻风病的出现可以追溯到亚洲和十字军东征时期;可欧洲本地也有。中世纪对肉体与所有清洁卫生措施的宣战最终酿出了苦果。不止一位圣徒曾经夸耀说,他们连手都从未洗过。其他人又会洗多少呢?连脱衣服的片刻时间都是有罪的。尘世之人都小心翼翼地遵循着修道士们的教导。这个不可捉摸而高雅的社会牺牲了婚姻,似乎只有描述通奸的诗作才能鼓舞人心,可在如此无害的一个问题上,却保持着一种古怪的顾虑。这个社会害怕一切清洁,程度并不亚于害怕一切污秽。一千年来,人们都没有沐浴!——作者注

有成千上万种不那么可怕却依然残酷的疾病在各地肆虐。连最纯洁、最俊美的人也患上了这种可悲的疾病;人们认为,这种疾病是显露出来的罪孽,是上帝施予的惩罚。接下来,人们就做出了热爱生命之心从未让他们做过的事情:他们抛弃了历史悠久的圣药和无用的圣水,纷纷跑到女巫那里去了。出于习惯和恐惧,他们仍然经常去教堂做礼拜;可自那以后,他们的真正教堂就转到了女巫那里,就在沼泽、森林和荒原之上了。他们的誓愿都许向了女巫。

为治愈而祈祷,为快乐而祈祷。炽热的血液刚一沸腾,人们就会极其隐秘地、在不确定的时刻前往女预言家那里。"我该怎么办?我心里的这种感受究竟是什么?我浑身都在燃烧:给我一点药,减轻我的痛苦吧。我浑身都烧得难受:给我一点东西,让它引发我那种无法忍耐的欲望吧。"

这是一趟鲁莽大胆而又应受谴责的旅程,因此他们都会在夜间责备自己。但愿这种新的灾祸再也不会如此紧急,但愿这种烈火再也不会如此令人痛苦,但愿圣徒们本身也不再如此无能为力吧;尽管如此,对圣殿骑士团的控告和教皇博尼法斯(Pope Boniface)的诉讼记录,难道没有让隐藏在祭坛下方的所多玛原形毕露吗?但有一位巫师教皇,他既是魔鬼的朋友,也在魔鬼的影响下失去了自制力,却让他们的观念全都发生了改变。难道不是在魔鬼的帮助之下,本为鞋匠之子、不住在罗马的那位教皇约翰二十二世,才在阿维尼翁这个小城里积聚了多于整个帝国和所有国王的金银?[①] 上梁不正下梁歪,教皇如此,手下的主教也是如此。特

[①] 约翰二十二世(John XXII,1249—1334年),中世纪法国对教皇权力影响巨大的时期居住在阿维尼翁而非罗马的第二位教皇,曾将神圣罗马帝国皇帝路易四世逐出教会,但为人贪婪。亦译"若望二十二世"。阿维尼翁(Avignan),法国东南部城市。

第九章 魔鬼为医

鲁瓦主教盖查德①难道不是收买了魔鬼,才导致国王的女儿们一个个命丧黄泉吗? 我们祈求的可不是死亡,而是快乐之事,比如生命、健康、美貌和享乐;它们本是上帝之物,可上帝却拒绝赐予我们。我们该怎么办呢? 但愿我们能够借着尘世之王的恩典,赢得这些东西!

* * *

当文艺复兴时期那位很了不起、无所不能的医生帕拉塞尔苏斯将古代的所有医书,包括拉丁语、犹太语和阿拉伯语写就的医书一次性付之一炬的时候,他曾声称自己只是学到了民间医学,就是稳婆②、牧羊人和刽子手所掌握的医学;后者当中,经常会造就优秀的马医和聪明的外科医生,能够修复断骨或者脱臼。

我毫不怀疑,此人的《女性的疾病》(*The Diseases of Women*)这部可敬的杰作(这是当时世间第一部论述一个如此宏大、如此深刻、如此棘手之主题的作品),源自他与那些向别人提供帮助的女性打交道的特殊经历,也就是说,源自他与女巫打交道的特殊经历,后者经常扮演接生婆的角色;因为在那个时代,从来就没有一位男性医生会获准站在那种女人的身边,去赢得她的信任、聆听她的秘密。只有巫婆独自照料着产妇,成了主要和唯一的医生,尤其是女人主要和唯一的医生。

* * *

关于她们的行医活动,我们最有把握的是,即便目的截然不

---

① 特鲁瓦(Troyes),法国中东部的一座城市。盖查德(Guichard)曾任此地主教,后被控犯有毒杀王后和实施巫术等罪行。
② 人们怀着畏惧之心,礼貌地对女巫的称呼。——作者注

同,不管是为了刺激还是为了安抚,她们使用的都是同一种范围广泛、疗效可疑且非常危险的植物;至于这些药物的名称,根据它们发挥的作用,都被叫作安慰剂,或者"茄科"(Solaneae)。①

这是一个巨大而广受欢迎的植物家族,其中的多种植物就在我们的脚下、篱笆里,到处都有;这是数量众多的一族,光是其中的一类,就达八百种。② 没有哪种药品,会比它们更加容易被找到,会比它们更加常见。可这些植物,在使用的时候大多数也很危险。她们需要一定程度的勇敢无畏,或许需要天赋之勇敢无畏,才能配置剂量。

我们不妨如爬梯子一样,一步一步地来了解它们的功效。③ 第一种是简单的盆栽草药,适于食用,比如茄子与西红柿,后者曾经还被误称为"爱情的苹果"④。其他一些无害的种类,本身性地

---

① 审视人类的忘恩负义是一件令人觉得痛苦的事情。成千上万种其他植物,已为人类所用;成百上千种奇珍异植,已经变成时尚。但这些可怜的安慰剂曾经有过的善,却完全被人们遗忘了! 不,现在何人还记得,又有何人甚至能承认,人类对无害的大自然所负的旧债? 肉珊瑚属(Sarcostemma)中的肉珊瑚(Asclepias acida)是一种多肉植物,五千年来一直都是东方的"圣饼"(Holy Wafer),是东方真正可见的上帝,有五亿人都曾欣然食用;可就是这种植物,在中世纪却被称为"解毒草"(vince-venenum),与我们所见的植物学著作中任何一种史料都不符。或许两千年以后,人们还会忘记小麦是什么东西。参见朗格卢瓦(Langlois)关于印度肉珊瑚汁(Soma)和波斯"万果木"(Hom)的论述。见于《碑铭学会备忘录》(Mem. de l'Académie des Inscriptions)第十四卷,第 326 页。——作者注
② 参见 M. 德·奥尔比尼(M. d'Orbigny)的《自然史大辞典》(Dictionary of Natural History)中的"羊肚菌"(Morelles)一条。——作者注
③ 我在其他地方都没有看到这样的梯级。这种梯级更加重要,因为那些冒着被认为是投毒者的风险来写出这些文章的女巫,自然是从毒性最弱的植物开始,然后才逐渐上升到毒性最强的植物。因此,毒性强度上的每一步都有相对的日期,从而有助于我们在这个神秘的主题中制作出年表。我会在接下来的章节里谈到曼陀罗草和曼陀罗属的时候,完善这一年表。我主要遵循的是普歇(Pouchet)的《茄科植物》(Solanées)与《植物大全》(Botanique Générale)。——作者注
④ "爱情的苹果"(love-apple),西红柿(番茄)的别称。以前人们觉得苹果色彩艳丽、外型可爱,以为它能激发男女之间的爱情,因而冠以此名。注意,茄子的别称为"疯狂的苹果"(mad-apple)。

甘美，有令人平静的作用，比如白银毛蕊花，或者别号"女士的狐狸手套"的毛地黄，都很适于热敷。

再往上一点，就是一种已经让人们产生疑虑的植物，因为许多人都认为它有毒；这种植物乍一看去像是蜂蜜，过后尝起来却很苦涩，让人想起约拿单①的一句名言："我吃了一点蜂蜜，因此我会死去。"可这种死去是有效用的，会让痛苦逐渐消失。"蜀羊泉"②应该是那种大胆鲁莽的顺势疗法中所用的第一种实验品；这种疗法后来又一步一步地发展到了使用一些最危险的毒药的程度。蜀羊泉引起的轻微刺激感与刺痛感，可能说明它就是用于治疗当时那些流行疾病，即皮肤病的药物。

美丽的少女若是发现自己身上不幸地长出了丑陋的红斑、丘疹或者皮癣，就会来到女巫这里，强烈要求获得此种解脱。对于年长的女性来说，这种情况带来的伤害会更加令人痛苦。女性的胸部本是自然界中最娇嫩之物，最里面的血管形成了一朵无与伦比的花朵；可由于它具有鼓胀和充血的倾向，因此成了最易导致疼痛的一个部位。女性感受到的痛楚，尖利、无情而让人坐立不安。因此，她们会欣然接受各种各样的毒药。她们完全无需跟女巫说什么，只要让女巫摸一摸她们那种硬邦邦的可怜乳房就行了。

对这种情况来说，蜀羊泉的效果太弱；由此再往上，我们就会看到深色的茄科植物，它们的效果要强大得多。只需几天，女患者的情况就会缓和下来。可不久之后，她又会哭泣着回来。"很好，今晚你可以再来。如你所愿，我会给你拿点儿东西；不过，那可是

---

① 约拿单（Jonathan），《圣经》中的人物，是扫罗的儿子和大卫的密友，后在战斗中战死。
② 蜀羊泉（bittersweet），一种中药，是茄科植物青杞的全草或果实。可能也指同属茄科植物的白英。

一种效果很强大的毒药。"

对于女巫来说,这可是一种很大的风险。那时她们从来没有想过,如果外敷或者服用极小剂量的话,毒药会有治疗作用。她们混合起来且统统归入"巫医草药"一类的植物,看似完全就是死神的使者。在她们看来,自己手中配制的这些东西一旦被人发现,就会证明她们是投毒者或者施咒者。无知的民众会因为日益恐惧而变得越发残忍,可能会向她狂砸石头,或者让她接受水刑,也就是溺刑。[①] 更有甚者,他们可能会用绳索缚住女巫的脖颈,把她拖到教堂墓地里,举行一场虔诚的仪式,让民众看到她被扔进火中,得到教诲;这才是最可怕的一种死亡!

然而,女巫还是冒着这种风险,将那种可怕的植物带回了家中。女患者会在晚上或者清晨回到女巫的家中,也就是她最不担心会被人碰到的时刻。可一位年轻的牧羊人却在那里看到了她,然后告诉村民说:"要是你们也像我一样,看到她一边悄无声息地在那座废弃小屋的垃圾里快步行走,一边四下张望,口里还嘟囔着一些我不知道的话就好了!唉呀,她可真是把我吓死了!要是被她看到了,我就会失踪的。她会把我变成一只蜥蜴、蛤蟆或者蝙蝠。她的手里拿着一种不起眼的草药,那是我见过的最不起眼的,带着一种病态的淡黄色,上面还有红黑相间的斑点,就像他们说的那样,是来自地狱的火焰。可怕的是,那种东西的整个茎上都像人一样毛茸茸的,长满了又长又黑又黏手的毛。她粗暴地把那株植物拔起来,哼了一声,然后我就突然看不见她了。她不可能跑得那么快;她一定是飞走了。那个女人是多么可怕的东西啊!对整个

[①] 溺刑,指用水把人淹死的刑罚。1794 年,法国西部的南特(Nantes)曾对大批人处以此刑。

第九章 魔鬼为医　　　117

国家来说,她是多么危险啊!"

有种植物让人们感到恐惧。它就是天仙子,一种令人痛苦而危险的毒药,可它也是一种强力的软化剂、一种温和的镇静药,能够化解、缓和、麻痹疼痛,并且常常能够完全消除疼痛。

这些毒药当中还有一种,那就是所谓的颠茄(Belladonna);人们都感恩地公认,这种毒药毫无疑问具有强大的力量,可以缓解有时会随着分娩而来的抽搐,从而为人们在这种最具考验性的时刻所面临的危险与恐惧之上,又增添了一种新的危险与新的恐惧。一只慈母一般的手,徐徐地将这种药性温和的毒药滴入产妇口中,按照现代使用氯仿这种麻醉药的方式,让分娩的母亲睡去,让婴儿顺利产下,降生于世。[1]

颠茄能够治疗让您不由自主地跳起舞来的舞蹈病。这是一种大胆的顺势疗法,一开始的时候肯定让人觉得害怕:这是医学的倒行逆施,与基督徒效仿犹太人、阿拉伯人的做法而唯一研究过和唯一重视过的绝大多数事情都正好相反。

人们是如何得出这种结果的呢?无疑,这是由那条了不起的撒旦式原则的简单作用导致的,即"一切必得以错误的方式去做",也就是用与圣徒们所遵循的做法完全相反的方式去做。后者对毒药心存畏惧。撒旦则利用毒药,将毒药变成了药物。教会是凭借精神途径,通过圣礼与祈祷来思考,甚至会对人的肉体产生作用。另一方面,撒旦却是利用物质手段,甚至对灵魂也能产生作用,让您欣然饮下忘却、爱情、幻想以及每一种激情的醇酒。至于神父的赐福,撒旦也反其道而行之,对应着通过女性温柔的双手进行具有

---

[1] 拉夏贝尔夫人(Madame La Chapelle)和肖西埃先生(M. Chaussier)已经将古时医学的这些实践发扬光大。参见普歇的《茄科植物》。——作者注

吸引力的传递，因为女性会欺骗您，让您感觉不到痛楚。

＊　＊　＊

由于治疗方法的改变，以及有了更多的衣物，比如亚麻代替了羊毛，皮肤病就不像以前那样肆意蔓延了。麻风病的传染力减弱了，可它似乎是往人的体内发展，从而引发了一些更深层的疾病。14世纪一直都在三种灾难之间轮换，即癫痫性舞蹈病、瘟疫，以及据帕拉塞尔苏斯所称会导致梅毒的溃疡。

第一种危险，并非是最小的一种。1350年前后，这种病症以"圣盖伊舞蹈狂躁症"（dance of St. Guy）的可怕形式爆发了，并且尤其异常的就是这种疾病并不会单独作用于个人。就像是在同一股电流的作用下一样，患者相互抓住对方的手，形成一根根巨大的链条，然后不停地旋转，直到他们死去。旁观的人一开始的时候都会觉得好笑，可不久就会得上这种传染病，然后放任自流，掉入那股强大的激流之中，让那种集体舞蹈变得更加可怕。

假如这种邪恶疾病的流行时间像麻风病一样，甚至在其发病率平稳下降的时候也漫长无比的话，又会出现什么样的结果呢？

舞蹈狂躁症似乎是向癫痫病发展的第一个阶段。假如那一代患者没有治愈，可能就会导致他们生出另一代明显的癫痫症患者。那是一种多么可怕的前景啊！想象一下欧洲到处都是傻子、白痴和狂躁疯人的样子吧！我们无从得知，当时这种邪恶病症是如何得到治疗和遏制的。绝大多数人开出的处方，即用脚踢或者用掌掴这些舞蹈症患者，其实只会增加患者的狂躁程度，并且使之转变成彻底的癫痫。① 无疑，当时还有另一种疗法，可人们却不愿意谈

---

① 我们应当想到，罕有医生会完全同意米什莱先生的这种观点。——英译者注

论。在巫术首次广泛盛行的那个时候，曾经普遍应用的茄科植物，其中最主要的就是颠茄，弱化了真正遏制这些感染性疾病的药物。在我们马上就要谈到的、在安息日里举行的那些大规模集会上，"巫医草药"曾与蜂蜜酒、啤酒、苹果酒①或者梨酒（欧洲西部的一种烈酒）混合在一起，实际上会让集会的民众跳上一场放纵的舞蹈，只是那种舞蹈当然不是癫痫了。

* * *

不过，女巫引发的最大一场革命，也即对抗中世纪精神的那种"错误方式"最重大的一步，还是所谓的胃和消化器官的重新定位（reënfeoffment）。她们竟然大胆地声称："没有什么污秽和不洁的。"从那时起，对物质的研究就变得自由和无拘无束了。医学变成了一种可能。

我们并不否认，这一原则被人们严重地滥用了；但尽管如此，这条原则依然很清晰。除了道德上的邪恶，没有什么东西是污秽的。自然界中，万物都很纯洁：没有什么东西可以让我们不去认真思考，没有什么事情可以被一种虚张声势的唯灵论所禁止，更不用说被一种愚蠢的厌恶之情所遏制了。

尤其是在这个方面，中世纪暴露出了自己**反自然**的真正面目，因为它从大自然的统一性当中，人为地划分出了种姓和祭司等级。他们不但以灵为**贵**、以身为**贱**，甚至以肉体的某些部位为贵，而以其他一些部位为贱，认为后者是显而易见的普通部位。同样地，天堂为贵，地狱为贱；可为什么会这样呢？"因为天堂高高在上。"可实际上，天堂既无所谓高，也无所谓低，高低都是一样。地狱又是

---

① 苹果酒是在12世纪首次酿制出来的。——作者注

什么呢？什么也不是。他们对待整个世界和对较小的人类世界时，也持同样愚蠢的观点。

世界就是一个整体；其中的万事万物，都与其他事物紧密相连。如果说肚子是大脑的仆人，为大脑提供养分，那么大脑对肚子也有同样的作用，永远都发挥着协助作用，为肚子准备好用于消化的糖①。

* * *

当时也不乏有害的疗法。人们认为女巫是肮脏、下流、无耻和邪恶的。尽管如此，女巫在那条道路上迈出的第一步，却可以称为在最符合道德方面、在仁慈和善良方面的一场令人快乐的革命。中世纪带着一种可怕而扭曲的观念，将肉体的代表即女性看成不洁之物，因为女性自夏娃的那个时代起就受到了诅咒。圣母马利亚经常被人们尊称为"处女"，而不是"圣母"；这样做，非但没有提高现实中女性的地位，反而使得女人变得身份卑微，让男人走上了一条属于纯属经院式清教徒主义的歧路，而在这条道路上，男人的精明与虚伪程度也变得越来越高了。

女人最终也开始与男人一样，持有了这种可憎的偏见，认为自己不洁了。分娩的时候，女人会躲藏起来。她会因为爱、因为给别人带来了幸福而感到害臊。尽管与男人相比，女人在很大程度上都更冷静，主要是以草药和水果为生，以牛奶与蔬菜为食，分享着这些最纯洁之物种的纯洁，可她差不多是在乞求世人宽恕她的出生、她的生存以及让她拥有了此种生活条件。

---

① 这一伟大的发现，是克劳德·伯纳德（Claude Bernard）获得的。——作者注

* * *

中世纪的医学尤其致力于为男人这种高尚而纯洁的人服务；当时，只有男人才能当神父，只有男人才能在祭坛前创造上帝。此时的医学也会在某种程度上关注动物，并且事实上也是发端于动物；不过，这种医学却极少考虑到儿童，至于女人，根本就不在其考虑的范围之内了。

浪漫小说也以它们的微妙之处颠覆了这个世界。除了构成这些浪漫小说常见主题的宫廷和贵族通奸者，女性往往都是一个可怜的格丽泽尔达，生来就须受苦受难，经常挨打，且从来都没有人关心。

为了照料那个女人，为了把这些规矩踩在脚下，为了在她不知不觉中去关心她，任何东西发挥的作用也不如魔鬼与女巫，因为魔鬼是女人的古老盟友，是女人在天堂中的可靠伙伴，而女巫则是一只怪物，她用错误的方式应对一切，与那些更神圣之人的做法全然对着干。那个可怜的女人，几乎不把自己放在心上。她会羞红了脸往后退，不愿说一句话。女巫既聪明又狠毒，可以看出她内心深处的东西。不久之后，女巫就会赢得她的信任，让她和盘托出，引出她的小小秘密，战胜她的拒绝、羞怯、低声下气和犹豫迟疑的心态。她几乎是宁可去死，也不愿意接受治疗。不过，残忍的女巫却让她活了下来。

第十章

符咒与春药

大家可不要从上一章里就仓促地得出结论，说我试图美化和开脱魔鬼这位阴郁的新娘，让她变得完全无罪。就算女巫经常行善，她可能也干过不少的坏事。世间没有哪种强大的力量，不会被人们加以滥用。女巫在两个世界之间进行实际统治的时间，长达三个世纪，其中旧的世界正在垂死挣扎，而新的世界则在痛苦地努力崛起。虽说在 16 世纪的纷争当中，教会将重新获得一定程度的实力，起码也会重新获得一定的战斗力，可在 14 世纪，教会却是深陷于泥潭之中。我们不妨看一看克莱芒[①]描绘的那幅真实画面。曾经披着新的盔甲、骄傲无比的贵族，在克雷西（Crécy）、普瓦捷（Poitiers）和阿金库尔（Agincourt）等战役中落败得更加惨重。所有幸存下来的人，最终都成了英国的战俘。多么可笑的一种主旋律啊！法国的市民，甚至是农民都很高兴，都一笑置之。我认为，

---

① 克莱芒（Mathieu-Nicolas Poillevillain de Clémangis，约 1360—1440 年），法国中世纪的人文学家和神学家，曾为巴黎大学讲师及伪教皇本尼迪克特十三世（Benedict ⅩⅢ）的秘书等职，著有《神学研究》（*De studio theologico*）等作品。

这种贵族普遍消失的局面极大地鼓励了那种安息日的集会，后者虽说一直都在举行，但此时可能首次发展成了一个广泛流行的节日。

撒旦的这位爱人，通过治疗、预言、占卜和召唤逝者的灵魂，由此发挥出了多么强大的力量啊；她能够在您的身上施咒，将您变成一只野兔或者一匹狼，让您能够找到金银财宝，而最美妙的就是她能够确保您被别人爱上！这是一种结合了其他所有力量的可怕本领。一个狂暴的灵魂，一个最常见的腐朽灵魂，一个有时还会变得彻底地任性胡来的灵魂，又怎么能够帮助她利用这种本领，有时甚至仅仅是以邪恶与不洁为乐，来发泄自己的憎恶与仇恨呢？

曾经向告解神父忏悔出来的一切，人们如今都开始向女巫诉说了；其中不但有他们业已犯下的罪恶，还有人们有意为之的罪孽。通过她那种可耻的秘密，通过公开声明她那些最不洁净的欲望，她控制了每一个人。人们非但把肉体上的疾病交托于她，还把精神上的疾病也交由她来治疗，因为他们血液中的种种贪欲之火熊熊燃烧着，变得越来越严重，某种尖锐、紧迫而强烈的欲望，也在无休无止地刺痛着他们的心。

他们全都来到了女巫面前；与女巫在一起，他们不再感到羞耻。他们用老实直率的话语，乞求女巫救命、赐死、治疗，或者下毒。一个年轻的女人来了，她流着眼泪，请求女巫教她如何挽救她摆脱罪孽苦果的法子。一位后妈来了，她对女巫说，丈夫前一场婚姻留下的那个孩子吃得太多、活得太久，这可是中世纪文学作品中最常见的一个主题。一位悲伤的母亲来了，她年复一年地生下孩子，可最终没有一个活下来。另一方面，此时又来了一位年轻人，他不惜任何代价，想买那种会让某位高傲的贵妇心中不安，直到她忘记两人之间的距离，纡尊降贵来看一看自己的这个小男侍的烈性药水。

* * *

这一时期，人们的婚姻只有两种类型、两种形式，且这两种婚姻都很极端，都令人觉得震惊。

封地的女继承人会让自己的丈夫登上王位，或者带给丈夫一片广袤的庄园，比如吉耶纳的埃莉诺①就是如此，因此她会趾高气扬，在丈夫的眼皮子底下与自己的情人保持关系，基本上没有什么顾忌。我们不妨抛开浪漫故事与诗歌来看一看现实，看一看它是如何可怕地发展到"美男子"腓力的女儿们放纵自己的怒火，而残酷无情的伊莎贝拉也借助情人之手将爱德华二世②刺杀的地步。封建女性的傲慢无礼，以得意扬扬的两角软帽和其他厚颜无耻的形式，有如恶魔般疯狂地爆发了出来。

但在这个世纪，阶层之间也开始轻微地融合起来；只是地位较低的女性嫁给了一位贵族之后，却必须担心自己经不经得住种种最严酷的考验。谦卑、温顺而耐心的格丽泽尔达那段真实的历史，就说明了这一点。这段历史用一种更受民众欢迎的形式，变成了《蓝胡子》；在我看来，这个故事相当严肃，具有历史意义。被"蓝胡子"经常杀害和取代的妻子，只有可能是他的农奴。假如妻子是一

---

① 吉耶纳的埃莉诺（Eleanor of Guyenne，1121—1204 年），法国阿基坦公爵威廉十世（William X）的女儿，也是后者唯一的继承人，先是嫁给了法国国王路易六世（Louis VI）的太子路易（此人便是日后的法国国王路易七世），后又嫁给了英国国王亨利二世。多称"阿基坦的埃莉诺"（Eleanor of Aquitaine）。吉耶纳是当时阿基坦公国的首府。
② 爱德华二世（Edward II，1284—1327 年），英国国王，一生皆为其宠信的弄臣和叛乱的贵族所主宰，以至于被罢黜后，最终悲惨地死去。有种说法是此人是一个同性恋者，王后伊莎贝拉（Isabella）对其恨之入骨，非但勾结自己的贵族情人推翻了爱德华二世，最后又以极其残忍的方式处死了后者。

第十章　符咒与春药

位男爵的女儿或者姐妹，他的想法肯定就会完全不同，因为男爵可能会替自己的女儿或者姐妹报仇。如果我没有被一种似是而非的推测所误导，那么我们必须认为，这是发生在14世纪的一个故事，而不是14世纪以前的故事，因为在那时以前，贵族永远都不会屈尊去娶一个地位比自己低的女人当妻子。

《格丽泽尔达》这个动人的故事中，尤其值得我们注意的是一个事实，那就是在重重艰难的考验当中，她从来都没有通过坚定地爱上另一个人来寻求帮助。她显然非常忠诚、坚贞和纯洁。她从来就没有想过要爱上别的人。

在女继承人和格丽泽尔达这两种封建女性中，奇怪的是前者拥有一屋子的绅士和情人，却会向地位最卑下的情人示好，鼓励他们，并且像埃莉诺那样说出很快就变成了相当经典的名言的一句话："已婚者之间，不可能再有爱情。"

于是，许多年轻人的心中便燃起了一种虽说隐秘，却又炽热和猛烈的希望。就算必须把自己交付给魔鬼，他们也会全心全意地迅速投入这场冒险的阴谋当中。让城堡永远都不要那么大门紧闭吧；一道细细的入口仍然会给撒旦留着。在一场如此危险的游戏中，成功的可能性又有多大呢？理智会回答我们说，毫无机会。可要是撒旦说"有"的话，结果又会如何呢？

我们必须牢记，由于封建主的那种自尊，贵族本身之间也存在很大的差距。言辞是具有误导性的，因为一位骑士的地位，可能远远低于另一位骑士。

率领一支由家奴组成的军队前来支持国王的"小旗爵士"（knight banneret），会坐在长桌的一端，无比轻蔑地看着坐在另一端的那些可怜的无地骑士。对于那些要以其残羹剩炙为生的愚蠢恶棍、马夫、男侍等人，又会蔑视到多么无以复加的程度啊！这些人都坐在桌子靠近门口的最下首,风卷残云般地把坐在上首壁炉边的人递过去、常常已经空空如也的菜肴一扫而光。那位高高在上的贵族心中从来就没有想过,下面那些人胆敢抬起眼来,幻想着得到他们那位可爱的女主人、一位高傲无比的封地女继承人;她坐在自己的母亲边上,"头戴一个白玫瑰花冠"。尽管那位贵族具有惊人的耐心,忍受着夫人任命的、为她打旗的某个陌生骑士对她的爱慕,可对于任何一个癞蛤蟆胆敢想吃天鹅肉的仆役,他却会进行野蛮残忍的惩罚。法耶勒领主(Lord of Fayel)表现出来的愤怒与嫉妒就属于这种情况;此人之所以被激发出了致命的愤怒,不是因为他的妻子有情人,而是因为那个情人竟然是他手下的一个农奴,此人是库西(Coucy)城堡内的总管,或者说是当时那种简单的治安官。

高贵的女继承人、庄园的女主人和除了衬衣便一无所有,甚至连外套都没有,任何东西都属于主人的马夫、侍从之间那道鸿沟越是深邃、越是不可逾越,跨过那道鸿沟去获得爱情所带来的诱惑,也就越强烈。

那个年轻人正是受到了这种毫无可能之事的鼓舞。终于,他有一天设法出了城堡,跑到了女巫那里,请她提些建议。春药会不会是赢得她芳心的咒语呢?假如没能做到,他是不是必须订立一个明确的契约呢?在把自己交给撒旦这个可怕的念头面前,他根本就没有畏缩。"我们会处理好这个的,年轻人。汝当快起,再上城堡;你会看到,有些东西已经出现了变化。"

* * *

然而,出现变化的其实是他自己。他的心中怀着某种不可言喻的希望,从一双低垂的双目中不知不觉地流露了出来,迸发出一

第十章 符咒与春药

缕不停地燃烧着的火焰。有一个人(我们可以猜出此人是谁)只喜欢他一个,因此在经过他身边的时候,会动情地朝他说上一句怜悯的话。噢,真是让他欣喜若狂啊!好心的撒旦!迷人而可爱的女巫!

再次见到女巫之前,他茶饭不思。他尊敬地亲吻着女巫的手,几乎拜倒在她的脚下。无论女巫要求什么,无论女巫有何吩咐,他都会言听计从。就在那一刻,只要女巫想要,他就会把自己的金项链送给她,就会把自己手上戴着的戒指送给她,尽管那是从一位垂死的母亲手上捋下来的。可出于那种天生的恶毒,出于对男爵的憎恨,女巫却会给他一次隐秘的打击,好让自己获得一种特殊的安慰感。

城堡里已经弥漫着一种模模糊糊的不安之情了。一场无声无息、没有电闪雷鸣的暴风骤雨,笼罩在城堡的上方,就像沼泽地里四处弥漫的雾气。所有的人都静寂无声,陷于深深的沉默当中;可女主人的心中却觉得很是不安。她怀疑,某种超越自然的力量已经发挥出了作用。她究竟为什么会被这个年轻人所吸引,而不是被其他哪个人,不是被哪个更加英俊、更加高贵、已经因为军功而变得赫赫有名的人所吸引呢?那边的下方,一定有什么东西!那个女巫是不是在她身上施了符咒,或者在暗中施展了什么巫术呢?她越是向自己提出这些问题,心中就越是感到不安。

* * *

女巫终于有了某种东西,可以将她的恶毒发泄出来了。在村里的时候,她曾经宛如一位女王;可如今城堡却主动来到她的面前,向她俯首称臣,甘愿冒着失去自尊的风险。在我们看来,这种热切之情具有一种古怪的兴趣,就像一个灵魂正在对抗每一种社会障碍、正在对抗不公正的命运之神,朝着自己的理想猛冲而去似的。而就女巫那一方来说,让城堡贵妇的自尊心受到羞辱,为了或许是女巫自身的过错而进行报复,却会带来一种深刻而强烈的快感;这种快感,就是以其人之道还治其人之身,利用一个还是孩子的年轻人的大胆无畏,用领主对待农奴的方式去对待领主,并对领主进行横征暴敛;这些就是领主那种令人发指的初夜权结出的最初苦果。毫无疑问,在女巫必须参与其中的这些阴谋当中,她的行为往往都带有农奴那种天生的极度仇视心理。

让城堡的女主人屈尊爱上一个地位卑贱的人,对女巫而言已经是一种收获了。我们不应被桑特雷的约翰①与基路伯②这样的例子所误导。仆童是家奴当中等级最低的一种。当时还没有出现真正的男仆;另一方面,住在这种军事要塞里的女仆就算有,为数也是极少的。年轻人什么事情都干,并且不会因此而觉得丢人。服侍领主夫妇,尤其是为领主夫妇提供贴身服务,会让他们觉得光荣,并且提高他们的地位。尽管如此,这种情况常常会把出身高贵的男侍置于十分悲哀、乏味,甚至是可笑的境地。领主本人从来都不会为此而感到烦恼。而且,女主人实际上一定是受到了魔鬼的诱惑,才会对每日所见的事情视而不见,看不见她所爱之人被委以卑贱而不适当的工作。

* * *

在中世纪,地位至高者与地位卑下者始终都在不断地融合。

---

① 桑特雷的约翰(John of Saintré),法国朝臣、教育家兼作家安托万·德·拉·塞勒(Antoine de la Sale, 1385—1460年)于1456年创作的一部同名浪漫小说中的主人公。小约翰在十三岁的时候,就被一位贵妇定为情人,然后接受了后者系统的训练,最终变成一位颇有成就的骑士。
② 基路伯(Cherubin),《圣经》故事中一种长有翅膀、服从上帝的"智天使"。

第十章　符咒与春药

诗歌中遮掩起来的一些东西,我们可以在别的地方略有所窥。许多粗鄙不堪的事情显然都与种种缥缈优雅的激情混杂在一起。

我们在女巫所用之符咒与春药这个方面的了解,都极其不可思议;女巫的做法当中,明显以恶意为标志的并不罕见,而且还肆意地与我们看来最不可能唤醒爱情的那些东西交织在一起。通过这些办法,主仆二人缠绵了许久,而贵妇的丈夫却有如眼盲一般,对前者的戏弄毫无察觉。

这些春药分成了很多种类。有些是用于刺激和干扰感官的,比如东方人滥用的那些刺激剂。还有一些则很危险,常常都是一些不牢靠的药水,身体会在毫无意识的情况下屈从于它们造成的幻觉。还有一些则被用作激情受到蔑视时的考验;当一个人想要看一看欲望的贪婪究竟会在多大程度上扰乱人的感官,使得他们把所爱之人做出的一些最令人不快的事情也当成最高尚、最神圣的恩惠来接受,就会利用这种东西。

当时的城堡建造得都很粗糙,里面除了宽敞的大厅什么都没有,导致人们彻底牺牲了自己的内在生活。过了很久之后,人们才开始在其中的一座塔楼里修建一间密室或者一间隐秘之所,用于冥想和做祷告。因此,女主人的一举一动,很容易被人看到。在确定或者等待的某些特定日子里,那位胆大包天的年轻人就会尝试着按照女巫的建议,往女主人所喝的酒水中掺入春药。

然而,这是一件非常危险的事情,故不可能再三尝试。从女主人那里偷出她自己不太看重的一些物品,不让她注意到,就没有那么困难了。哪怕最小的一片指甲,他也会珍藏起来;他会恭恭敬敬,将一两根可能是从她的梳子上掉下来的头发收集起来。他会把这些东西带到女巫那里去,因为女巫也像我们现代的催眠师一样,经常要求提供一些带有强烈的个人气味,但没有得到贵妇允许的私人物品；例如，从一件穿了很久、沾有汗渍的衣服上扯下来的一些线头。自然，这位情人对这些宝贝亲了又亲，满怀崇拜之心才很不情愿地把它们扔进火中，并且过后还想把灰烬收集起来。慢慢地，待女主人看到自己的衣服后，她会注意到衣服上的那条裂缝；可由于猜得到原因，所以她只会叹息一声，然后就闭口不言。女巫的咒语，已经开始起作用了。

* * *

即便女主人犹豫不决，不知道究竟要不要尊重自己的婚姻誓言，可他们确实生活在如此狭窄的一个空间里，总是能够看到对方，近在眼前却又远在天边，因此这就成了一种彻头彻尾的折磨。而且，即便是一度表现出了自己的软弱，但当着丈夫和其他同样心怀嫉妒之人的面，两人的快乐时光肯定也不多。于是，那种没有获得满足的欲望便愚蠢地爆发出来了。他们在一起的时间越少，就越渴望着在一起。一种扭曲的幻想企图以古怪、反常且完全没有理智的方式来达到这一目的。于是，为了给这两人之间建立一种秘密的通信方式，女巫会把字母刺在两人的胳膊上。假如其中一个想要向对方传情，他会容光焕发，通过吮吸那几个鲜红的字母，将自己渴望已久的话说出来。据说，对方胳膊上的相应字母会立即流出血来。

有的时候，在这种疯狂状态下，他们还会饮下对方的血，据说这样做是为了让他们的灵魂紧密地交融在一起。吃了库西城堡中那位总管的心后，城堡贵妇"发现味道很好，但后来再也没有吃过"，就是这种爱情吃人的可怕誓言中最悲惨的一个例子。不过，倘若变心者没有死去，只是他心中的爱意消逝了，女主人就会到女巫那里去寻求建议，乞求得到留住他，把他带回身边的方法。

忒奥克里托斯①与维吉尔两人笔下那种女巫所用的咒语,尽管在中世纪也有人使用,但很少奏效。人们试图用一种似乎是从古时复制而来的咒语,通过一块蛋糕,通过一种喜饼②来赢回爱人的心;后者在亚洲、欧洲往往都是最神圣的爱情誓言。但在这种情况下,双方寻求的并非只是灵魂的交融,还想要在肉体上也结为一体;两个人之间必须确立起一种极其忠诚的意识,使得这位男子对其他所有的女人来说都已死去,只为她一个人而活着。但对女人一方来说,这却是一种残酷的仪式。"不要讨价还价,夫人。"女巫说道。突然之间,那位高傲的夫人一下子就变得顺从无比,甚至任由自己赤身裸体,因为当时确实必须如此。

这是女巫多么重大的一种胜利啊!而且,如果这位贵妇就是当年曾经让女巫"接受夹道鞭打"的那位贵妇,那么如今她要如何来面对这种报复,又会何等惧怕这种报复啊!不过,光是把她全身剥得赤条条的还不够。她的腰上系着一个小架子,上面生着一个小火炉,用于焙烤那块蛋糕。"噢,亲爱的,我再也受不了啦!快一点吧,救救我。"

"您必须忍受,夫人;您必须感受到那种热量。蛋糕烤好之后,他就会因为您,因为您的火焰而感到温暖。"

仪式结束了;现在,我们就获得了一块古人所用的蛋糕,就是印度人和罗马人结婚时所用的那种蛋糕,只是增添了魔鬼的淫欲之心,并且烤热了。她并没有像维吉尔笔下的巫师那样,说出这样

---

① 忒奥克里托斯(Theocritus,生卒年不详),古希腊诗人,据说是世间牧歌的创始人,著有《田园诗集》(*Idylls*)等作品。
② 这是古罗马人的一种婚礼形式,其间人们会把喜饼分成两半,由新婚夫妇食下,象征着他们结成了一体。——英译者注

一句话:"Ducite ab urbe domum, mea carmina, ducite Daphnin①!"②但她把蛋糕带给了他;蛋糕仿佛浸透了对方的痛苦,却因她的爱情而保持着温暖。他刚咬上一口,就被一种古怪的情感、一种头晕目眩的感觉攫住了。接下来,随着血液涌上心头,他还变得满脸通红,全身燥热。激情和不可熄灭的情欲,重新回到了他的身上。③

---

① 达佛涅斯(Daphnin),古希腊神话中的牧神,曾有人认为此神是田园牧歌的创始者,在英文中拼作 Daphnis。
② 意思就是:"去吧,吾之符咒,把达佛涅斯带离城镇,回到家中!"见于维吉尔的《牧歌》(*Eclogue*)第八首。——英译者注
③ "不可熄灭"一句其实说得不对。人们经常需要新鲜配制的春药;出现这种情况,责任一定会归咎于那位贵妇,而女巫则会带着嘲弄与恶毒的怒火,让她说出一些最丢脸的话语。——作者注

第十章 符咒与春药

第十一章

反叛者的圣餐、巫魔会与黑弥撒

现在,我们必须来谈一谈**巫魔会**了;这个词在不同时代所指的意思,显然有着天渊之别。可惜的是,对于亨利四世统治时期以前的这种集会,我们并没有详细的史料。① 那个时代以前,此种集会不过是在巫术的外衣之下上演的一出大规模的淫乱闹剧罢了。不过,对于如此极端堕落的一件事情进行的描述,却以带有某些古老色彩为特点,说明了巫魔会相继经历的不同时代及其不同的表现形式。

* * *

我们可以带着下述这种坚定的观点开始:几个世纪以来,农奴都过着狼或者狐狸一般的生活;农奴是一种夜行动物,而且可以

---

① 其中描述得最充分的就是朗克尔的记述;此人有点儿聪明,显然与一些年轻的女巫有联系,这使得他可以做到言之有物。耶稣会信徒德尔·里奥(Del Rio)与多明我会修士米夏埃利斯(Michaëlis)的记述则是这两个轻信而愚蠢的书呆子的荒唐之作。——作者注

说,白天他们会尽可能地少四下走动,而是真正地独自生活在夜里。

尽管如此,直到公元1000年,只要人们创造出了自己的圣徒与传说,那么在他们看来,自身的日常生活就不是索然无趣的。他们在夜晚举行的巫魔会,不过是异教遗留下来的一丝轻微的痕迹罢了。他们敬畏和崇拜月亮,因为月亮力量强大,凌驾于世间一切美好事物之上。月亮的主要崇拜者都是老年妇人,她们会为月神黛安诺(Dianom)点燃小小的蜡烛;黛安诺也就是以前的狄安娜(Diana),她还有露娜(Luna)和赫卡忒(Hecate)两个名字。"卢帕克"(Lupercal,或称狼人)总是跟在女人和孩童后面,实际上还伪装成黑脸的幽灵"哈利奎恩"(Hallequin,亦拼作 Harlequin)。"维纳斯的守灵夜"(Vigil of Venus)一直都是一个节日,恰好定在五月一日。到了"仲夏日"(Midsummer Day),他们会过"萨巴扎节"(Sabaza),向巴克斯·萨巴修斯(Bacchus Sabasius)献祭公山羊。这一切都并不带有嘲讽的意味,只是农奴们一个无伤大雅的狂欢节罢了。

可到公元1000年前后,由于所用的语言与农奴所用的语言不一样,因此教会几乎已将农奴彻底拒之于外。到1100年,教会的礼拜仪式变得完全令人无法理解了。在教堂门口上演的种种神秘仪式中,农奴主要保留了其中具有喜剧性的一面,即公牛和驴子,等等。以这些方面为基础,农奴们便创作出了一些越来越滑稽的圣诞颂歌,从而形成了一种真正的巫魔文学。

* * *

我们可不可以认为,12世纪爆发的那一场场可怕的大规模起义,对这些神秘的仪式,对这些"狼""猎鸟""野生猎物"的黑夜生活并没有产生影响呢？农奴反叛中各种伟大的圣礼,可能会在巫魔会上举行;在这些仪式中,他们或是互相歃血盟誓,或是以吃土的方式许下庄重誓言。① 当时的《马赛曲》②是在夜间而不是在白天诵唱的,或许就是巫魔会上的一首赞美诗呢:

"*Nous sommes hommes commes ils sont！Tout aussi grand coeur nous avons！Tout autant souffrir nous pouvons！*"③

可这座丰碑在公元 1200 年再次坍塌了。教皇和国王坐在上面,用他们硕大无朋的分量压着,将人类完全封闭起来了。那么,如今人们还有原来的那种夜间生活吗？比以往更多了。到了此时,那些古老的异教舞蹈一定已经发展到了狂热的程度。安的列斯群岛④上的黑人,在经过了一天可怕炎热而艰辛的劳作之后,也会到大约四里格⑤以外的地方去跳舞。当时的农奴也是如此。只不过,在农奴的舞蹈当中,必定夹杂着一种复仇的快乐、讽刺挖苦的胡闹、滑稽可笑的场面,以及嘲讽贵族和神父的夸张描绘:事实上,这完全是一种夜间文学,与当时的文学截然不同,甚至对市民文学中的"故事诗"也了解甚少。

---

① 发生在库尔特雷（Courtray）战役中。亦可参见格林的著作和本人的《法律起源》。——作者注
② 《马赛曲》(*Marseillaise*),法国大革命期间一首鼓舞斗志的战斗歌曲和自由赞歌,后被定为法国国歌。
③ 意思是:"我们都由同一团黏土塑成;我们的心永远与他们的一样宽大;我们能够像他们一样承担重任。"——英译者注
④ 安的列斯群岛（Antilles）,美洲加勒比海上西印度群岛中除巴哈马群岛以外的其余所有岛群,由大安的列斯与小安的列斯两部分组成。
⑤ 里格（league）,古时距离单位。在陆地上,1 里格约等于 3 英里,也就是约 4.83 千米。

* * *

公元 1300 年前的巫魔会，就是这样一种性质。在他们能够采取令人惊讶的形式向当时的上帝公开宣战之前，人们需要做的事情还有很多，尤其是下述两个方面：他们不但需要陷入绝望的深渊，而且还需要丧失对任何事物的尊敬之情。

直到 14 世纪，在阿维尼翁历任教皇的治下和"宗派大分裂"①时期，他们才抵达了这个紧要的关口；当时，由于有两个首脑，因此教会似乎不再是一个教会，而法国国王及其手下的所有贵族则全都可耻地成了英国人的囚徒，正在向受到压迫和愤怒的民众勒索赎金。于是，民众在巫魔会上便开始采用"黑弥撒"这种宏大而可怕的形式，采用了一种彻底颠覆的仪式；在这种仪式中，耶稣受到了蔑视，并且有人命令他，如果做得到的话，就往民众的头顶打个响雷。在 13 世纪，这种邪恶的戏剧仍然不可能出现，也不可能引起那么大的恐惧。后来，到了 15 世纪，当所有的东西，包括苦难本身都已经变得精疲力竭之后，如此猛烈的爆发也不可能再出现；此种怪异荒谬的虚构，也无人会去尝试了。这种虚构只有可能属于但丁那个时代。

* * *

我认为，这种情况是突如其来地出现的；这是一场有如天才般疯狂的爆发，把不虔敬提升到了民众大规模激情勃发的高度。要

---

① 宗派大分裂（Great Schism），一般指基督教的两次分裂，第一次出现于 11 世纪，从中分裂出了希腊正教和罗马公教两大宗，第二次则是 16 世纪的宗教改革，从罗马公教中分裂出了路德教派、英国国教、加尔文教派及它们当中的一些小教派。这里无疑是指第二次分裂。

第十一章　反叛者的圣餐、巫魔会与黑弥撒　　　137

想理解这种愤怒的性质，我们必须牢记，一个由神职人员不断熏陶、相信且依赖奇迹的民族，根本不认为上帝的律法是一成不变的，而是在过去的多年里，始终都在苦苦期待和等候着一种从未降临的奇迹，除此以外就别无他求了。在深陷绝望的最终时刻，他们徒劳地要求出现奇迹。从那时起，在他们的眼中，天堂似乎就成了那些野蛮施虐者的同伙；不止于此，连天堂本身也是施虐者。

由此，就出现了黑弥撒和扎克雷起义①。

黑弥撒的外在形式很具弹性，人们后来可能往其中塞入了成千上万种不同的细节；可其外在框架本身建造得非常牢固，因而在我看来，其外在框架就是一个整体。

这种戏剧，我在1857年出版的《法国史》（History of France）一书中，曾经成功地再现出来了。在其四幕中进行重新塑造，难度并不大。只是在那个时候，我于其中留下了太多的怪诞装饰，它们其实属于后来一个时期巫魔会上所用的装饰；而在这本书当中，我也没有清晰地说明，哪些方面属于黑弥撒那种神秘而又可怕的旧形式。

* * *

黑弥撒盛行的时间，强烈地带有一个受到诅咒的时代的某些野蛮特征；其中更重要的特点，就是女性在那个时代占据着统治地位，这也是14世纪最典型的一个事实。

奇怪的是，在那个时期，几乎没有任何自由的女人竟然能够以成百上千种暴烈的方式来掌控自己的王权。在这一时期，女性可以继承封地，可以携着自己的王国嫁给国王。在尘世中，她依然保

---

① 法国1364年爆发的一场农民战争。——作者注

留着自己的王座,而在天堂里,她还拥有更高的地位。马利亚已经取代了耶稣。圣方济各与圣多明我①已经在她的心中看到了三个世界。她以极大的恩赐洗涤罪孽;呜呼,有时还会帮助罪人,比如在一个修女的故事中,当她去与自己的恋人幽会时,马利亚竟然代替她站在唱诗班中。

无论是上穷碧落还是下穷黄泉,我们都会看到这样的女性。比阿特丽丝②在苍穹当中掌管着繁星,而在《玫瑰传奇》③中,弥昂的约翰(John of Meung)正在为女性群体布道。不管是纯洁还是名誉扫地,女性都无所不在。我们可以用雷蒙德·卢尔④评价上帝的话来评价女人:"上帝在世间属于哪一部分?就是整个世界。"

不过,天堂与诗歌中一样,真正的女主角并不是身边围着孩子的多产母亲,而是圣母马利亚,或者某个没法生育、年纪轻轻就会死去的比阿特丽丝。

据说,公元 1300 年前后,曾有一位漂亮的英国姑娘来到了法国,就女人的救赎传过道。此人曾经自认为是所有女人的弥赛亚⑤。

* * *

在其最初阶段,黑弥撒似乎就代表着对基督教曾经如此长久

---

① 圣方济各(St. Francis,1181—1226 年),意大利罗马天主教修士,是方济各修道会的创始人;圣多明我(St. Dominic,约 1170—1221 年),西班牙的罗马天主教神父,是多明我会或"黑衣修士会"的创始人。
② 比阿特丽丝(Beatrice),但丁《神曲》中的人物。
③ 《玫瑰传奇》(*Romaunt of the Rose*),据称是英国作家乔叟(Chaucer)翻译自法国寓言诗《玫瑰的故事》(*le Roman de la Rose*)的一部作品。
④ 雷蒙德·卢尔(Raymond Lulle,约 1232—约 1315 年),中世纪马略卡王国的数学家、博学家、哲学家、逻辑学家、方济各会修士和作家。
⑤ 弥赛亚(Messiah),犹太人所期待的救世主,也用于指耶稣基督。

地诅咒过的夏娃的这种救赎。巫魔会上,女人扮演着各种各样的角色。她既是女祭司、圣坛,又是圣餐誓约,轮着来。不仅如此,从本质上来说,她本身不就跟上帝一样吗?

* * *

在这里,我们可以看到许多的大众化特征;但是,这个方面并非全然来自民众。农民只崇尚实力,很瞧不起女性;在旧法律与旧习俗中,我们就会清楚地看出这一点。从农民那里,女人不会获得如此崇高的地位。这种地位是女人自己赢来的。

我很乐意相信,当时的那种巫魔会就是女人的杰作,是像当时的女巫那样绝望的一个女人的杰作。14世纪的时候,女巫看到呈现在自己面前的是一种需要受尽折磨的恐怖职业;三四百年来,绑在火刑柱上烧死的女巫不计其数。公元1300年之后,女巫掌握的医学知识被谴责成邪恶,而她制备的药品也遭到了禁止,仿佛它们都是毒药似的。当时的麻风病人为了让自己转运而进行的那种没有恶意的抽签,导致那些可怜之人受到了大肆屠戮。教皇约翰二十二世曾经下令,烧死了一位涉嫌行使巫术的主教。在如此盲目的一种高压制度下,小打小闹与胆大包天所冒的风险并无二致。危险本身会让人们变得更加胆大妄为;而女巫则胆敢去干任何事情了。

* * *

人类的手足情谊、对基督教天堂的蔑视,以及扭曲地崇拜自然、把自然当成上帝,这些内容就是黑弥撒的意图所在。

他们装饰了一座祭坛,祭祀农奴中的主要叛乱者,祭奠那个受到了莫大冤枉的人、古时的不法之徒、被不公平地赶出了天堂的人,以及"创造尘世的灵,令植物萌芽的主"。这些称呼就是崇拜路西法的人为其奉上的尊称;而根据一种非常有可能正确的观点,它们也是圣殿骑士为路西法奉上的尊称。

这些不幸时代中最了不起的一种奇迹,就是夜间圣餐中体现出来的兄弟情谊,而且比白天其他任何地方都要丰富。女巫冒着某种小小的危险,从那些家境最好的人中募集捐款,然后把他们的捐款汇集成一笔共同资金。披着撒旦外衣的慈善力量变得非常强大,成了一种犯罪、一桩阴谋和一种反叛形式。为了晚上一顿共同的圣餐,人们愿意在白天抢夺自己的食物。

* * *

不妨想象一下,在一片辽阔的荒原上,并且常常是在森林边上一座古老的凯尔特环形石阵附近,出现了这样一幅由两个部分组成的场景:一侧是一片灯火通明的荒原和享受着盛宴的人们;另一侧是朝着远方森林的地方,以苍天为穹顶的那座教堂里的唱诗班。我所称的"唱诗班"其实是一座小山,它稍稍地俯瞰着四周的乡村。两侧之间是火炬发出的黄色火焰,还有一些通红的火盆,它们冒出一股奇妙的烟雾。这一切的后面就是正在打扮其撒旦的女巫;那是一个巨大的木制魔鬼,全身黑糊糊、毛茸茸。从魔鬼的两只角及其身边的山羊皮来看,他有可能是酒神巴克斯;可他身上的种种男子气概,却又使得他成了潘神或者普里阿普斯。那是一个阴暗的身影,不同的人对它怀有不同的看法;有些人只是觉得它很恐怖,还有一些人则会被它身上那种高傲的、"永恒放逐者"[①]似乎

[①] "永恒放逐者"(Eternally Banished),就是指魔鬼。

浸淫其中的忧郁所触动。①

* * *

第一幕。基督教世界从古时借鉴而来的那种壮观的入祭礼（In troit），也就是说，从人们排着长长的队伍、川流不息地从柱廊下走向圣所的那些仪式中借鉴而来的这种东西，如今在这个古老神灵重掌权力后，已经由其收归己用了。同样借鉴自异教徒净心之行中的洗手礼（Lavabo），如今也重新出现了。这一切，这个神灵都会根据年龄而要求收回。

他的女祭司一向被称作"长者"（the Elder），以示尊敬；不过，这种女祭司有时也很年轻。朗克尔曾经提到过有一名年仅十七岁的女巫，她貌美如花，却野蛮得可怕。

魔鬼的新娘不应当是一名孩童；女巫起码也得有三十岁，拥有美狄亚一样的身材，具有源自痛苦的美貌；她应当有一双深邃、悲伤的眼睛，其中闪烁着狂热之火，应当有一缕缕宛如毒蛇、随意起伏的长发；我的意思是，她那一头乌黑却并不顺滑的头发有如急流一般，倾泻而下。或许您还可以看到，她的头上戴着一个用马鞭草、墓地常春藤和象征死神的紫罗兰编织而成的花冠。

当她让人领着子民们开始享用圣餐时，仪式就开始了："吾愿来至汝之祭坛前；呜呼上帝，请挽救吾于奸诈凶暴者之手（即摆脱神父与贵族）。"

接下来，就是对耶稣的否定、对新主表示敬意、献上封臣式的亲吻，就像在圣殿中进行祷告一样，一切都毫无保留、毫无羞愧或

---

① 此处引自德尔·里奥的记载，但本人认为，这种现象并非西班牙所特有。这是古时的一种特点，以原始的灵感为标志。——作者注

者尊严,甚至毫无目的地奉献出来;这是对一个旧神的否定,还因为他们似乎偏爱撒旦的回归而变得更加严重了。

此时,轮到撒旦宣布其女祭司的神圣地位了。木制的神祇会以古时潘神或者普里阿普斯的方式接收她。遵照古老的异教形式,女巫会在木制神祇身上坐一会儿,以示归顺,就像德尔斐的那位女预言家坐在太阳神阿波罗的三脚架上一样。接受了撒旦之灵的气息和爱的圣礼之后,她还会带着同样正式的庄严之态来净化自己。从此以后,女巫便成了一座活着的祭坛。

* * *

入祭礼结束之后,仪式就会中断,人们开始享受盛宴。与贵族们坐在那里、身上佩着刀剑的节庆方式完全相反,这种表达兄弟情谊的宴会上可没有任何武器,连一把餐刀也没有。

由于参加者都是维护和平的人,因此每个人都有一位女性陪同。倘若没有女人相伴,谁也不许参加。不管是不是亲属,不管是不是妻子,不管年老还是年轻,每名男子都必须带来一位女性。

他们推杯换盏时饮用的酒水又是什么呢?是蜂蜜酒、啤酒还是葡萄酒,是烈性的苹果酒还是梨酒呢?后面那两种酒,都起源于12世纪。

那些混有颠茄、具有致幻作用的危险酒水已经出现在此种盛宴上了吗?当然没有。因为盛宴之上也有孩童。此外,过度混乱也会妨碍到他们跳舞。

这种不停地旋转的舞蹈,正是赫赫有名的巫魔会圆舞(Sabbath-round);跳完此舞,就足以度过酩酊大醉的最初阶段。他们背对着背,胳膊放在身后,彼此看不见,只是经常会碰到彼此的后背。渐渐地,没人知道自己是谁,也不知道自己身边的人是谁了。年老的妻子此时也不再年迈。撒旦创造出了一个奇迹。迷茫糊涂地受到宠爱之后,她仍然是一个女人,仍然具有魅力。

*　*　*

第二幕。就在那一群人全都变得头晕目眩,被女人的魅力和一种模糊的友爱感引领着,开始把他们想象成一体之后,仪式又在"荣耀颂歌"①中重新开始了。祭坛和主人都开始现身。这两个角色都由女巫本人扮演。她匍匐在地,以一种极度屈辱的方式,那一缕缕有如丝绸般乌黑的长发湮没在尘土之中;这个高傲的普洛塞尔皮娜②把自己献了出来。一个恶魔骑在她的背上,口中诵着信经③,主持这种献祭。④

在后来的一段时间里,这种场景开始变得不庄重了。但在此时,在14世纪的各种天灾人祸当中,在黑死病肆虐和饥荒层出不穷的日子里,在有扎克雷起义和"自由长矛"(Free Lances)强盗可恶地对如此深陷危险之中的一个民族大肆劫掠的时代里,这种集会的影响更为严重。参会的所有人完全有理由担心自己会受到惊扰。女巫在这种大胆做法中承担的风险极其巨大,她甚至有可能丧命。不,比丧命还要严重。她勇敢地面对的是极度可怕的痛苦,是种种难以形容的酷刑。她会被钳子撕扯,被活活打断骨头;她的

---

① 荣耀颂歌(Gloria),基督教的一种赞美诗,尤指"大三一颂"(*Greater Doxology*)和"小三一颂"(*Minor Doxology*)。
② 普洛塞尔皮娜(Proserpine),古罗马神话中的冥府王后,是主神朱庇特与其妹妹刻瑞斯(Ceres)所生的女儿,对应于古希腊神话中的珀耳塞福涅(Persephone)。
③ 信经(Credo)是基督教权威性的基本信仰纲要。
④ 女巫是自己的祭坛这一重要事实,我们是从女巫腊娲辛(La Voisin)审判案中得知的;参议员拉维森先生(M. Ravaisson)即将把此案的材料与其他的《巴士底狱文件》(*Papers of the Bastille*)结集出版。——作者注

乳房会被撕裂；她的皮肤会被慢慢烧焦，就像卡奥尔①那位巫师主教的遭遇一样；她的身体，会在一座烧着通红炭块的小火上一截一截地烧掉；她很有可能遭遇无穷无尽的痛楚。

当然，为这个如此卑微地献出自己的女人做祷告、进行丰收献祭时，所有的人都会感到动容。"大地之灵"（Spirit of the Earth）让小麦生长，因此人们为其献祭小麦。一群很可能是从女巫怀中飞出的小鸟则带着农奴们的叹息与祈祷，献祭给"自由之神"（God of Freedom）。他们祈祷的是什么呢？不过就是让如今的我们，即他们的子孙后代可以获得自由罢了。②

女巫给他们分发的圣餐又是什么呢？并不是我们在后来亨利四世统治时期看到的那种荒谬誓言，而极有可能是我们在春药那种情形中看到的喜饼；这是一种神圣的爱之誓言，是在她自己身体上烤制出来的一种蛋糕，而这位牺牲者本人呢，或许明天就会遭受火刑。他们在那里享用的，既是她的生命，也是她的死亡。人们已经闻到了她被烧焦的皮肉之味。

最后，他们会把两样祭物呈献给她，似乎是肉；还有两个偶像，一个是刚刚死去的人，另一个则是这一地区刚刚出生的人。这些东西都带着一种特殊的、身兼祭坛与圣体的女巫所具有的品质，而参加者也根据这些东西表示领受了圣餐。于是，他们的圣体就成了三体合一，并且始终都带有人情味。在一个阴暗的魔鬼偶像之下，人们崇拜的其实不是别的，而是他们自己。

真正的献祭，此时已经结束了。女巫把自己献祭出来，甘愿供

---

① 卡奥尔（Cahors），法国西南部的一个地区。
② 这种以小麦和小鸟献祭的方式为法国所独有。在洛林地区，人们还会献祭黑色的禽兽，比如黑猫、黑山羊或者黑公牛，德国无疑也是如此。——作者注

众人所食之后,她的任务便已完成。从原先保持的那种姿势中站起身来之后,女巫并不会马上离开现场,而是要到她骄傲地呼唤霹雳、傲慢地蔑视那位失去了冠冕的上帝,仿佛证明了自己做法的合法性之后,她才会离去。

为了嘲笑《羔羊颂》①,并且瓦解基督教的圣体(Christian Host),女巫还带来了一只经过了打扮的癞蛤蟆,并将它撕碎。接下来,她会可怕地转动双眼,将癞蛤蟆的碎尸举到空中,并将癞蛤蟆的头剁下来,然后说出一句奇怪的话语:"啊,腓力②,如果你也在此,你将受到同样的对待!"

* * *

女巫的挑战,表面上并没有得到回应,因为没有霹雳击向她的头顶;于是,人们都会认为,女巫战胜了基督。那帮机敏的恶魔抓住了时机,利用让那些更易轻信的人感到惊讶和敬畏的各种小异象来吓唬人们。癞蛤蟆实际上完全没有害处,可当时的人却以为它们有毒,恨得咬牙切齿。它们跳过一堆堆大火、一个个火盆,逗人们开心,让人们嘲笑地狱里的冥火。

经历了如此悲惨、如此胆大妄为的一幕之后,人们真的会笑吗?我不知道。可以肯定的是,第一个胆敢这样做的女巫并没有笑。在她的眼中,这些火堆看上去一定就像是离她只有咫尺之遥的火刑柱。她的使命,更在于预言那种可怕的君主政体之未来,在于创造出未来的女巫。

---

① 《羔羊颂》(Agnus Dei),基督教举行弥撒时吟唱的一首颂歌,源自古犹太教在"逾越节"时屠宰小羊并将羊血涂于门户上的献祭仪式。
② 参见朗克尔,第 136 页。女巫为什么会说"腓力",我也解释不清。撒旦总是称呼耶稣为约翰或者杰尼科特(Janicot,即杰克)。女巫说的是不是瓦卢瓦王朝的腓力(Philip of Valois),就是那个导致法国与英国发生了无谓的百年战争的人呢? ——作者注

第十二章

续篇：爱情与死亡，撒旦消失

现在，参加集会的众人都获得了自由，都变得高兴起来了。在数个小时之内，农奴都会在这种昙花一现的自由中当家作主。他们的自由时间，其实根本就不够。天色已经开始转亮，星辰开始西落。再过一会儿，残忍的黎明就会让他们恢复奴隶身份，将他们再次带回一双双怀有敌意的眼睛之下，带回城堡的阴影之下，带回教会的阴影之下；将让他们再次回到单调的劳作当中，让他们的心再次变得像以前那样，无休无止地感到疲惫不堪，仿佛被两种钟声控制着，其中一种不停地说着"始终"，另一种则说着"不准"。不久之后，我们就会看到，他们一个个地走出家门，拖着沉重无比的身子，低声下气，带着一种平静沉着的神态。

就让他们起码也享受这短暂的片刻吧！就让这些被剥夺了继承权的人，每一个都实现自己的幻想一次，都沉溺于自己的冥思中一次吧。什么样的灵魂才会全都如此不快乐，才会如此迷失在所有的感受中，以至于从来都没有做过一个美梦，从来都没有一种美好的愿望，也从来没有说过"但愿如此"这样的话啊！

前文中已经说过，我们唯一拥有的详细记载都是近代的史料，属于一个拥有和平与善行的时代；当时，正处于亨利六世①统治后期，法国正在重新繁荣起来，并且经历了多年的蓬勃发展，完全不同于巫魔会刚刚开始的那个黑暗时代。

假如我们不把第三幕描述成鲁本斯②笔下的那种教堂义卖（Church-Fair）场景，不把它说成一种极其杂乱无章的狂欢和一场大规模的滑稽舞会，允许任何人配对参加，尤其是允许近亲配对参加的话，那么朗克尔先生和其他人的著作就没有什么参考价值了。据这些作家描述（他们的作品会让我们发出恐惧的叹息），巫魔会的主要目的，就是撒旦明确宣传的那种教义，就是乱伦；那种大型集会上，有时人数竟然高达两千，而这些人就在整个世界的面前，做出了种种最令人震惊的行为。

这种情况是很难让人相信的；而且，同一批作家也描述了其他一些事情，它们似乎也与如此愤世嫉俗的一种观点全然相左。他们声称，人们只能成双成对地去参加这种集会，坐下来享受盛宴的时候也是两两一起；即便是有女人单独前来，她也会分配到一个年轻的恶魔，由后者负责照管她，尽此种宴会的地主之谊。他们还称，就算嫉妒心重的恋人，也并不害怕与好奇心重的美人结伴前往那里。

我们还发现，前往那里的绝大多数人都是一家子，包括孩子和所有人在内。孩子们只在第一幕期间才被打发走，而圣餐、黑弥撒仪式期间或者第三幕正在进行的时候，都不会被打发走；这一事实

---

① 亨利六世（Henry Ⅵ, 1421—1471 年），英国兰开斯特王朝的最后的一位国王。他本来继承了其父亨利五世在百年战争中所取得的丰硕战果，成为唯一一位加冕为法国国王的英国君主，但他在政治上领导无方，在法国所获得的战果丧失殆尽，后期又陷入玫瑰战争中，而法国则在查理七世（Charles Ⅶ, 1403—1461 年）的治理下日渐繁荣。
② 鲁本斯（Rubens, 1577—1640 年），比利时著名画家，巴洛克画派早期的代表人物。

就证明此种集会还是保持着一定程度的体统。此外,那种场景是由两个部分组成的。举家而去的人都留在荒原上,沐浴在一片耀眼的火光中。只是火把冒出的那层奇幻烟幕之外,在人们可以四下游荡之处,才算是较为神秘的地方。

法官和宗教审判员尽管怀有种种敌意,却很乐意允许这里存在一种普遍的和平与温驯精神。贵族举办的盛宴之上让我们感到震惊的三桩事情,这里一桩也没有;这里没有刀剑,没有决斗,也没有带血的桌子。这里没有什么背信弃义的风流韵事会给某位密友带来耻辱。因为他们都说,这里没有听说过也不需要的,就是圣殿骑士会那种不洁的兄弟情谊;而在巫魔会上,女人就是一切。

乱伦的问题,我们还需要解释一下。亲属之间的所有联姻,即便是如今最容许的联姻形式,在当时也被人们看成是一种犯罪。近代的法律本身就很宽容,理解人类的内心和家庭的幸福。① 因此,近代法律允许鳏夫续娶自己的妻妹,因为妻妹可能是孩子最合适的继母。尤其是,近代法律允许一名男子娶自己的堂表亲为妻;他非但认识后者,可以充分信任后者,或许还在小时候就已爱上自己的堂表亲,因为后者是他的昔日玩伴,与他青梅竹马,为他的母亲所特别宠爱,并且早已在内心将其当成了自己的儿媳。可在中世纪,这一切都算是乱伦。

于是,最爱自己家庭的农民就陷入了绝望之中。迎娶自己的堂表亲是一件可怕的事情,即便迎娶出了五服的堂表亲,也是如此。他不可能跟同村的女子结婚,因为近亲问题构成了一种严重的障碍。他只能到别的地方、到很远之外去寻娶妻子。可在那个

---

① 当然,这里提及的情况正如后一句所表明的那样,是专门针对法国的法律而言。至于堂表亲联姻的问题,这两个方面可以论述的内容都很多。——英译者注

第十二章 续篇:爱情与死亡,撒旦消失

时代,不同地方之间并无太多交往和了解,且每个地方都不喜欢邻近地区的人。在宗教节日里,一个村庄会与另一个村庄斗殴,却不知道为何要斗殴;在人口一直都并不稀少的一些国家里,如今有时仍然可以看到这种现象。没人胆敢到他们曾经一起斗殴过的地方去找老婆,因为到了那种地方,他自己会陷入极大的危险当中。

还有一个难处。统治着年轻农奴的领主会禁止手下农奴与相邻领主辖区里的姑娘结婚。如果成了统治妻子的那位领主手下的农奴,此人就会彻底不再属原有领主所有。于是,农奴一方面为神父所阻,不能与自己的堂表亲联姻,另一方面又为领主所阻,无法迎娶陌生的姑娘;这样一来,许多农奴根本就没有结婚。

可这样做的结果却正是他们假意要避免的那种局面。在巫魔会上,种种自然的戚戚之心会再次萌发出来。年轻的农奴在那里再次找到了自己一开始就认识和爱着的女子,找到了从十岁起就被其称为"小丈夫"的那位姑娘。他当然更喜欢她,因此几乎丝毫都不会去顾忌教规上的种种障碍。

更加充分地了解中世纪的家庭之后,我们就不会再相信那种夸夸其谈的臆想,说中世纪人们都是普遍混杂在一起,形成了如此庞大的一个群体。恰恰相反,我们认为,当时的每个小群体都是极其紧密地结合在一起,完全禁止陌生人进入。

农奴对自己的亲属并无嫉妒之心,但贫困与不幸却会让他异常担心,孩子多了非但供养不起,还会让他的命运变得更加糟糕。神父与领主这一方呢,却希望增加农奴的数量,希望手下的女农奴不停地生育;因此,他们常常会就这个问题进行一些最奇怪的布道,[①]

[①] 心灵手巧的格宁先生(M. Génin)最近搜集了关于这个问题的许多极其古怪的情况。——作者注

有时还会对农奴进行威胁和残酷的谴责,不一而足。可男农奴的谨慎却会变得更加坚定。女人非常可怜,由于无法生育出适于在这种条件之下生存的孩子,而生下孩子也只会给她带来悲伤,因此极其害怕自己怀孕。如果预先没有一再听到别人的保证,说没有哪个女人离开的时候会怀孕,她是决计不敢前去参加这种夜间节庆的。①

她们都是受到宴饮、舞蹈、灯光和娱乐活动的吸引,才到那里去,而绝对不是为了肉欲才去。她们最在意的,就是不能加剧她们的贫困,不能再让一个不幸的人降生于世,不能再给领主增添一个农奴。

* * *

那个时代的社会制度的确非常残酷。当局要求男子结婚成家,却又使得后者几乎不可能结婚;至于原因,一方面是因为绝大多数人都过于贫困,另一方面是因为他们又为那些毫无意义的残酷教规所禁止。

这种情况导致的结果,与教会宣传的纯洁完全相反。在基督教教义的表象之下,其实这里只存在亚洲的那种父权。

农奴中,只有长子结婚。家中的弟弟妹妹,都是在长子的手下干活,都是替长子干活。在南方山区的一些偏僻农庄里,由于远离所有的邻居和所有的女人,兄弟姐妹都生活在一起,后者既要替前者干活,他们的一切也都属于前者;那是一种类似于创世(Genesis)阶段所出现的生活,而她们的婚姻则与帕西人②类似,与

---

① 波克(Boguet)、朗克尔以及其他一些作家在这个问题上的意见都很一致。——作者注
② 帕西人(Parsees),指生活在印度的伊朗先知琐罗亚斯德的信徒,后者创立了拜火教(或称祆教),因此帕西人就是指拜火教徒或祆教徒。

第十二章 续篇:爱情与死亡,撒旦消失

喜马拉雅山(Himalayas)一些游牧部落如今仍然保持的风俗习惯也很相似。

这种农户中,母亲的命运甚至更加令人觉得难受。她不能让自己的儿子娶一名女性亲戚,从而无法确保给自己找到一个心肠很好的儿媳。就算做得到,儿子娶到了一个远方村庄里的姑娘,这个姑娘常常也会是母亲的敌人;儿媳进门之后,最终不是对儿子前一段婚姻留下的孩子们不利,就是对这个可怜的母亲不利,因为她经常会被儿媳赶出家门。您也许不这么认为,但事实的确如此。程度最轻的,就是母亲受到儿媳的虐待,不准她靠近壁炉,不准她上桌吃饭。

如今的瑞士还有一条法律,禁止人们把母亲赶离壁炉角上的那个位置。

因此,母亲对儿子结婚会感到极其害怕。然而,若是儿子没有结婚,她的命运也幸福不到哪里去。她不仅要当家中那位年轻主人的老妈子,因为长子继承了父亲所有的权力,甚至是揍她的权力。我就曾经看到,南方地区的人仍然遵循着这种大不敬的风俗:一位二十五岁的儿子,在母亲喝醉了酒之后,竟然去惩罚母亲。

* * *

在那个野蛮残暴的时代里,这种母亲的苦难还会严重多少啊!当时更加常见的现象,是儿子从宗教盛宴上回来,喝得半醉,几乎不知道自己在干什么。他们家里只有一间房,只有一张床。母亲完全没有办法摆脱恐惧。儿子已经看到,朋友们一个个都结了婚、成了家,因此觉得非常难受。从那以后,母亲的人生道路就会变得泪流成河,充满了极度的软弱和一种可悲的忍让。受到她唯一的上帝即自己儿子的威胁,为看到自己处在如此不近乎人情的困境而心碎之后,她就会陷入绝望当中。她会努力将所有的记忆,都淹没在睡梦当中。最后,就出现了一个她和儿子都解释不清的问题,也是如今经常出现在大城市的贫民窟里的一个问题:在那种地方,有些贫困女性会被迫、被吓唬或者甚至是被打得承受每一种暴行。如此被儿子征服之后,尽管有许多的顾虑,可由于太过逆来顺受,所以她此后便会开始承受一种可悲的束缚,承受一种充斥着羞耻与悲伤,还有无尽痛苦的生活;因为年纪相差数载,他们之间的这种分歧还会年复一年地增大。一个三十六岁的女人可以照管好一个二十岁的儿子;可等她到了五十岁,唉!甚至更老的时候,儿子又会去哪儿呢?从那个盛大的、挤满遥远村庄里之人的巫魔会上,他可能带回一个陌生的女人,将其当成自己的年轻情妇;那是一个冷酷、无情、没有怜悯之心的女人,会从这位母亲的手中,把儿子夺走,把她在炉边的座位、她的床夺走,把她亲手建造起来的那个家夺走。

要是相信朗克尔和其他人的记述的话,那么撒旦认为,如果一直忠于自己的母亲,那么这个儿子就值得称颂,从而会让罪行变成一种美德。假如这是真的,那么我们必须假定,母亲受到了另一个女人的保护,即女巫站在母亲这一边,帮助后者捍卫自己的家庭,去对抗儿媳妇,因为儿媳妇手中若是拿着棍子,就会把她赶出去要饭。

朗克尔还进一步认为,"从来就没有过善良的女巫,女巫只是源自一位母亲对儿子的爱。"他们都说,那位波斯预言家的确是这样诞生于世,是一个极其可恶的谜团导致的自然结果;如此一来,巫术的秘密就被限制在一个不停地自我更新的家庭里了。

一种不虔敬的错误导致他们开始模仿农民那种并无害处的奥秘,也就是那种永无休止的植物轮作:将玉米重新播种在犁沟里,地里就会长出玉米来。

兄妹之间的结合则没有那么可怕；这种现象在东方和古希腊很常见，可在欧洲却不受欢迎，而且很少会诞下子嗣。这种结合被人们明智地抛弃了；人们再也不会重新采取这些方式，除非是在原本被种种荒唐的限制激发出来的那种反叛精神愚蠢地走向了相反极端的情况下。

这是一个残酷而受到了诅咒的时代，一个充满了绝望的时代！

* * *

我们已经讨论了很久的时间；不过，黎明即将到来。再过片刻，时钟就要敲响，幽灵们就要离开了。女巫感受到，她的那些忧郁之花，已经开始在自己的额头枯萎。再见了，她的忠诚，或许还有她的生命！如果到了白天，人们仍然发现她还在世，他们又会走到哪种地步呢？

对于撒旦，她又如何看待呢？一缕火焰，一抔灰烬？魔鬼别无所求；他狡猾世故，因此非常清楚，生存下去和获得重生的唯一途径就是首先死去。

他会死去吗？他具有召唤逝者的强大力量，能够将人们已经失去的爱和曾经珍视的梦想，赐予那些哀悼他们在世间唯一之欢乐的人。啊，不会！他肯定会活下去。

他会死去吗？他是一个具有强大力量的幽灵，发现上帝之造物令人可憎，发现大自然躺在地上，全身冰冷，就像从教会的袍服上甩下来的一个全身脏兮兮的养子之后，把大自然抱起来，放到自己的胸膛上。事实上，他是不可能死去的。

他会死去吗？他是中世纪唯一了不起的医生，是一个生了病却被他的毒药与被禁的那个可怜傻瓜挽救下来的世界上唯一一位了不起的医生。

正如那个快乐的恶棍肯定会活着一样,魔鬼消失得也完全无拘无束。他慢吞吞地走出来,狡猾地烧掉那身漂亮的山羊皮,然后消失在如火一般的朝霞之中。

可是,造就了撒旦,造就了万物而不管它们是好是坏,其模样赋予了多种多样的爱、忠诚与罪过的女巫,又会遭遇何种结局呢?看吧,她独自一人,流连在那荒芜的旷野上。

人们都说,并非所有的人都惧怕女巫。许多人会祝福她。不止一人发现她很漂亮,因而愿意出卖他们在天堂里的福分,换得大胆地去靠近她。可女巫的四周却是一道宽阔的鸿沟。那些人尽管崇拜,却也惧怕这个无所不能的美狄亚,惧怕她那双漂亮而深邃的眼眸,惧怕她那一头乌黑蓬松、有如令人毛骨悚然之毒蛇的长发。

留给这个永远孤独、永远不再有爱的女巫的,又是什么呢?什么都没有,只有那个突然消失了的恶魔。

"好吧,善良的魔鬼,我们走吧。我彻底厌倦了再留在这里。地狱本身也要比这里好得多。再见了,世界!"

她必须再活上一段时间,把自己开启的那出可怕戏剧演完。她的身边,站着一匹巨大的黑马,听话的撒旦已经给马儿装上了马鞍,马儿的眼睛和鼻孔里喷出阵阵火焰。女巫纵身一跃,就上了马背。

他们一路目送着她。善良的人们都惊慌失措,说道:"她会怎么样呢?"随着一阵可怕的大笑,她策马而去,像箭矢一般迅速消失了。他们都很想知道这个可怜的女人会有什么结局,只是他们永远都不得而知。[①]

[①] 参见"伯克利的女巫"(Witch of Berkeley)的结尾,由马姆斯伯里的威廉(William of Malmesbury)所讲述的情况。——作者注

下 卷

第一章

女巫没落；撒旦数量倍增，变得常见

魔鬼那个纤弱的宠妃，即大女巫消失之后创造"黑弥撒"的小女巫来了，并且开始像花朵一样，在其有如猫一般的恶毒优雅中盛开。这个女人与大女巫截然相反：她举止优雅而不太引人注意，狡猾多端而声音轻柔端庄，机敏而很有警惕性。可以肯定的是，她的身上没有一丁点儿"泰坦"巨人的特点。她完全与泰坦族不同，天生就是个卑微的女人；从襁褓中起，她就淫荡轻浮，全身上下都有一种邪恶的优雅。她的整个人生就是那些不洁思想的表露；有的时候，一个人白天若是因为恐惧而不敢面对这些思想，它们可能在夜间的梦里纠缠此人。

这个女人骨子里生来就存有这样一个秘密，拥有本能地掌控邪恶的这种本领；她已经看透了，遥远的将来和尘世深处既不会有什么宗教信仰，也不会对世间任何事物与人心存敬畏；她甚至对撒旦也毫无尊敬之意，因为此时的撒旦仍是一个幽灵，而女巫对一切有形之物却有着特殊的喜好。

孩提时代，她就曾把一切糟蹋。虽说身材高挑、模样美丽，可她的种种邋遢习惯却让人们大感惊讶。有了她之后,巫术便开始变成一种由某种神秘的化学反应构成的一种神秘的炮制过程。从小时候起,她就喜欢干一些令人讨厌的事情,今天摆弄毒药,明天又搞阴谋诡计。对于疾病与风流韵事,她可以说是得心应手。她会变身为一个聪明的中间人,一个大胆而经验丰富的江湖郎中。人们必会对她发动战争,把她想象成一个杀人犯,想象成一个售卖毒药的女人。然而,她对这些东西其实没有什么爱好,她渴望的也远非害人性命。尽管心无善念,可她还是热爱生命,热爱治病,乐于替别人续命。她只有两个方面很危险:一方面,她会售卖治疗不孕不育的方子,甚至是堕胎的方子;另一方面,她那种放荡不羁的幻想,又会导致她利用自己那种施过诅咒的魔药去控制一个女人的堕落,从而在爱情的邪恶行径中获得胜利。

确实,这种女巫与另一种女巫完全不同!她是一位制造者;另一种女巫则属于不虔敬者,属于恶魔,属于了不起的反抗者,属于妻子,我们几乎还可以说,她也是撒旦的母亲,因为正是从后者身上以及从后者内心的力量之中,撒旦才成长起来的。可这个女巫却是魔鬼的女儿。她从魔鬼身上继承了两个特点:一是她的不洁,二是对生命的热爱。这两个方面就是她的专业领域,身在其中的时候,她完全就是一位艺术家;这位艺术家已经开始出售她掌握的知识,而我们如今也获准进入了这个行业。

据称,女巫会通过她起源其中的乱伦来永远延续自己的生命。可她无需那样去做,因为无需别人相助,她就会生下无数的小女巫。15世纪初,在法国国王查理六世(Charles Ⅵ)治下,不到五十年的光景,一场大规模的传染病便蔓延开来了。不论是谁,只要认为自己拥有任何秘诀或者秘方,只要自视为先知,只要做梦且在梦中游历过,就会自称为撒旦的宠儿。每一名耽于幻想的女子,都得到了女巫这个可怕的称呼！

这是一个危险却又有益的称呼，是那些一会儿侮辱、一会儿哀求她那种未知力量的人带着恨意加之于她的。尽管如此，她还是欣然接受了这个称呼；不仅如此，她还会经常要求获得这种称呼。她会转过身来，对着尾随她的那些孩童，对挥舞着拳头进行威胁且把这个称呼像石块一样砸向她的那些女人，骄傲地说道："是的，您说得真对！"

这种行业的情况有所改善，而男人也开始掺和进来。于是，巫术又一次出现了堕落。至少，女巫身上仍然保留着女预言家西比尔的一些特点。其他那些肮脏的江湖骗子、那些滑稽的杂耍演员、捕杀鼹鼠者和捕鼠人，则会向动物施咒，出售他们其实没有的秘方；他们都用一种沉闷的乌烟瘴气、恐惧与愚行玷污了这个时期。撒旦变得无比巨大，数量无穷无尽地倍增开来。然而，对魔鬼而言，其实这是一种可怜的胜利。他变得迟钝呆滞，忧心忡忡。可人们还是源源不断地朝他涌去，一心只想奉他为上帝。在他自己看来，却只有自己才是不真实的。

*　*　*

我认为，尽管15世纪有两三种伟大的发现，但这一时期仍是一个疲惫不堪、几乎没有出现什么思想的世纪。

这个世纪非常相宜地以"皇家圣丹尼斯安息日"（Sabbath Royal of St. Denis）为开端，即查理六世在"圣丹尼斯"大修道院举办的那次狂热而可悲的舞会，目的是纪念迪盖克兰[①]的下葬，其实

[①] 迪盖克兰（Du Guesclin，约1320—1380年），法国布列塔尼的骑士，也是英法百年战争中的一位重要将领，绰号"布列塔尼之鹰"（The Eagle of Brittany）或者"布洛西兰德的黑狗"（The Black Dog of Brocéliande）。

此人多年之前就已入土为安了。这一次，所多玛在坟墓之间骄奢淫逸地沉溺了三天三夜。那位愚蠢的国王此时还没有变成一个彻底的白痴，他强迫自己的王室先祖参加这场舞会，让先祖们的枯骨也在坟墓里翩翩起舞。不管愿不愿意，死神都变成了一个中间人，给这场纵欲狂欢带来了强大的刺激。接下来，一个流行不洁时尚的时代开始了；贵妇们都戴着魔鬼的那种有角软帽，让自己显得更加高挑，都打扮得像是怀了身孕似的，并且以此为荣。① 这种时尚，她们接下来坚持了四十年。至于年轻人，他们都不甘丢脸地落在后面，因此索性开始展示裸体的魅力，盖过了贵妇们的风头。女人都佩着角状头饰，将撒旦顶在自己的额头上；而从单身汉以及男侍脚上那种逐渐变细的蝎子状鞋尖上，也能看出撒旦的模样来。在动物的面具之下，他们代表着兽性当中最粗俗的一面。那个臭名昭著、绑架儿童的雷茨，就是在这里首次逃脱了对其恶行的惩罚。那些了不起的封建贵妇，都是些放荡无度的耶洗别②，她们比男人更无羞耻之心，不屑于做任何伪装，脸上没有任何遮挡就招摇过市。在他们那种肉欲的狂欢中，在他们那种疯狂的放荡游行中，国王和所有人可能都看得见，那个无底的深渊正在张开大口，吞噬每个人的生命、感情、身体和灵魂。

从这种行径当中，出现了阿金库尔战役之败，出现了一代可怜而软弱的贵族；在他们的微缩画像里，看到他们可怜的四肢消瘦无比，您会浑身打颤的，而这一点，从他们身上穿的那种紧巴的衣服

---

① 即便描述的是一个非常神秘的主题，(据布鲁日的约翰[John of Bruges]所称,)像凡·艾克(Van Eyck)所著《羔羊》(Lamb)这样的天才作品中，所有的圣母马利亚似乎都是怀了孕的。这种现象，不过是15世纪时的一种古雅风尚罢了。——作者注
② 耶洗别(Jezebel)，《圣经》中的人物，以色列国王亚哈(Ahab)之妻。据说她鼓励异教崇拜，并且企图毁灭以色列的先知，故后来成了"恶毒的女人""放荡无耻的女人"的代名词。

就看得出来。①

* * *

很值得同情的就是女巫；当那位了不起的贵妇从王室盛宴上回家之后，女巫就成了贵妇的知心顾问，成了负责完成不可能之事的灵媒。

事实上，在自家的城堡里，贵妇就算不是全然孤身一人，也是差不多如此地待在一群单身汉当中。据浪漫故事来判断，您可能会以为，她喜欢身边围着一群漂亮的姑娘。可历史和常识却告诉我们，当时的情况完全不是这样。埃莉诺不会傻到让自己去跟罗莎蒙德②一较高下。由于各自都放荡不羁，因此那些王后与贵妇可能都怀有严重得令人可怕的嫉妒之心；据亨利·马丁（Henry Martin）称，有位贵妇曾经指使丈夫手下的士兵，粗暴地杀害了丈夫倾慕的一位姑娘，由此就证明了这一点。我们重申一下，贵妇的爱情之所以会勃发出那种巨大力量，是因为她孤单一人。不管年纪多大、相貌如何，她都会变成所有人的梦中情人。女巫带着恶意，以让贵妇滥用自己的那种女神之质、诱惑贵妇去玩弄那些她瞧不起和当成笨蛋的男子为乐。她会极尽胆大包天之能事，甚至把那些男子当成野兽去对待。看看他们都被她变成了什么！他们四肢着地，就像一只只谄媚讨好的猴子、荒唐可笑的熊、下流无耻的狗，或者渴望追着满脸轻蔑的喀耳刻到处跑的蠢猪。

看到他们这个样子，贵妇会不会心生怜悯呢？不会，但她会对

---

① 这个精疲力竭、虚弱无力的民族日渐软弱，破坏了描绘勃艮第宫廷（Court of Burgundy）、贝里公国（Duke of Berry）等的微缩画的壮丽辉煌之效果。再聪明的手法，也无法将如此可悲的题材变成一件件高超的艺术作品。——作者注

② 罗莎蒙德（Rosamond），她是阿基坦的埃莉诺的第二任丈夫亨利二世的情妇。

这种情况越来越感到厌烦，因此会用脚去踢那些正在地上爬着的动物。这样做并不纯洁，但还没有到令人发指的地步。听到她的抱怨之后，女巫又给她找到了一个荒唐的办法。既然其他这些人都一文不值，那么贵妇就必须拥有某种更加一文不值的东西，也就是说，拥有一个小情人。这种建议完全配得上女巫的身份。应当在一些天真的、仍然处在孩童时期、睡得纯洁香甜的年轻人身上，提早点燃他们的爱情之火！于是，您便会看到了丑陋的、关于可怜的"桑特雷的约翰"这个所谓小天使典范的邪恶故事，以及这个"腐朽时代"（Age of Decay）中其他一些卑鄙傀儡的故事。

透过那些迂腐的粉饰和感伤的道德说教，我们就会清楚地看到隐藏在表面之下的那种卑鄙的残忍。果实被扼杀在蓓蕾之中。从某种意义来看，这就是人们经常归咎于女巫的所谓"残食儿童"的现象。不知道是用什么方法，女巫竟然会吸干孩童们的生命。如果极其温柔和像慈母一般地抚爱一个人的那位贵妇只是一个吸血鬼，会吸干弱者的鲜血，又将如何呢？这些暴行的结局，我们从故事本身就可以总结出来。桑特雷会变成一位完美的骑士，可他会极其脆弱和软弱，以至于一个农民出身的愚蠢神父也胆敢跟他作对，而贵妇经过深思熟虑之后，则在农民神父身上看到了最适合于她的那种东西。

* * *

这些无聊时的突发奇想加剧了人们的放纵，加剧了一颗空虚心灵的那种狂暴。整天与一群野兽为伍，喀耳刻会变得极其疲惫和苦恼，以至于宁愿自己也变成一头野兽。她会想象自己变得野蛮起来，然后把自己锁上。她会在自己的那座塔楼之上，恶狠狠地看向那座阴暗的森林。她幻想着自己是一名囚徒，像一头被铁链紧锁的恶狼那样狂暴。"叫那个老太婆马上就过来,我需要她。快跑!"两分钟之后,她又会说:"什么!她还没有来?"

老太婆终于来了。"听着:我有一种强烈的愿望,要掐死你、淹死你,或者把你交给早已索要过你的主教;你知道,我的这种愿望是不可遏制的。你只有一种办法可以留得性命,那就是满足我的另一个愿望,把我变成一匹狼。我觉得无聊透顶,厌烦了哪里都不能去。我想在森林里自由自在地奔跑,至少晚上要能这样。我想摆脱那些愚蠢的仆人,摆脱那些吵吵闹闹、让我头晕的狗,摆脱那些只会踢人、在一丛灌木面前都不敢举步的马儿。"

"可是,如果您被人抓住了,我的夫人——"

"傲慢的女人!那么,你宁愿去死?"

"您起码听过那头母狼的故事吧,它的爪子被人砍掉了。[①] 可是,噢,要是那样的话,我该有多对不起您啊。"

"那是我的事情。我不会再听你啰嗦了,我得赶快,我已经开始嗥叫了。在皎洁的月光之下独自狩猎,该有多么幸福啊:紧紧咬住一头雌鹿,要是有人靠近的话,那就咬住那个人,袭击那些脆弱的孩子,尤其是要用牙齿深深地咬住那些女人;对,咬那些女人,

---

[①] 在那些有如囚徒般不离城堡一步的贵妇当中,这种可怕的幻想并不罕见。她们都渴望着获得自由,获得野蛮的自由。波克曾经提到这样一个故事:在奥弗涅(Auvergne)的山区,有天晚上,一位猎人拔出剑来向一头母狼刺去,却没有刺中,只削下了母狼的一只爪子。母狼一瘸一拐地逃走了。猎人便来到附近一座城堡,想在城堡里借宿一晚,并且受到了城堡主人的招待。城堡里的那位贵族一看到他,便询问他有没打着猎物。回答的时候,猎人从口袋里掏出了母狼的那只爪子;可让他惊讶不已的是,他发现那不是狼爪,而是一只人手,其中一个指头上还戴着一枚戒指,而堡主则认出,那枚戒指竟然是他妻子的!堡主马上去找自己的妻子,发现妻子受了伤,把前臂藏着不让他看。他把猎人带来的那只手掌拿出来,正好合在妻子那只没了手掌的前臂上,妻子则承认她就是那头母狼,她化成母狼的样子,袭击了那位猎人,后来却在搏斗中丢了一只爪子,只是侥幸逃得了性命。丈夫残忍地把她送去受审,最后她被烧死了。——作者注

因为我恨所有的女人,当然不是像你的那种女人。不要惊讶,我不会咬你的,因为你不合我的口味,而且你身上也没有血!我渴望的是血,是鲜血!"

女巫没法再拒绝了。"没有什么比这更容易的啦,夫人。今晚九点钟的时候,您喝下这个吧。将您自己锁在房里,然后变成一匹狼;他们以为您留在房间里的时候,您就可以到森林里去搜索寻猎了。"

这事就搞定了;第二天早上,贵妇发现自己累得要命,情绪沮丧。一个晚上,她肯定走了差不多三十里格的路。她一直都在狩猎、屠戮,直到身上沾满鲜血。不过,或许身上也沾有她在荆棘中扎伤自己之后流出来的血。

对于创造了这一奇迹的女巫而言,这既是一次了不起的胜利,也是一种危险。然而,从下令促成这一奇迹的贵妇脸上,她却只看到了阴郁沮丧。"巫婆,你拥有的是一种可怕的力量,我永远也想不到。不过,现在我对你是既担心又害怕。的确,他们有充分的理由憎恶你。你被烧死的那一天,会是令人高兴的一天。我只要乐意,就可以毁了你。我只要透露出昨晚之事的一句话,手下的农奴今晚就会磨快镰刀,砍死你。滚出去,你这个面容邪恶、可憎的老巫婆!"

* * *

数量庞大的乡民都是她的主顾,也让她开始了一些奇怪的冒险之旅。在除了城堡可以救她,使她不致落入神父之手和免受火刑之外就别无他法的时候,她又有什么理由能够拒绝那些可怕保护者提出的要求呢?若是那位贵族从十字军东征中返回之后,一心想要模仿突厥人的做法,派人找到她,命令她偷一些孩童来,她又能怎么办？像有时从希腊掳掠两千男侍去充实突厥后宫这样的大规模袭击，基督教徒决计不会不知道；从10世纪起，英国的贵族就知晓这种做法，而罗德岛与马耳他的骑士到了后来，也知道了这种情况。臭名昭著的吉尔·德·雷茨是唯一受到了审判的人，而此人之所以受到惩处，并不是因为他的小农奴都是抢来的（这种罪行在当时并不罕见），而是因为他把农奴都献祭给了撒旦。真正实施了偷抢且多半对她们未来的命运一无所知的女巫，发现自己处在两种危险之间：一面是农民的叉子和镰刀，另一面就是在城堡内若是不听命令，就有各种各样的酷刑等待着她。雷茨是个可怕的意大利人，就算将她放进臼子里捣死，也会满不在乎的。①

在各个方面，危险与好处都是并存的。再也没有哪种处境，会比女巫的这种处境更加可怕而堕落了。女巫们自己并不否认民众归咎于她们身上的此种荒谬力量。她们信誓旦旦地称，只要在一个玩偶身上扎扎针，她们想要谁死，就可以在那个人的周身施咒，让那个人日渐消瘦，直至死去。她们还宣称，利用狗从绞刑架下叼出来的曼陀罗草，她们能够让一个人神志不清，让男人变成野兽，让女人变得愚蠢和疯狂；狗啃食了那种曼陀罗草之后都会死掉，毫无例外。更可怕的，就是曼陀罗导致的狂躁暴烈，会让人不停地跳舞，直到累死，其间还会做出无数毫无体面可言的滑稽之举，可他们自己却毫不知情，事后也完全记不起来。②

---

① 参见本人的《法国史》，以及令人惋惜的阿尔芒·卡罗（Armand Guérand）在《吉尔·德·雷茨传》（*Notice sur Gilles de Rais*，南特，1855年）中更加博学而细致的描述。从中我们发现，那种可怕的儿童藏尸所的承办者，绝大多数都是男人。——作者注
② 参见普歇的《茄科植物》与《植物大全》。奈斯滕所著《医学词典》（*Dictionary of Medicine*）中的"曼陀罗"（Datura）一条。当时的强盗经常利用这些药物。据说强盗们想抢艾克斯（Aix）一位屠夫夫妇的钱，便让他们喝了一些这样的药水，后者就变得疯疯癫癫，裸着身子在一座墓地上跳了一夜的舞。——作者注

＊　＊　＊

于是,人们开始对女巫产生出一种无比的憎恶之情,其中也夹杂着一种极端的恐惧。撰写了《女巫之锤》(Hammer for Witches)一书的斯普伦格曾经恐惧地描述说,在一个下雪的冬季,所有道路都无法通行的时候,他曾看到一群可怜的人,满脸惊恐之色,被太过真实的邪恶符咒所迷惑,挤满了通往德国一个小镇的所有道路。他称:"以前您绝对看不到如此众多的朝圣者,去朝拜圣母马利亚或者前往荒野女神那里去朝拜。这些人全都在泥泞当中高一脚低一脚、踉踉跄跄、跌跌撞撞,往女巫那里去,求祷魔鬼赐福于他们。看到如此之多的信徒都匍匐在她的脚下,那个老巫婆心中该有多么自豪和激动啊!"①

---

① 女巫以让贵族和贵妇经受最残酷的爱情考验为乐。我们都知道,王后和贵妇们有时会以最令人生畏的方式掌控宫廷,要求她们最喜欢的人提供最令人不快的服务(在意大利,甚至上个世纪还是如此)。对于家庭中那些残暴无良的人,即情人、神父和智力低下的侍童而言,根本不会有什么事情会太过卑鄙和太过令人厌恶,因为他们都愚蠢地以为,春药的力量会随着其肮脏程度而增加。假如贵妇既不年轻、不漂亮,也不聪明的话,这种情况就足够可悲了。但还有一个令人震惊的事实,又该如何看待呢?一个既非贵妇,不年轻,也不漂亮,而是穷困潦倒,或许还是一名农奴,身上只穿着肮脏和破旧衣物的女巫,却依然能够凭借其恶意、凭借其汹涌的淫邪那种奇怪的力量、凭借某种迷人而阴险的符咒,让那些最一本正经的人晕头转向,使之堕落到如此卑贱的程度。莱茵河边一座修道院里的一些修士,曾经悲伤地向斯普伦格承认说,他们看到过三兄弟被轮流施了巫术,第四个则被一名女子所杀,而那名女子竟然还胆大包天地声称:"是我干的,我还会这样干,他们逃不过我的手掌,因为他们已经吃了。"等等;那座修道院与德国其他的许多修道院一样,只有家族历史达四百年之久的贵族,才能获准进去。(斯普伦格,《女巫之锤,审问》[Malleus maleficarum, quæstio],第二卷,第 84 页)"最糟糕的就是,"斯普伦格称,"我们没有办法去惩罚或者审问她:**因此她仍然活着**。"

第二章

女巫之锤

女巫们几乎不怎么掩盖她们的那些把戏。相反,她们还会以此来夸口;事实上,斯普伦格就是从她们的口中,搜集到了他撰写的那部手册中的大部分故事。那是一部学究气十足的作品,其中指出了圣托马斯·阿奎那的信徒所使用的那些荒谬的甄别和细分方法。但它也是一部真诚而坦率的作品,由一个被上帝和魔鬼之间此种可怕的决斗彻底吓坏了的人所写就;在这种决斗中,上帝通常都会允许魔鬼获胜,而斯普伦格能够看到的唯一补救之道,就是手持火把去追击魔鬼,并且迅速地把魔鬼选定为自身寄居之地的那些肉体全都烧死。

斯普伦格的唯一贡献,就在于他撰写了一部完整的书这个事实;此书让一个强大的体系和一种完整的文学达到了巅峰状态。继告解神父用于审讯罪孽的手册、历史悠久的《忏悔手册》(*Penitentiaries*)之后,又出现了审判异端这种最大罪孽的《指南》(*Directories*)。可对于所有异端中最邪恶的巫术来说,人们却规定了特殊的手册或指南,合称"女巫之锤"(Hammers for

Witches）。这些手册在多明我会信徒的热心之下得到了不断完善，并且在斯普伦格的《女巫之锤》一书中臻于完美；他本人在德意志行使伟大使命期间，就是用此书作为指导的，而在此后的一百年中，此书也成了指引宗教裁判法庭审理巫术案的一种指南与明灯。

究竟是什么原因导致斯普伦格去研究这些东西呢？他告诉我们说，身处罗马的时候，他在修道士招待一些朝圣者的餐堂里，见到了两位来自波希米亚①的朝圣者；其中一位是个年轻的神父，另一位则是此人的父亲。父亲叹了一口气，祈祷旅途顺利。因为被一种亲切的情感所触动，斯普伦格便问，他为何如此悲伤。那位父亲回答说，是因为他的儿子被魔鬼附体了，他才付出巨大的代价，不计辛劳地带着儿子来到圣徒们的墓地，来到了罗马。

"您的这个儿子在哪里呢？"一个修道士问道。

"就在您的身边。"

"一听到这个回答，我就吓了一跳，往后缩了缩。我看了一眼那名年轻神父的模样，看到他吃饭的样子那么谦逊、回答问题时语气也那么彬彬有礼，不由得大感惊讶。他告诉我，说他是用一种稍微尖刻的态度对一位老妇人说话的时候，被那个老妇人下了符咒，而那个符咒又下在一棵树下。什么树呢？那个巫婆却始终不肯说。"

斯普伦格满怀仁慈之心，带着这个被符咒附了体的年轻人到过一座又一座教堂，从一处遗迹到另一处遗迹。在每个驻足之地，他们都会举行一场驱魔仪式，随之而来的就是那个年轻神父狂暴的呼喊、扭曲的面容、含混不清地说着各种语言，并且不停地蹦跳；

---

① 波西米亚（Bohemia），拉丁语和日耳曼语里对中欧捷克地区的称呼，广义上也常指代包括摩拉维亚和西里西亚在内的整个捷克地区。

所有这一切,就发生在人们的面前;众人跟着他们两人,心中充满了钦佩,却又浑身发抖。德意志各地魔鬼众多,但在意大利人中间却较为罕见。好多天里,罗马全城的人都在谈论这件事情。此事引发的喧嚣骚动,无疑让多明我会修士引起了民众的注意。斯普伦格研究和搜集了所有的"锤骨"(*Mallei*)以及其他的手稿手册,从而变成了对抗恶魔过程中的一流权威。他的《女巫之锤》一书,极有可能就是在这次冒险之旅和他在1484年被教皇英诺森八世①委以重任之间的那二十年里撰写出来的。

* * *

德意志的那项使命,尤其需要一个聪明的人;这项任务需要一个聪明能干的人,可以战胜诚实的德国人对他要引入的这种黑暗制度的反感之情。在欧洲的"低地国家"②,罗马帝国的势力受到了粗暴的遏制,导致宗教裁判所在那些国家盛行起来,结果,法国就不再容许宗教裁判所了:只有图卢兹这个古老的阿比尔教派③地区,容忍了宗教裁判所的存在。公元1460年前后,罗马的一名感化员④被任命为阿拉斯⑤的教长,此人想要对"雄辩堂"(*Chamber of Rhetoric*)发动一次令人生畏的打击;后者是一些开始干涉到宗教问题的文学俱乐部。他把这些雄辩家中的一个当成

---

① 英诺森八世(Innocent Ⅷ,1432—1492年),原名乔瓦尼·巴蒂斯塔·西博(Giovanni Battista Cybo),意大利籍基督教教皇,1484—1492年在位。
② 低地国家(Low Countries),指欧洲的荷兰、比利时、卢森堡等海拔较低的国家。
③ 阿比尔教派(Albigenses),基督教"清洁派"的一支,亦称亚勒比根斯派,于12世纪中叶出现,主要盛行于法国西南部地区。1209年教皇英诺森三世曾派十字军去消灭这一教派,屠杀了两万多人。
④ 负责赦免忏悔者的官员。——英译者注
⑤ 阿拉斯(Arras),法国北部加来海峡省的首府。

巫师处以了火刑,同时烧死了一些富有的市民,其中甚至还包括了几位骑士。贵族们都对这种几近对付他们的做法感到愤怒,民众的抗议之声也越来越强烈。人们纷纷诅咒和唾弃宗教裁判所,法国尤其如此。巴黎最高法院几乎完全对宗教裁判所关上了大门;如此一来,由于行事不智,罗马教廷便丧失了在欧洲北方各国确立起恐怖统治的机会。

公元1484年前后,这一时机似乎选择得较为合适。宗教裁判所在西班牙已经发展到了如此可怕的地步,其地位甚至凌驾于国王之上,因此它俨然已经成了一个所向披靡的机构,能够凭一己之力前进,能够做到无处不在,并且掌控一切。诚然,在德意志,宗教裁判所受到了宗教贵族们带有嫉妒之敌意的妨碍;后者拥有自己的法庭,自行组织宗教裁判,所以绝对不会同意由罗马教廷来指手画脚。不过,这些贵族对当时让他们极感不安的那些民众运动所持的立场,很快就让他们变得较易掌控了。整个莱茵河沿岸、整个斯瓦比亚地区(Swabia),甚至是东部直到萨尔斯堡(Salzburg)的地区,全国似乎都遭到了破坏。该国的农民,似乎每时每刻都会爆发出新的起义。似乎有一座巨大的地下火山、一个看不见的火焰之湖呈现了出来,从一地蔓延到另一地,不断地喷出熊熊的火苗。比德意志这种形势更加可怕的是,外来的宗教裁判所也在一个最合适的时机登台了,目的就是让恐怖氛围向全国蔓延,粉碎民众的反叛精神,并且就像对付今天的巫师一样,把明天可能成为起义者的那些人烧死。这是一种漂亮的衍生手段,是一种用于镇压人民的、出色的流行武器。这一次,就像公元1349年的情况一样,暴风骤雨转到了巫师的头上;而在其他的许多场合下,这种暴风雨针对的一直都是犹太人。

只需有合适的人选就行了。的确,率先在门茨(Mentz)和科隆（Cologne）那些满怀嫉妒之心的法庭面前，在斯特拉斯堡（Strazburg）或法兰克福（Frankfort）的暴民面前设立自己那个审判席的人，必定是一个有聪明机智的人。此人需要具有无比的个人才智，才能进行弥补，才能让人们部分地忘掉他那种可恶的使命。罗马教廷一向也以慧眼识才、能够为其事业挑选最合适的人选而自豪。罗马教廷不太关注问题，却很关注人，因而相当正确地判断出，宗教事务能否获得成功取决于罗马教廷安排在国外的那几位代表的特殊性格。斯普伦格是不是那个合适的人选呢？此人本来就是德意志人，是一位多明我会修士，此前一直通过多明我会的所有修道院和经院获得了这个可怕修道会的支持。那里需要的是一位杰出的经院传人、一个善于辩论的人、一个精于《最高希望》（*Sum*）①的人，需要牢牢地以他崇拜的圣托马斯为根基，并且能够随时引用经文。这些条件，斯普伦格无疑全都符合；其中的绝妙之处，就在于他还是一个傻瓜。

＊　＊　＊

"人们常说，'魔鬼'（diabolus）这个词，衍生自'二'（*dia*）和'丸或球'（*bolus*）两词，因为魔鬼会吞噬灵魂和肉体，所以魔鬼只需制成一颗药丸，就会一口吞下二者。不过，"他继续带着斯加纳内尔②那样的严肃口吻说道，"在希腊语源学里，'魔鬼'一词指的是'关在为奴者之家里'，或者更准确地说，是指'向下流去'（恶魔？），也就是'落下'的意思，因为魔鬼是从天堂堕落下去的。"

---

① 中世纪一部论述神学的经书。——英译者注
② 斯加纳内尔（Sganarelle），莫里哀同名单幕喜剧中的主人公，且这个角色曾一直由莫里哀本人饰演。故事围绕一连串的误会与争吵，在斯加纳内尔及其妻子、一对年轻的恋人之间展开。

第二章　女巫之锤　　173

"巫术"（maléfice）一词，又是从何而来的呢？源自"行恶"（maleficiendo）这个词，它的意思就是"亵渎真理"（male de fide sentiendo）①。这可是一种古怪的语源学，但它会带来很大的影响。一旦发现巫术与邪恶之说具有相似之处，每个巫师便都成了异教徒，而每一个怀疑论者也都成了巫师。所有怀有错误想法的人，都有可能被当成巫师烧死。这种事情，已经在阿拉斯做到了；他们却还希望，一点一点地在其他任何地方都确立起这种相同的统治。

斯普伦格一度无疑具有的那种优点，就在这里。他虽然是个傻瓜，但同时也是一个无所畏惧的傻瓜，他大胆地提出了最不受人待见的一些观点。其他人可能会竭力回避、辩解和减少可能招致的反对意见。然而，斯普伦格可不是这样。从第一页开始，他便一个接一个，直直白白地提出了不要相信撒旦那些奇迹的各种自然而明显的理由。除了这些，他还冷冷地补充说："它们不过是众多异端之误解罢了。"而且，他并没有停下来驳斥那些理由，而是把他在《圣经》、圣托马斯的作品、传奇故事、圣典学者的著作以及经院哲学家的著作中那些相反的文段通通抄了出来。他是先让人看到正确的阐释，然后再凭借权威，把问题细细地分析透彻。

然后，他就满意地坐下来，像一位征服者那样平静，似乎在说："好了，现在您还有何话可说？您还敢再去运用您的理性吗？那就去怀疑好了；比如说，质疑魔鬼喜欢插足夫妻之间，尽管教会和所有的圣典学者都一再承认，这是夫妻离婚的一大原因！"

说实话，这个问题是无法回答的；任何人连低声回答也做不到。由于斯普伦格在其宗教审判手册中一开头就宣称，最轻微的质疑也

---

① 意思是"蔑视信仰"。——英译者注

是异端,因此宗教审判员也会相应地受到约束;宗教审判员觉得自己不能犯错,因为如果不幸受到一种质疑冲动的诱惑或者人性的诱惑,那么他一开始就必须审判自己,将自己的身体付之一炬才行。

* * *

同样的方法在各地盛行:首先是提出合乎情理的意义,然后毫无保留地公开面对它,否定一切美好的感觉。例如,有人可能会忍不住说,由于爱存在于灵魂当中,因此没有必要用魔鬼的神秘作用对其做出解释。这种说法无疑有点儿似是而非,不是吗?

"绝对不是。"斯普伦格说。

"我会说明其中的差异。伐木者不会导致木头燃烧;他只是间接地导致了这种结果。伐木工就是爱,看一看雅典法官丹尼斯①、奥利金②和大马士革的约翰③就明白了。因此,爱只是爱的间接原因。"

您瞧,他研究的是什么东西!没有哪个差劲的学派,可以培养出这样一个人。只有巴黎、卢万(Louvain)或者科隆这样的地方,才有适合塑造人类大脑的机制。巴黎学派的实力非常强大;要论伪拉丁文这个方面,谁又比得上《巨人传》的约诺图斯(Janotus of Gargantua)④呢?不过,科隆这个荣耀的黑暗女王却更加强大,胡

---

① 雅典法官丹尼斯(Denis the Areopagite),传说中公元3世纪的一位基督教殉道者和圣徒,曾担任过巴黎主教,因此有时也称为"巴黎的圣丹尼斯"(St. Denis of Paris)。
② 奥利金(Origen,约184—约253年),埃及亚历山大的基督教学者和神学家,是早期基督教神学中最有影响力的人物之一。
③ 大马士革的约翰(John of Damascus,约675—749年),叙利亚修道士和神父,在法律、神学、哲学和音乐等领域都有造诣,是东正教的创始人之一。
④ 拉伯雷(Rabelais)作品中的一个人物角色。"Date nobis clochas nostras."(请把钟还给我们吧。),见于《巨人传》(Gargantua),第十九章。——英译者注

滕①就是在这里归纳出了他的"愚昧"(Obscuri viri)类型,说明了那个由蒙昧主义者与不学无术者组成,却繁荣昌盛的民族。

这位身材魁梧的逻辑学家,说话时滔滔不绝,却言之无物,既是理性的死敌,也是自然的死敌;他坐在自己的位子上,自豪地倚仗着自己的著作与袍服,倚仗着自己的污垢与尘埃。他的审判桌上,一边是《最高希望》,另一边则是《指南》。他绝不会超越这两个方面,而对于其他的一切,他只是一笑置之。像他这样的人身上,没有什么令人印象深刻的特点;他并不是那种会在占星术或炼金术方面说出胡话的人,这种胡话虽然不那么愚蠢,别人却有可能因此而受到引导,去进行实实在在的观察。尽管如此,斯普伦格仍是一个自由思想家,因为他对那些古老的信条持怀疑态度!大阿尔伯特可能会断言,某位圣人在泉水中足以掀起一场暴风雨,可对于这种说法,斯普伦格却只会摇摇头。的确是圣人!还是请您去对别人说那种话吧。尽管本人阅历不多,但我在这里看到了那个狡猾的"空中之王"的诡计,他会把我们引入歧途;可他的运气会不佳,因为他必须对付一个比他自己更加狡猾的神学家。

我真想亲眼看一看这位宗教审判官的出色典范,以及被带到他面前的那些人。上帝可以从两个不同的世界撮合到一起的人,彼此之间的不同程度、陌生程度以及完全缺乏共同语言的程度,都没有他们之间那么巨大。那个老妖婆,衣衫褴褛、骨瘦如柴,一只眼睛里闪烁出邪恶的光芒,是一个在地狱之火里炙烤过三回的人;还有隐居在"黑森林"②或者上阿尔卑斯荒原上那个面目可憎的牧

---

① 乌里希·冯·胡滕(Ulrich von Hutten),此人是路德的朋友,也是风趣诙谐之作《鄙人书翰》(Epistolæ obscurorum virorum)一书的作者。——英译者注
② 黑森林(Black Forest),德国西南部的山林地区,由于森林密布、气氛神秘阴森而得名。亦称"条顿森林"。

羊人：这些人就是被带到一位小经院学者那种呆滞的目光之下，并且由一位经院学者来进行审判的野蛮人。

他们可不会让此人在审判席上劳碌过度。他们会和盘托出，以免受到酷刑折磨。酷刑的确即将出现，但要到以后，通过法律程序加以补充和完善后才会出现。他们会遵照命令，解释并说出自己干过的所有行径。魔鬼是女巫的同伙，是牧羊人的密友。女巫会得意扬扬地微笑着，从周围之人的恐惧中感受到明显的快乐。

的确，那个老太婆极其疯狂，牧羊人同样如此。他们愚蠢吗？一点也不愚蠢，反而极其聪明。他们举止文雅、狡猾敏感，擅长种植草药和洞悉一切。他们还更加清楚地看到，那只不朽之驴的硕大双耳，让这位神学家的帽子相形见绌。而最清楚不过的，就是此人对他们怀有的那种惧怕心理，因为他试图勇敢地承受此种惧怕，却徒劳无用；他束手无策，只会浑身颤抖。他会亲口承认说，假如对恶魔发号施令的神父不小心，魔鬼就会改变其藏身之所，最终会转到神父本人身上，还会因为自己藏身于一具献给了上帝的躯体之内而备感得意。谁又知道，女巫和牧羊人这样简单的魔鬼，会不会想要栖身于一位宗教法官的身上呢？当他用最响亮的声音对那老太婆说话的时候，他的内心可完全谈不上轻松："如果你的主人那么强大，为什么我感受不到他的打击呢？"

"其实，我极其强烈地感受到了打击，"这个可怜的家伙在书中如此写道。"我在雷根斯堡（Ratisbon）的时候，魔鬼经常会来敲击我的窗户玻璃！他经常会把针扎到我的帽子里！我在狗、猴子身上，也看到过许多的幻象。"以及诸如此类的话。

* * *

据那位看似年迈的巫婆称，魔鬼这位了不起的逻辑学家最最高兴的事情,就是用令人尴尬的辩论、狡猾的问题来难倒这位神学家;后者只有像把水搅混、让清水黑如墨汁的乌贼来逃得性命一样,才能摆脱这些争论和问题。例如:"魔鬼的所作所为并未超越上帝允许的范围;那么,为什么要惩罚魔鬼所用的工具呢?"或者再问:"我们并不自由。比如在约伯①那种情况下,上帝是允许魔鬼引诱和困扰我们,用打击来逼迫我们的。那么,我们又该不该惩罚一个不自由的人呢?"斯普伦格回避了这个问题,说:"我们都是自由的人。"这个方面,有许多的经文。"尔等之为奴,全因与那魔鬼立了约。"其实,这个问题是很好回答的:"如果上帝允许魔鬼来引诱我们,让我们与之订约,那么上帝就会让这种契约可能实现。"等等。

"我很善良,"他说,"能够倾听那些人的辩解。与魔鬼争论的人,纯属傻瓜。"其他一些人也都这样说。他们都为审判取得进展而欢呼:所有的人都深受感动,并且喃喃地表达出他们渴望行刑的心态。他们已经看到太多的人被处以了绞刑。至于巫师与女巫,看到这两种人被捆上柴垛,在火焰中而劈啪作响地燃烧,将是一种奇妙的享受。

宗教法官有民众的支持,因此他并不觉得尴尬。据他的《指南》称,有三位证人就足以定罪。三位证人容不容易找到,尤其是为一种谎言作证的证人,又容不容易找到呢?在所有谗谤之风横行的城镇里,在每一个嫉妒之风盛行、邻里之间相互憎恶的村庄里,到处都是证人。此外,《指南》也是一本过时的陈腐之作,已有百年的历史。在那个光明的 15 世纪,人们让一切都达到了完美。

---

① 约伯(Job),《圣经》中一个虔诚的信徒,其事迹见于《约伯记》。此人的名字在希伯来语中的意思就是"遭痛恨"或者"受逼迫"。

就算没有证人,有民意就足矣,有民众的强烈要求就足矣①。

这是一种真正的呐喊,源自恐惧;是受害者、被施了巫术的可怜之人发出的惨叫。斯普伦格因此而深有触动。可不要认为他是那种冷酷无情的经院学者和喜欢枯燥抽象的人。此人心地善良;也正是出于这个原因,他才准备去杀人。他有同情心,满怀慈爱。他对那个哭泣的女人深感怜悯;后者最近怀了孕,可腹中的孩子却被女巫用一个眼神就闷死了。他对那个穷人深感怜悯;因为后者的土地,被女巫用冰雹糟蹋了。他对那位丈夫也深感怜悯;后者不是巫师,却很清楚自己的妻子是一名女巫,于是用绳索套着妻子的脖子,把她带到斯普伦格面前,然后被斯普伦格判处了火刑。

有的时候,即便是宗教法官冷酷无情,从其手下逃得性命也是有可能的;可要想从我们这位可敬的斯普伦格手下,却无望做到这一点。他的仁慈之心太过强大,需要极其巧妙地加以操控,需要极大的聪明才智,才能在他的手下逃脱被烧死的命运。有一天,斯特拉斯堡有三位贵妇向他诉苦,说她们在同一天的同一个时间里,都被一只看不见的手打了一下。啊,确实如此!她们都乐意指控一名长相邪恶的男子,说此人给她们施了符咒。被人带到宗教法官的面前之后,那名男子用所有的圣人赌咒发誓,说他根本就不认识那三位贵妇,也从未见过她们。斯普伦格可不相信,也根本不为眼泪和誓言所动。对那三位贵妇的同情之心使得他无法改变,也让

---

① 福斯汀·赫利(Faustin Hélie)在他那部博学而精彩的《教规违犯规定》(*Traité de l'Instruction Criminelle*,第一卷,第 398 页)中,清晰地解释了教皇英诺森三世在公元 1200 年前后如何压制了迄今在任何一种检举中都需要的安全保障措施,尤其是让检举者因诽谤而受到惩罚的措施。取代这些保障措施的就是确立了那些令人沮丧的"告发与调查"(Denunciation and Inquisition)程序。索尔丹(Soldan)说明了后面这些方法所具有的可怕的轻率性。可以说,当时是血流成河。——作者注

第二章 女巫之锤

他对那名男子的否认感到愤慨。他已经从座位上站起身来。那人接受严刑拷打之后，就会承认自己的罪行，与最无辜的人经常遭受的一样。之后此人又会获准发言，说："我记得，确实，我在昨天所说的那个时间打过某个人；可打的是谁呢？不是基督徒，而是疯狂地跑来撕咬我的双腿的三只猫。"法官像一个精明得很的人那样，看清了此事的全部真相；那名可怜的男子是无辜的；那三位贵妇无疑是在一定的日子里变化成猫，而魔鬼则以派她们去撕咬基督徒的腿为乐，目的就是让后者被人们当成巫师消灭掉。

能力稍差的宗教法官决计想不到这一点。可这样的人并非总有。宗教裁判所的审判台上，向来随时都需要一种便利而优秀的傻瓜式指南，向头脑简单而又经验不足的法官揭露那个宿敌（Old Enemy）的诡计，指出迷惑宿敌的最佳办法，以及了不起的斯普伦格在莱茵河地区那场战役中运用且取得了如此可喜效果的那些更聪明、更巧妙的策略。为了达到这一目的，《女巫之锤》一书就应运而生了；由于要求人人都放在口袋里随身携带，因此它通常都是用小18开本印刷，而此种开本在当时还非常罕见。一位法官在观众面前费劲地打开一部对开本的指南，是不得体的举动。可他的这部傻瓜式指南，却可以轻而易举地用眼角的余光看到，或者藏在审判桌下翻看。

* * *

这部《女巫之锤》(*Malleus*，或拼作 Mallet)中，与同类的所有书籍一样，非同寻常地公开声称魔鬼正在占据上风；也就是说，上帝正在丧失优势，而人类被基督拯救之后，也正在变成魔鬼的猎物。魔鬼从一种传奇迈向另一种传奇，的确是显而易见的事情。

他在"福音书"那个时代①和但丁所处的时代之间,开辟了一条什么样的道路啊;在前一个时期,他能进入猪圈就谢天谢地了,可到了后一个时期,身为律师和神学家,魔鬼竟然会与圣徒辩论,为自己的事业进行辩护,通过一种近乎成功的三段论,将其正在争取的灵魂带走,并且会得意扬扬地笑着说:"你们不知道,我可是一位逻辑学家!"

在中世纪早期,魔鬼一直等待着,直到最终的痛苦攫住了灵魂并把它带走。公元1100年前后的圣希尔德加德②认为,"魔鬼无法进入活人的肉身,如若不然,魔鬼的肢体就会四分五裂;只是魔鬼的影子和烟雾会进入活人的肉身。"最后的一丝理智之光在12世纪会消失得无影无踪。到了13世纪,我们还会看到一个苦苦哀求的人;由于极其害怕被魔鬼活捉,故此人还会让两百名全副武装的人日夜不停地看守着他自己。

接下来,就出现了一个日益恐怖的时期;在此期间,人们越来越信不过自己,也更加信不过上帝的庇护了。恶魔不再是一个偷偷潜行的幽灵,不再是一名悄无声息地穿过黑暗的夜贼。魔鬼变成了一个无所畏惧的对手,变成了天堂里那只勇敢的猴子,竟然在光天化日之下,在上帝自己的阳光之下,模仿上帝的造物。告诉我们这一点的,是不是传奇故事呢? 不是的,是最了不起的一位神学家告诉我们的。"魔鬼,"大阿尔伯特曾称,"会改变所有的活物。"圣托马斯则更进了一步。"所有可以经由种子自然发生的变化,都

---

① "福音书"(Gospels)最开始指与基督教相关的信息,公元2世纪开始用于记录这些信息的书籍。"四福音书"包括《圣经·新约》的《马太福音》《马可福音》《路加福音》和《约翰福音》,大约成书于公元66—110年。
② 圣希尔德加德(Saint Hildegarde, 1098—1179年),中世纪德意志的本笃会女修道院院长、作家、作曲家、哲学家、基督教神秘主义者、幻想家和博学家,被后人认为是德国科学自然史的奠基人。

有可能被魔鬼沿袭。"承认这一点,多么令人震惊啊;它们竟然出自如此严肃的一个人物之口,除了让一个造物主与另一个造物主面对面,就没有别的意思了!"但在没有生殖过程的事物当中,"他又说道,"比如人类变化成野兽,或者死而复生,魔鬼就无能为力了。"这样一来,上帝就只剩下其作用中的一小部分了!上帝或许只能创造奇迹,这可是一种既反常又罕见的做法。但是,日常中的生命奇迹不再只属于上帝一个人:上帝的剽窃者即魔鬼,竟然与上帝共享了自然世界!

至于人类本身,由于眼力很弱,看不出源自上帝的自然与魔鬼创造出来的自然之间的差异,因此面对的就是一个一分为二的世界了!一切都笼罩在一种可怕的不确定性下。大自然的纯真一去不复返了。明净的春日、浅白的鲜花、小巧的鸟儿,它们究竟是上帝的造物,还是奸诈的赝品,抑或是为人类设下的陷阱呢?回去!万事万物看上去都很可疑!两种造物是较好的那一种,由于可疑地与另一种相似,故变得黯然失色,被后者战胜了。魔鬼的阴影笼罩着白昼,并且蔓延到了一切生命之上。从表象和人类的恐惧来看,魔鬼不再与上帝共享这个世界,而是将整个世界据为己有了。

斯普伦格所在的那个时代,情况就是如此。他的书中,弥漫着公开宣称上帝软弱的最悲哀之话语。"这些事情,"他说道,"都是在上帝的允许之下发生的。"允许一种错误的信仰变得如此彻底,任由人们相信上帝一无是处而魔鬼万能,并非只是一种允许而已;这种做法,相当于给无数的人下了诅咒,使得我们完全没法将他们从这样的错误中挽救出来。一切祈祷、一切忏悔、一切朝圣,全都没有任何用处;据说,连祭坛上的圣餐也没有用处。这是多么奇怪而令人难堪的说法啊!刚刚忏悔过的那些修女,嘴里还在诵着圣体的时候就会公然声称,即便是在那个时候,她们也感觉到地狱里的那位情人在毫无畏惧、毫无羞耻之心地骚扰着她们,折磨着她们,不愿放手。被人逼着回答更多问题的时候,她们还会哭泣着说,既然魔鬼有灵魂,那么魔鬼也会有肉身。

*　*　*

古时的摩尼教①和较现代的阿比尔教派都曾受到指控,说它们相信邪恶之力(Power of Evil),并且与邪恶之力并肩对抗善良之力,使得魔鬼与上帝平起平坐。然而,在这个方面,魔鬼其实不止是与上帝平等;因为如果上帝凭借其圣餐都依然没有力量行善,那么魔鬼当然会显得技高一筹。

对于当时那个世界呈现出来的奇异景象,我并不会感到惊讶。西班牙带着一种阴沉的狂怒,德国带着《女巫之锤》所证明的那种可怕而迂腐的暴怒,通过魔鬼决定栖身的那些可怜之人,对这个傲慢无礼的征服者发动了进攻。两国动用火刑,摧毁了被魔鬼占据的人。由于发现魔鬼对人类的灵魂来说太过强大,因此他们努力要将魔鬼赶出人们的身体。不过,这一切又有什么好处呢?烧死一个老太婆,魔鬼又会附到老太婆近处的人身上。不仅如此,还会附上更多的人;如果斯普伦格的描述可信的话,魔鬼有时还会附在驱魔神父身上,甚至会打败审判魔鬼的宗教法官。

除了其他的权宜之计,多明我会修士还建议说,人们可以通过不断地重复"万福马利亚"(Ave Maria)这句话,求助于圣母的代祷。可斯普伦格却始终断言,这种办法只是暂时的。您有可能在两次祷告的间隙,被魔鬼乘虚而入。由此,人们又发明了诵经念

---

① 摩尼教(Manichees),公元3世纪兴起于古巴比伦的一种世界性宗教,据称由波斯人摩尼(Mani)所创。

珠,即一串珠子;利用诵经念珠,当一个人心里正在考虑别的事情时,不管多少"万福马利亚"都可以喃喃地说出来。所有的人都接受了此种艺术的第一次尝试,而后来洛约拉①还想用这种艺术来统治世界;此人的《操练》(*Exercises*)一书,也为这种艺术打下了颇具独创性的基础。

* * *

这一切,似乎都与上一章所述的、巫术的没落情况相左。魔鬼如今广受欢迎,并且无所不在。魔鬼似乎已经变成了征服者;不过,魔鬼在这种胜利当中有没有什么收获呢?他在这种胜利当中又获得了哪些实质性的利益呢?

从即将带来光明的"文艺复兴"的一场科学革命所处的那个新阶段中,我们可以看到,魔鬼的收获很多。不过,要是从阴森的巫术精神(Spirit of Witchcraft)这种旧面貌之下来看的话,魔鬼则可以说是一无所获。16世纪描述魔鬼的故事,就算数量比以往更多,传播范围更加广泛,也很容易走向荒谬怪诞的极端。人们虽说怕得浑身发抖,可他们也会因此而哈哈大笑。②

---

① 洛约拉(Saint Ignatius of Loyola, 1491—1556年),西班牙天主教神父兼神学家,耶稣会(Society of Jesus)的联合创始人,著有《灵性操练》(*Spiritual Exercises*)一书(即后文中的《操练》),提出了一套简单的冥想、祷告及其他精神练习的方法。
② 参见本人的《路德回忆录》(*Memoirs of Luther*)一书中涉及吉尔克洛普斯(Kilcrops)等人的内容。——作者注

第三章

法国的百年宽容：反抗

教会将巫师的财产没收之后，就分给了宗教法官和告密者。不管什么地方，只要执行《教会法》(Canon Law)，对巫术的审判就层出不穷，从而给神职人员带来了巨大的财富。凡是世俗法庭宣称对这些审判具有管辖权的地方，这种审判则变得越来越少，并且最终消失了；起码，法国从公元1450年至1550年那一百年间的情况就是如此。

15世纪中叶，法国发出了第一道曙光。高等法院对圣女贞德(Joan of Arc)审判案的调查以及后来的平反，都让人们开始思考起灵魂的交流问题，而不管灵魂是善是恶，同时也开始思考教会法庭所犯的错误。被英国人和巴兹尔总会(Council of Basil)里那些最了不起的神学家定为女巫的贞德，在法国人眼中似乎却是一位圣徒兼女预言家。她的平反，宣布法国开始了一个宽容的时代。巴黎最高法院(Parliament of Paris)同样给所谓的"阿拉斯的韦尔多教派"(Waldenses of Arras)平反了。1489年，巴黎最高法院还像疯了一样，释放了一个被当成巫师而带到那里去受审的人。在查理八世（Charles Ⅷ）、路易十二（Louis Ⅻ）和弗朗索瓦一世（Francis Ⅰ）统治时期①，这样的人没有一个被定罪。

* * *

西班牙的情况恰好相反，该国在虔诚的伊莎贝拉（1506年）和红衣主教西曼乃斯治下，②却开始将女巫处以火刑。1515年，在当时处于一位主教治下的日内瓦，三个月之内竟然烧死了五百人。皇帝查理五世③在他制定的德国法律中徒劳地想要夺得管辖权，宣称："巫术由于会对财物和人员造成损害，故是一个民事问题，而非教会法律的问题。"他剥夺教会没收财产这一权利的措施无果而终，只有叛国罪案件除外。小贵族主教们都通过巫术审判大发横财，因此继续以一种惊人的速度实施火刑。实际上，在很短的一段时间里，班贝克这个极小的主教辖区里就烧死了六百人，而维尔茨堡主教辖区则烧死了九百人。巫术审判所用的方法极其简单。首先是对证人使用酷刑；通过令人痛苦和令人恐惧的手段，为起诉创造出证人；接下来，利用无微不至的亲切关怀，从被告口中套出某种公开声明，并且不顾业已证明的事实而采信那种声明。例如，有名女巫承认自己在墓地偷走了一名刚死不久的婴儿尸体，好用于配制那种具有巫术的混合物。女巫的丈夫要求法官们前往墓地一

---

① 此三位是法国瓦卢瓦王朝的国王。统治时期约从15世纪末至16世纪中期。
② 伊莎贝拉（Isabella）指卡斯蒂利女王伊莎贝拉一世（1451—1504年），她与丈夫斐迪南二世（Ferdinand Ⅱ，1452—1561年）完成了收复失地运动，为西班牙君主政体的建立奠定了基础。西曼乃斯即西曼乃斯·德·西斯内罗斯（Ximenes de Cisneros，1436—1517年），西班牙红衣主教，在伊莎贝拉主导的教会改革中，他发挥了重要的推动作用。
③ 查理五世（Charles V，1500—1558年），神圣罗马帝国皇帝（1519—1556年在位），卡斯蒂利亚和阿拉贡国王（1516—1556年在位），哈布斯堡家族首领。他在位期间积极扩张帝国的领土范围，形成了"日不落帝国"。

趟，因为那个孩子的尸体其实仍然埋在墓中。开棺之后，人们发现孩子好好地躺在棺材里。可是，法官却罔顾自己的亲眼所见，宣称那是一种表象，是魔鬼的障眼手段。相比于事实而言，他更相信那位妻子的供词；于是，她随即就被烧死了。①

由于事态在这些可敬的贵族主教当中变得太过出格，因此不久之后，所有皇帝当中最固执己见的斐迪南二世②，也就是三十年战争期间在位的那位皇帝，就急于进行干预了；他想往班贝克派驻一个帝国代表，此人应当维护帝国的法律，确保主教法官不会一开始就动用酷刑，进行预先就已定谳、直接判处火刑的审判。

* * *

女巫们很容易因自己的供词而陷入万劫不复之境，有时甚至不用酷刑就会如此。其中的许多人，其实都是疯疯癫癫的。她们会承认自己曾经变成过野兽。意大利的女巫通常都是变成猫；据她们称，她们会从门下的缝隙溜进人家，吸吮孩童身上的鲜血。在森林茂密的地区，在洛林和侏罗山脉上，女巫们则自愿变成狼；而且，如果相信她们所说的话，她们还会说吃掉了路过的人，即便当时并没有人路过。她们都被烧死了。有些姑娘信誓旦旦地说，她们已经把自己交给了魔鬼，可人们最终却发现，她们都还保持着处子之身。她们也被烧死了。其中有几个女巫似乎还极其匆忙，好像希望自己被烧死似的。之所以如此，有时是因为她们陷入了极度的疯狂，有时则是由于她们已经绝望。有位英国妇人被带向火

---

① 要想了解这方面的情况以及德国的其他一些史实，请参阅索尔丹的作品。——作者注
② 斐迪南二世（Ferdinand Ⅱ，1578—1637年），神圣罗马帝国皇帝，哈布斯堡家族成员。他支持天主教，压制新教，引发帝国内的反抗，从而引发了三十年战争。

刑柱时,曾如此对民众说道:"不要责怪审判我的法官们。我想要了结自己的性命。我的父母因为害怕而躲着我。我的丈夫休了我。我没法不受羞辱地活下去。我渴望死亡,因此我撒了一个谎。"

第一个公开反对愚蠢的斯普伦格、他那部可怕的手册及其手下的宗教审判员,并且说出宽容之语的,是康斯坦茨①的一位律师莫利托(Molitor)。此人说了一句明智之语,说女巫们的供词当不得真,因为那是"说谎之人的父"②通过她们的口中说出来的。他嘲笑撒旦的种种奇迹,断言它们全都是幻象。像胡滕和伊拉斯谟③这样的弄臣,则用一种间接的方式,通过对多明我会那些白痴进行冷嘲热讽,对宗教裁判所进行了猛烈的抨击。卡尔丹④曾经直截了当地说:"为了攫取没收的财产,同一批人既当原告,又当法官,捏造了一千个故事来当证据。"

宽容大度的传道者查迪龙(Chatillon)的观点,则与天主教徒和新教徒的观点都相反;此人认为异教徒不该被烧死,只是他对巫师的问题却什么也没说,从而更好地说明了理智之人的态度。最重要的是,阿格里帕⑤、拉维蒂尔(Lavatier)、克莱弗(Clèves)等人

---

① 康斯坦茨(Constance),德国西南角毗邻瑞士的一座古城。
② "说谎之人的父"(Father of Lies),指魔鬼。语出《圣经·新约·约翰福音》8:44。
③ 伊拉斯谟(Erasmus,1466—1536年),中世纪尼德兰(即今荷兰与比利时)的人文主义思想家和神学家,曾整理和翻译了《圣经·新约》全书的新拉丁文版和希腊文版,著有《愚人颂》(*Encomium Moriae*)、《基督教骑士手册》(*Handbook of a Christian Knight*)等作品,是一个用"纯正"拉丁语写作的古典学者。
④ 此人是一位著名的意大利医生,一生经历了16世纪的大部分时间。——英译者注
⑤ 科隆的科尼利厄斯·阿格里帕(Cornelius Agrippa)生于1486年,曾担任过皇帝马克西米利安(Emperor Maximilian)手下的大臣一职,也是当时两部名著,即《科学之浮华》(*Vanity of the Sciences*)和《隐秘哲学》(*Occult Philosophy*)的作者。——英译者注

的著名医生威尔（Wyer）①都曾正确地指出，如果那些可怜的女巫是魔鬼手中的玩物，那么我们必须把责任归咎于魔鬼，而不能归咎于她们；我们必须对她们进行治疗，而不是烧死她们。巴黎的一些医生很快便把这种怀疑态度推进了一步，认为魔鬼附体者和女巫们不过都是骗子而已。这种观点实在是太出格了。其实，绝大多数魔鬼附体者和女巫，都是被一种幻觉摆布的受害者。

亨利二世②和普瓦捷的戴安娜两人的黑暗统治终结了这个宽容时代。在戴安娜治下，法国重新开始对异端和巫师处以火刑。另一方面，由于身边都是占星家和魔法师，因此美第奇的凯瑟琳会保护后者。于是，巫师的人数便急剧增加了。据查理九世治下曾经受到审判的巫师特罗伊斯·埃彻勒斯（Trois Echelles）估计，当时这些人有十万之多，并称整个法兰西就是一个女巫之国。

阿格里帕和其他人曾断言，所有的科学知识都囊括于巫术当中。无疑，白魔法当中的确含有科学知识。不过，愚人的恐惧以及他们那种疯狂的愤怒，却让黑白魔法之间没有了多少区别。尽管有威尔这样的人，尽管有那些真正的哲人，但光明与宽容是对黑暗的一种强烈反抗，是在一个最令人意想不到的时期出现的。我们的地方法官曾经在近一个世纪的时间里，表现出了他们自身的开明与公正，如今却投身于西班牙的灵药③，有了同盟主义

---

① 此人是菲利普·席德尼勋爵（Sir Philip Sydney）的朋友，后者死前曾派人去请他。——英译者注
② 亨利二世（Henry II，1519—1559年），法国瓦卢瓦王朝的国王。他是天主教教徒，对法国国内的新教徒进行了无情的迫害。而普瓦捷的戴安娜（Diana of Poitiers）是他的情妇。下文提到的美第奇的凯瑟琳（Catherine of Medici，1519—1589年）是他的王后。查理九世（Charles IX，1550—1574年）是他与凯瑟琳的儿子。
③ 万能药（Catholicon）或者灵丹妙药，就是指宗教裁判所。——英译者注

者的愤怒①，直到他们逐渐变得比神父更像神父了。在法国对宗教裁判所进行监察的时候，地方法官自己的做法其实与宗教裁判所不相上下，甚至可以说有过之而无不及：光是图卢兹高等法院（Parliament of Toulouse），就曾一次性地将四百人处以火刑。想一想当时的恐怖，想一想人们被烧死时腾起的黑烟，想一想刺耳的尖叫与哭号之声当中，夹杂着脂肪可怕地熔化与沸腾的情景吧！自阿比尔教徒被处以火刑以来，还没有出现过这种可恶而令人作呕的景象呢。

但是，这一切对于博登（Bodin）来说，都不值一提；此人是昂热（Angers）的一位律师，是一个强烈反对威尔的人。他一开始就说，欧洲的巫师不计其数，足以与薛西斯②的一百八十万大军相提并论。接下来，他又像卡利古拉③一样，希望将数量近乎两百万的这些人集中一处，以便他博登可以一次性地将他们定罪和烧死。

* * *

这种新的对抗让形势变得更加糟糕了。法律界的上层人士开始说，由于神父太过经常地与巫师打交道，因此神父不再是可靠的法官。事实上，律师们还一度显得更加可靠。在西班牙，有耶稣会④的辩护人德尔·里奥；在洛林地区，有雷米（Remy，1596年）；

---

① 指始于1576年，由天主教同盟（Catholic League）对抗纳瓦尔的亨利（Henry of Navarre，即后来的法国国王亨利四世）的战争。——英译者注
② 薛西斯（Xerxes，约前519—约前465年），古波斯帝国国王，曾率大军入侵希腊、洗劫雅典，但在萨拉米斯湾海战中被打败。
③ 卡利古拉（Caligula，12—41年），古罗马帝国的第三位皇帝，是帝国早期的典型暴君，后来被手下刺杀。
④ 耶稣会（The Society of Jesus），天主教修会，1534年由洛约拉于巴黎大学创立，1540年经教皇保禄三世批准。

在侏罗山脉地区,有波克(1602年);在安茹①,有勒洛耶(Leloyer,1605年)。这些人全都是无与伦比的迫害者,会让托克玛达②本人都嫉妒得要命。

在洛林地区,那里似乎出现了一场巫师横行、幻象频出的可怕瘟疫。因为有军队不断经过、有强盗不断侵扰,民众都陷入了绝望当中,只得向魔鬼祈祷。他们都被巫师利用了。如果时任南锡③法官一职的雷米的记述可信的话,当时许多的村民因为一方面对巫师心怀惧怕,另一方面又对法官畏惧无比,所以全都陷入了一种双重恐惧当中,全都渴望离开家园,逃往别处。在献给洛林红衣主教的那部作品(1596年)当中,雷米承认,他在十六年的时间里,已经判处了八百名女巫火刑。"我擅长于审判,"他如此说道,"因此光是去年,就有十六人为了不经受我的审判而自尽。"

* * *

神父们感到很惭愧。他们能不能干得比世俗法官更好呢?不能,因为连圣克劳德(Saint Claude)的那些僧侣领主也请了一位世俗法官,即诚实正直的波克,去审判他们手下那些沉迷于巫术的百姓。在侏罗山脉中那个土地贫瘠、点缀着冷杉和稀疏牧场的可怜之地,深陷绝望当中的农奴只能把自己交给魔鬼。他们全都崇拜"黑猫"(Black Cat)。

波克撰写的那本书很有分量。由圣克劳德这位小小法官所著的"宝典"(Golden Book),被高等法院里那些可敬法官们研究,成

---

① 安茹(Anjou),法国西部的旧州名。
② 此人是一位臭名昭著的西班牙宗教法官,对西班牙的异教徒实施了十六年的暴行之后,死于15世纪末。——英译者注
③ 南锡(Nancy),法国东北部的一座城市。

了他们的指南。事实上,波克是一个彻头彻尾的律师,行起事来始终一丝不苟。他对这些案件中显示出来的变信弃义之举进行了批评,听不得律师出卖其委托人、法官做出赦免承诺却只是为了确保能够处死被告的做法。他谴责了当时女巫们仍然需要承受的那些靠不住的酷刑。"严刑拷打,"他如此说道,"完全没有必要,因为这种做法绝对不会让她们屈服。"此外,他还非常人道,会在女巫们接受火刑之前就把她们勒死,并且始终如此,只有狼人除外,因为"您必须小心谨慎,把狼人活活烧死才行"。他不相信撒旦会与孩童订立契约:"撒旦极其精明;他完全明白,与不满十四岁的未成年人订立的任何契约,都会因为年龄和适度自由裁量权而无效。"那么,孩子们得救了吗?完全没有;因为此人自相矛盾,并且认为,如果不烧毁一切,甚至是如果不烧到襁褓中的孩童身上,这种有如麻风病一样的瘟疫,就不可能彻底根除。后来要是活着的话,他肯定会走向这种极端。他让乡间变成了一片荒野;世间还从未有过哪位法官,像他这样问心无愧地消灭过民众。

不过,朗克尔在《恶魔的无常》(The Fickleness of Demons)一书中向世俗司法权发出的宏大呼声,却是向波尔多高等法院(Parliament of Bourdeaux)发出的。这位作者既是一个具有某种理智的人,也是波尔多高等法院里的一位律师,带着扬扬得意的神情,描述自己在巴斯克(Basque)乡村与魔鬼斗争的情况;不到三个月的时间里,他就在此地消灭了不计其数的女巫,并且更有甚者,他还处死了三位神父。他对位于洛格罗尼奥(Logroño)的西班牙宗教裁判所怀有同情之心,那里距波尔多不远,就在纳瓦尔(Navarre)与卡斯蒂利亚(Castille)的交界之处;那个宗教裁判所将一桩审判案拖了两年之久,结果却以举行了一场小小的信仰审判(auto-da-fé)、释放了所有女性这种最糟糕的方式而告终。

第四章

巴斯克*女巫：1609 年

用铁腕手段处决神父这一点，说明朗克尔先生是一个具有独立精神的人。在政治上，他也是如此。在此人撰写的《君主》(*The Prince*，1617 年)一书中，他曾公开宣称"律法高于君王"。

巴斯克人的性格特点在他那部《魔鬼的无常》一书中，描绘得最为充分。巴斯克人在西班牙和在法国一样，都享有特权，差不多相当于让他们成了一个共和国。在法国这边，他们不需要向国王尽什么义务，只需要提供军队；一听到战鼓擂起，他们就必须集合起两千士兵，由巴斯克首领指挥参战。他们并未受到神职人员的压迫，而这里的神父也很少起诉巫师，因为他们本身就是巫师。这里的神父可以跳舞、可以佩剑，并且会带着自己的情妇去参加"巫魔会"。这些情妇都扮演着教堂女司事或者执事(bénédictes)的角色，让各个教堂井然有序。神父任何一方都不得罪，他们白天为上

---

* 下比利牛斯地区(Lower Pyrenees)的巴斯克人，即恺撒手下的阿基塔尼人(Aquitani)，是凯尔特时代之前生活在西欧的一个古老的伊比利亚民族。——英译者注

帝做白弥撒，晚上则为魔鬼做黑弥撒；据朗克尔称，有时白弥撒和黑弥撒竟然是在同一座教堂里举行的。

巴约讷和圣让德鲁兹（St. Jean de Luz）两地的巴斯克人是一个奇特的、具有冒险精神且大胆得令人难以置信的民族，由于有出海到波涛最汹涌的海域用鱼叉猎鲸的习惯，所以他们留下了许多的寡妇。把妻子留给上帝也好，留给魔鬼也罢，反正他们都大批大批地涌向了亨利四世在加拿大开辟的那些殖民地。至于他们的孩子，这些诚实可敬的水手若是清楚他们的出身，原本是应当多替孩子们考虑考虑的。不过，回到家里之后，他们就会计算自己出门的月份，却发现他们从来就没有算对过。

巴斯克女人都大胆、漂亮、富有想象力，她们白天会坐在墓地的坟墓之上，谈论巫魔会，期待着夜里去参加。她们的激情、她们的狂热，都放在这个方面。

她们天生就是女巫，天生就是大海和魔法的女儿。她们在波涛中嬉戏，像鱼儿一样游来游去。她们的自然之主就是"空中之王""风梦之王"，也就是那个启发了女预言家西比尔、给她带来了未来气息的魔鬼。

不过，连朗克尔这位将她们烧死的法官也对她们深感着迷。"看着她们经过的时候，"他曾说道，"她们长发披肩，在风中拂动；她们走得步伐齐整，都极其勇敢地佩戴着那种漂亮的头巾，阳光透过头巾，就像透过一片云彩，宛如一种强大耀眼的光辉，喷出闪电般炽热的火焰。因此，她们的眼睛充满魔力，恋爱时也像沉迷于巫术时一样危险。"

这位和蔼可亲的波尔多地方法官，就是早期那些让17世纪的法袍变得生机勃勃的世俗法官中的典型；他会时不时地弹弹琴，甚至还会在判处女巫火刑之前，让女巫们跳跳舞。而且，他的文笔很好,描述得比其他任何一个人都清楚得多。但尽管如此,人们还是在他的作品当中发现了一种新的、属于那个时代固有的阴暗之源。由于女巫人数太多,这位法官没法把她们全都烧死,因此绝大多数女巫都持有一种精明的念头,认为对于那些最深入地了解其思想与热情的女巫,他会表现出一定的宽容!您会问,他有什么样的热情呢?首先就是他对那些极其非凡之人的热爱,这算是一种很常见的激情;其次,就是害怕带来的那种快感;还有,如果非得说出来的话,那就是他很喜爱种种不体面的肉欲之事。除此以外,他还存有一丝虚荣之心:那些狡猾的女性越是让魔鬼显得可怕和暴怒,这位法官在制服如此强大的对手过程中获得的自豪感就越强烈。可以说,他会盛装迎接自己的胜利,会在自己的愚蠢中沾沾自喜,并且对那些毫无意义的胡言乱语扬扬得意。

这种情况当中,最优美的就是他对洛格罗尼奥的那场西班牙"信仰审判"的描述;此案原本由洛伦特向我们描述过。朗克尔一边满心嫉妒地引用后者的描述,渴望着贬低后者的价值,一边不得不承认,这种宗教仪式具有非凡的魅力,场面壮观,音乐也具有动人的力量。当时,一个台子上站着几个被判处火刑的人,另一个台子上则是众多被判处缓期执行的罪犯。其间,有人大声宣读一位曾经什么事情都敢干、如今却已悔过的女主角的忏悔书。没有什么事情会比忏悔书中的所述更加野蛮。在巫魔会上,她们会把孩童做成肉泥来吃,而第二道菜就是从坟墓里掘出来的巫师尸体。癞蛤蟆一边跳起舞蹈,一边可爱地说道和埋怨它们的情妇,让她们受到魔鬼的责骂。魔鬼彬彬有礼地护送女巫们回家,将一个没有受洗就死去了的孩子的胳膊点着,为她们照路;如此等等。

在法国的巴斯克人当中,巫术可没有披上那么稀奇古怪的外衣。在这一时期,巫魔会似乎只是一场盛宴,所有人都会参加,贵族也包括在内,目的则在于娱乐。排在最前面的人都会蒙着面纱、戴着面具,据说其中有些人还是王子。"曾几何时,"朗克尔如此写道,"只有朗德省(Landes)的白痴会去参加;可如今我们看到,达官显贵也会前去。"为了取悦当地的这些显贵,撒旦有时还会创造出一个"巫魔会主教"(Bishop of the Sabbath)。撒旦曾经给年轻领主兰西尼纳的正是这样一个头衔;魔鬼还好心地亲自与后者一起宣布舞会开始。

女巫们得到了如此有力的支持,因此发挥出了她们的影响力,在这片土地上掌控着一种令人惊讶的幻想恐怖主义。许多人都自认为是受害者,并且实际上还变得病情严重。许多人患有癫痫病,像狗一样吠叫。在一个叫作阿克斯(Acqs)的小镇上,这样的吠叫者竟然多达四十人。女巫对他们的控制如此令人生畏,因此还有一个被称为证人的女士,在女巫不知不觉地靠近她时,也开始不由自主地怒吠起来。

那些被赋予了如此可怕力量的人,在任何地方都凭借着这种力量作威作福。没有人胆敢在他们的面前关上家门。有一名地方法官,身为巴约讷的刑事陪审员,他竟然允许巫魔会在自己的家里举行。圣培勋爵(Lord of Saint Pé)乌图比(Urtubi)也不得不让巫魔会在自己的城堡里举行。不过,由于他的头摇得很厉害,因此他还以为有位女巫在吸他的血。然而,恐惧之情倒让此人大起了胆子,他与另外一位贵族一同前往波尔多,说服高等法院从国王那里获得了委任,让埃斯帕尼埃(Espagnet)和朗克尔这两名法官对巴斯克地区的巫师进行审判。这个委员会以前所未有的精力开始工作起来,既专制又不允许上诉;在四个月之内,即从1609年的5月至8月间,他们就判处了六十至八十名女巫死刑,并且审查了另外的五百人;后者虽说同样带有魔鬼的标志,却只是以证人的身份出现在诉讼中。

* * *

对于这两位法官和为数不多的士兵来说,在一群暴烈、头脑发热的百姓和一群粗野、大胆的水手妻子中间进行这些审判,并不是一件安全的事情。还有一种危险则来自神父们,因为其中许多神父都是巫师;尽管神职人员都强烈反对,可他们仍需由这两位世俗的委员来进行审判。

两位法官到来之后,许多人便跑到了山区,逃过了一命。还有一些人则大胆地留下来,说该被烧死的是法官。由于女巫们自己毫不畏惧,因此当着围观者的面,她们也会像在巫魔会上一样沉沉睡去,并且哪怕是在法庭上,她们一醒来也会坚称自己获得了撒旦的赐福。许多人都说,她们唯一感到痛苦的,就是无法向撒旦证明,她们是多么渴望着为他受苦。

那些接受讯问的女巫则称,她们说不出话来。撒旦上升到了她们的喉咙里,堵住了她们的嗓子。描述这个故事的朗克尔尽管在两位委员中较为年轻,却是个老于世故的人。女巫们都推测,被他这样的人审判,她们肯定有自救的办法。于是,她们之间的同盟就土崩瓦解了。有一个名叫缪古伊(Murgui)或者玛格丽特(Margaret)、时年十七岁的女乞丐,发现巫术有利可图,尽管她本身几乎还是一个孩子,却已经把一些儿童拐去给魔鬼当祭品了;此时她便原形毕露,与另一个同样年纪的姑娘丽莎尔达(Lisalda)一起,告发了其他所有的女巫。她或是口述,或是用书面形式揭露了一切;她带着西班牙人的活泼、聒噪和有力的手势,或真或假地披露了成百上千种污秽不堪的细节。她既让法官感到害怕、好笑,又欺骗了那两位法官,使得他们像傻瓜一样被她牵着鼻子走。于是,他们就把寻找男孩和女孩的尸体、寻找撒旦在女巫身上留下标志的部位等权力，都交给了这个堕落、放荡而疯狂的姑娘。那个身体部位会通过某种麻木感、通过在那里扎针却不会感到疼痛而暴露出来。一位外科医生用这种办法折磨较年长的女巫时，缪古伊则在对付年轻的女巫；后者虽然被称为证人，但若是缪古伊宣称她们身上带有魔鬼留下之标记的话，她们本身也有可能受到指控。看着这个厚颜无耻的姑娘成了那些可怜之人命运的唯一主宰者，受命用针去扎遍她们的全身，能够任意让那些流着血的人死亡，真是可恨至极的一件事情啊！

　　缪古伊对朗克尔的影响极其强大，以至于朗克尔竟然相信，当他睡在圣培（Saint Pé）的家中，被仆人和卫士保护着的时候，魔鬼也趁着夜色溜进了他的房间，在那里做了黑弥撒；而女巫们则躲在他房间的窗帘后面，要不是得到了上帝亲自赐予的充分保护，她们可能就把他毒死了。那场黑弥撒是兰西尼纳夫人主持的，撒旦还在法官的卧室里与兰西尼纳夫人做了爱。我们可以猜出，她捏造出这个蹩脚的故事可能想要达到什么目的：这个乞丐对那位夫人怀恨在心，因为后者很漂亮，若是没有这种诽谤，还有可能对这位诚实的委员产生影响。

＊　＊　＊

　　朗克尔和他的同僚大吃一惊，之后便勇往直前，再也不敢有丝毫退缩了。他们在撒旦举办过巫魔会的地方，都立起了王室的绞刑架。百姓对此都非常惊慌，以为他们得到了王室的大力支持。于是，告发之声开始不绝于耳了。女人都排着长长的队伍前来，相互控告。孩子们被带上前来，检举他们的母亲。朗克尔竟然还郑重其事地裁定，说一个八岁的孩子也是一位善良、够格且可敬的证人!

埃斯帕尼埃先生迅速地于贝阿恩庄园露了面,但他只有很短的时间来考虑这个问题。此时,朗克尔正被那些较年轻告发者的暴力推着,不知不觉地前进;如果她们没能让朗克尔把年老的女巫烧死,自己就会陷入极大的危险当中。所以,朗克尔快马加鞭、雷厉风行,迅速推进了这种做法。一定数量的女巫都被他判处了火刑。这些女巫发现自己失败了之后,也纷纷开始告发别人。第一批女巫被带到火刑柱边时,一种恐怖的场景出现了。行刑者、巡警和军士全都以为他们的末日降临了。人群野蛮地扑向押解囚犯的大车,试图迫使那些可怜的女巫撤回她们的指控。男人们把匕首抵在她们的喉咙上,而她们那些愤怒的同伴,则恨不得用指甲把她们掐死。

然而,法官还是出色地摆脱了这种困境;接下来,两位委员便开始着手一项更加困难的任务,对他们已经拘押的八名神父进行宣判。姑娘们的招供揭发了这些神父。朗克尔说起这些神父的品行时,就像是一个对他们了如指掌的人。他之所以谴责这些神父,非但是因为后者在举行巫魔会的晚上做出了种种放荡行径,而且最主要的是因为后者竟然让女人当教堂司事和教会委员。他甚至复述了一些故事,说有些神父将人家的丈夫送往纽芬兰,然后从日本带回魔鬼,而魔鬼则把那些没了丈夫的妻子送到了神父们的手中。

神职人员都群情激昂,而巴约讷主教原本也会进行抵制。可此人失去了勇气,于是他委任手下的主教代理,在他外出时担任助理法官。幸好,魔鬼对这些被告神父的帮助,要比这位主教提供给他们的更加有力。魔鬼打开了所有的门,因此有天早上,人们发现八位神父中竟然有五位不见了。两位委员则抓紧时间,将仍然留在他们手中的那三位神父烧死了。

* * *

此事发生在 1609 年 8 月前后。洛格罗尼奥的西班牙宗教法官，在 1610 年 11 月 8 日前，并未给他们的诉讼冠以"宗教审判"之名。由于被告的数量多得惊人，因此他们遇到的麻烦，比法国这两名委员遇到的困难要多得多。怎么去烧死整个民族呢？他们便向教皇、向西班牙那些最了不起的神学家寻求建议。他们得到的命令就是后退一步。只有那些故意否认罪行、死不改口的人才应当被烧死，而那些服罪的人则应当释放。有人已经用同样的方法营救过那些因为生活放荡而受审的神父。按洛伦特的说法是，他们认为，被告只要承认自己的罪行并且进行程度轻微的忏悔，就已足够。

对异教徒如此致命、对摩尔人和犹太人如此残酷的宗教审判，对巫师的严酷程度却要低得多。这些巫师绝大多数都是牧人，与教会并无纠葛。牧人的欣喜之情，就算不能说太过粗野，以至于会对具有自由思想的敌人造成干扰，也是太过低级了。

* * *

朗克尔撰写此书的目的，主要就是为了说明法国高等法院和世俗法官的司法大大优于教会神父的司法。全书写得轻松、欢快，行文有如流水。它似乎表达出了一个值得称颂地摆脱了一种巨大风险的人所感受到的那种喜悦之情。其实这是他在吹牛，是一种过度自吹自擂的喜悦。他带着自豪之情，讲述了处死第一批女巫之后的情况：她们的孩子去参加巫魔会，向撒旦哭诉，而撒旦却回答说，他们的母亲没有被烧死，而是仍然活着，并且活得很快乐。

孩子们都觉得,自己在人群当中似乎听到了母亲的声音,说她们都极其幸福。尽管如此,撒旦还是很害怕。他缺席了四次巫魔会,派了一个平常的小魔鬼来替代他。后来,他直到 7 月 22 日才再次现身。当巫师们询问他缺席的理由时,撒旦回答道:"我之所以离开,是为你们的事去跟小约翰(Little John)据理力争了。""小约翰"是他对耶稣的称呼。"我已经赢了这场官司,所以那些仍被关押的人不会再被烧死了。"

这个大骗子的谎言被揭穿了。那位得胜的地方法官断言,他们都看到,最后一名女巫被烧死的时候,她的脑袋里竟然跑出了一群癞蛤蟆。人们纷纷用石头去砸那些癞蛤蟆,因此那名女巫与其说是被烧死的,还不如说是被石头砸死的。可尽管使劲砸,他们却无法砸死其中的一只黑癞蛤蟆;这只蛤蟆逃脱了火焰、棍棒和石头,有如魔鬼手下的小妖精一样,躲到了某个再也不可能被人发现的地方。①

---

① 若想看看更详细地描述这些巴斯克女巫的史料,英语读者可以参阅怀特所著的《巫术与魔法的故事》(*Narratives of Sorcery and Magic*),宾特利(Bentley),1851 年。——英译者注

第五章

撒旦成神父

不论女巫们仍然保持着撒旦何种邪恶的狂热外表,从朗克尔及17世纪其他一些作家的描述中我们都可以看出,当时的巫魔会主要是一件关乎金钱的事情。女巫们几乎是强行募集捐款,收取入场费,并且向那些不来参加的人征收罚款。在布鲁塞尔(Brussels)和皮卡第①,她们还有固定的报酬标准,奖励那些带来了新成员的人。

在巴斯克地区,这个方面没有什么秘密可言。那里的巫魔会上,参加者人数会高达一万二千人,不论穷富,不论神父还是贵族,各个阶层的人都有。撒旦本身就是一位贵族,头顶的三个角上戴有一顶帽子,就像一个品行优良的人。看到原来的那个宝座即德鲁伊石碑太硬了之后,他便给自己找了一张舒适的镀金扶椅。我们能说他正在变老吗?如今的魔鬼,可要比年轻的时候更加灵活了;他不但到处嬉戏、玩耍,还会从一只大水缸的底部跳出来。他

---

① 皮卡第(Picardy),法国北部的一个旧省。

会全身倒立，双脚悬在空中，完成整个仪式。

他喜欢一切都进行得相当体面可敬，并且会不惜代价，将场面安排得井井有条。除了常见的红、黄、蓝三色火焰让人赏心悦目，让影子若隐若现之外，他还会用奇特的音乐，让人们大饱耳福；其中主要是微微的铃声，宛如玻璃琴那种具有穿透力的共鸣，触动着人们的神经。为了让这种壮观变得完美无瑕，撒旦还命人拿出了他的银盘。即便是他的那些蟾蜍也会装腔作势，变得时髦起来，像许多小贵族一样，穿着绿绒袍服到处走动。

从整体效果来看，巫魔会就像是一个大型的集市，就像是一个披着透明伪装的大型化装舞会。撒旦理解他的这个时代，于是会让"巫魔会主教"或者由"国王"和"王后"宣布舞会开始；这几个职位都是为了取悦那些了不起的人物而设，后者非富即贵，他们前来出席，会让巫魔会脸上有光。

这种聚会可能不再是反叛者那种气氛阴郁的宴会，不再是农奴和粗鄙之人的邪恶狂欢，不再是在夜晚分享爱的圣餐、白天分享死的圣礼。激烈的巫魔会圆舞曲，也不再是晚间的唯一舞蹈。如今，其中增添了摩尔人的舞蹈，这种舞蹈或是热烈活泼，或是含情脉脉，但总是风情万种和下流淫秽；跳这种舞蹈的姑娘都会为此而精心打扮，就像缪古伊和丽莎尔达一样，搔首弄姿，炫耀她们身上那些最具诱惑性的特点。我们得知，这些舞蹈在巴斯克人当中产生了一种无法抗拒的魔力，使得所有女人，包括为人妻子者、为人女儿者和寡妇（寡妇人数众多），全都不顾一切地来参加巫魔会。

倘若没有这些娱乐活动以及随后的盛宴，我们可能很难理解这些巫魔会风行一时的现象。那是一种没有爱情的爱情，是不孕不育者的一场毫无遮掩的盛宴。波克已经把那一点阐述得非常清楚了。除了更加真诚，朗克尔的观点整体上与波克的观点并无二

第五章　撒旦成神父

致，只有一段文章的观点不同，因为朗克尔误以为那些女人害怕受到伤害。他对女巫身体进行过残忍而邪恶的研究，清楚地说明他认为女巫都无法生育，认为一种无法生育的消极爱情构成了巫魔会的基础。

因此，那些男人哪怕拥有一颗最卑微的心灵，这场盛宴原本也该是一场凄凉的宴会。

那些前去巫魔会跳舞吃饭的傻姑娘，从哪个方面来看，其实都属于牺牲品。可除了有可能怀上孩子这一点，她们对一切都是逆来顺受。她们承受的苦难，事实上要比男人深重得多。斯普伦格描述过一种奇怪的喊声；即便是在他所处的那个时代，女人在爱意正浓的时刻也会发出这样的叫声："愿魔鬼收走这果实吧！"此外，在他所处的那个时代，人们每天只需两个苏①就可以生活下去，可到了公元1600年前后亨利四世的治下，每天二十个苏也只能勉强糊口了。在那一百年里，人们对不生育的渴望与需求变得越来越强烈了。

在这种日益惧怕爱情诱惑的背景下，若不是组织巫魔会的女人们都很聪明，充分地利用了巫魔会的喜剧性一面，用滑稽可笑的插曲活跃气氛，这种聚会原本会变得相当枯燥、无聊了。所以，在开头的场景里，撒旦就会像古时候的普里阿普斯一样，对女巫说出一些粗俗的情话；接下来是另一个游戏，是一种令人毛骨悚然的涤罪仪式，女巫会不断地扮着鬼脸，夸张而令人不快地浑身颤抖着，接受这种仪式。据朗克尔与波克两人描述，接下来又是一出滑稽戏，戏中一些年轻漂亮的妻子会取代女巫的位置，成为"巫魔会女王"，任由自己的身体被人们卑劣地触摸。还有一场同样令人反感

---

① 苏（sous），法国旧币，是一种低面值的纸币，原称"索尔"（sol）。

的闹剧,那就是"黑暗圣餐"(Black Sacrament),用一个黑色的萝卜来表演;撒旦会把这个黑萝卜切碎,然后郑重其事地吞下去。

据朗克尔描述,或者说,起码也是根据把他当成傻子的那两个大胆轻佻之姑娘的描述,最后一幕是一件令人震惊、居然发生在如此热闹的一场集会之上的事情。由于巫术已经变成了整个家族的一种遗传,因此人们无需再公开透露通过母子乱伦来产生女巫的古老办法。某种形式的喜剧,或许就是用古时的素材加以编排,以怪诞的塞米勒米斯①或者一个低能的尼努斯②形象进行表演的。可此种更为严重、无疑确实出现过的游戏却实实在在地证明了上层社会的放荡无度,因为游戏采取的形式,是一种极其可恶和野蛮的骗局。

有些没有脑子的丈夫会被人诱到现场,喝上一大口苦味的曼陀罗汁或者颠茄汁,然后就像一个神魂颠倒的人一样,既说不出话,也动弹不了,只有眼睛还看得见。另一方面,他的妻子由于喝了含春药的饮料而变得像是着了魔,完全不知道自己在干什么,故会一丝不挂地走出来,在完全动弹不得的丈夫那种愤怒目光的注视下,任由自己被他人抚摸。丈夫明显的绝望、徒劳地努力想要说话和抬起无力四肢的样子、他那种无声的暴怒和狂乱地转动着的双眼,都让围观者产生出了一种残忍的快乐,与莫里哀笔下一些喜剧产生的效果差不多。那个可怜的女人在一种真正的快感刺激下,完全没有了抵抗之力,做出了最为可耻的事情,而到了第二天,她自己和丈夫却一点儿也记不起来。不过,那些看到了此种场景或者参与了那场残酷闹剧的人,难道他们也记不起来么?

---

① 塞米勒米斯(Semiramis),传说中的古亚述女王,据说是半人半神的宁录(Nimrod)的母亲和妻子。
② 尼努斯(Ninus),传说中的古亚述国王,是尼尼微(Nineveh)的创建者。

在此种令人发指的暴行中,我们似乎可以看出一丝贵族色彩来。这些行径根本不会让我们想起农奴之间那种古老的兄弟情谊,不会让我们想起最初的巫魔会;当时的那种巫魔会虽说荒唐不敬,也很邪恶,却仍是一种自由而坦率的聚会,其间一切都进行得轻而易举,毫无拘束。

很显然,自古以来就卑鄙堕落的撒旦还会变得越来越坏。如今他已经变成一个彬彬有礼、诡计多端的撒旦,讨人喜欢却平淡无味,同时也越发没有信仰和不洁净了。看到他在巫魔会上与神父们惺惺相惜,真是一种令人觉得奇怪的新现象。远处带着教堂执事而来,带着他的女司事而来,打理着教会事务,早上做白弥撒、晚上做黑弥撒的那位神父,究竟是什么呢?"撒旦,"朗克尔称,"说服此人与自己那些精神上的女儿做爱,让他那些美丽的忏悔者堕落。"多么天真的地方法官啊!他假装不知道,过去的一个世纪以来,魔鬼一直在教会的生活当中发挥着作用,并且像一个完全能胜任此种工作的人似的!魔鬼已经让自己变成了一个告解神父,或者更准确地说,告解神父已经变成了魔鬼。

可敬的德·朗克尔先生原本应该记得,始于1491年并在偶然当中让巴黎高等法院采取了一种宽容心态的那些宗教审判案。高等法院之所以不再烧死撒旦,是因为它从撒旦身上看到的只是一张面具。

许多的修女都被撒旦借用某个最受欢迎的告解神父的皮囊这种新计谋征服了。这些修女当中,就有简·波提埃尔(Jane Pothierre);此人是凯努瓦的一位中年修女,已有四十五岁;不过,唉,她仍然太过多愁善感了。她将心中的怒气归咎于自己那位有如幽灵一般可怕的律师,因为后者不愿听从她的吩咐;于是,她跑到了几里格以外的法勒姆平。① 据描述此事的作者称,从不睡觉的魔鬼看到了机会,便攫住了她,"被维纳斯的利刺扎中后,他便狡猾地化身为前文中提到过的那种'神父',每天晚上都回到修道院里去,成功地愚弄了她,以至于她承认接待了他四百三十四次。"② 人们都对她的忏悔深感怜悯,因此她很快就无需再感到脸红,而是被关进了塞勒斯城堡(Castle of Selles)里一座专为她修建的、四面都是墙壁的细小墓室里;数天之后,此人便以一个虔诚的天主教徒的身份死在那里。难道这还不是一个极其感人的故事吗?但是,这个故事在戈弗瑞迪神父③所干的好事面前根本就不值一提;后者发生在马赛(Marseilles),当时朗克尔正在巴约讷记录自己的丰功伟绩。

普罗旺斯高等法院(Parliament of Provence)根本就没有必要对波尔多高等法院取得的那种成功心怀嫉妒。普罗旺斯的世俗当局抓住了第一场巫术审判的机会,改造了神职人员的道德品行。他们朝大门紧闭的修道院世界投去了严厉的目光。许多原因奇怪地同时出现、强烈的嫉妒感以及将神父们隔离开来的报复性愿望,都为他们提供了一个难得的机会。若不是他们那种很久以前就已开始、时时刻刻都会迸发出来的疯狂激情,对于这个庞大的、由死在阴暗住所里的女性所组成的修道院世界,我们原本是了解不到它的真实命运的;而对于发生在修道院会客室的栏杆之后的事情,对于发生在只有神父才能翻越的那一道道高墙厚壁之内的事情,

---

① 凯努瓦(Quesnoy)和法勒姆平(Falempin)都是法国北部的小镇。前者多拼作 Le Quesnoy,相应地音译为"勒凯努瓦"。
② 参见玛西埃(Massée)的《世界纪事》(*Chronique du Monde*,1540 年),以及海诺特(Hainault)等编年史家的作品。——作者注
③ 戈弗瑞迪神父(Gauffridi),中世纪马赛的一位神父,因受到一位年轻修女的控告而被处以火刑。亦拼作 Gaufridy。

我们原本也不会听到一个字。

巴斯克神父的例子并不会让我们感到惧怕；朗克尔告诉我们，这种神父世俗而轻浮，会随身佩着刀剑，身边跟着女执事，会整晚整晚地在巫魔会上跳舞。宗教裁判所煞费苦心地要审判的，既不是巴斯克神父这样的人，也不是一个对别人极其严厉，最终却再次证明自身放纵无比的组织。透过朗克尔的避而不谈，我们不难看出其中还有**别的东西**。而且，1614年的国民议会（States-General）之所以公开声明神父不应当由神父来进行审判，也是因为它考虑到了**别的东西**。被普罗旺斯高等法院撕成两半、大白于天下的，就是这个秘密。修道院教监利用巫术，在身心两个方面都控制着修女，可以随意处置她们：这就是戈弗瑞迪审判案暴露出来的事实，而后来发生在卢敦（Loudon）和卢维埃（Louviers）的那两桩可怕事件也是如此；此外，洛伦特、利玛窦（Ricci）及其他一些人描述过的场景当中，也暴露出了这一事实。

还有一种常见的方法，同样被用于减少流言、误导民众，并且当教会在忙于外部事务的时候被用来掩盖其内部的真相。在对一名僧侣巫师进行审判时，采取的所有措施都是通过突出其巫师身份来淡化其神父的身份；他们把一切都归咎于巫术，却把彻底掌管一群女人的这位主宰者具有的那种自然魅力掩盖了。

不过，第一桩事件是没有办法掩盖起来的。此事闹得沸沸扬扬，传遍了整个普罗旺斯；那里是一个光明之地，阳光会毫不遮掩地洞察一切。其中的主要场景非但出现在艾克斯（Aix）和马赛，还出现在圣博姆（Sainte-Baume）；后者是一个著名的朝圣中心，许多好奇的民众曾经从法国各地涌来，见证了两个被魔鬼附体的修女及其与恶魔之间进行的一场致命决斗。多明我会修士以宗教法官的身份对这一事件进行了抨击，并且因为偏袒其中一名修女而进行了大肆的宣扬，以表明他们的态度。尽管高等法院迅速采取了谨慎措施，来加快审结此案，可这些修道士还是急不可耐地想要宽恕他们偏袒的那位修女，并且替他们自己进行辩解。由此，就出现了米夏埃利斯[①]修士那部夹杂着事实与虚构的重要作品；在此书中，他把被他判处了火刑的戈弗瑞迪神父抬高到了"巫师之王"（Prince of Magicians）的地位，认为此人非但是法国的"巫师之王"，甚至是西班牙、德国、英国、土耳其，不，甚至是整个人间尘世中的"巫师之王"。

戈弗瑞迪神父似乎是一个天赋不凡、和蔼可亲的人。他出生在普罗旺斯的山区，游历过"低地国家"和东方的许多国家。他在马赛是个赫赫有名的人物，曾在那里的阿库勒教堂（Church of Acoules）当过神父。主教很器重他，而贵妇中最虔诚的人也更喜欢由他来当她们的告解神父。她们都称，此人天赋禀异，招所有人喜欢。尽管如此，若不是普罗旺斯的一位贵妇，此人原本是可以保持着这种美誉的。他已经让那位贵妇堕落下去，使得她盲目而过分地喜欢他，甚至到了将照料一个时年十二岁、招人喜爱的孩子这种任务委托给他的程度，至于原因，或许是要他对这个孩子进行宗教培养吧；孩子名叫玛德琳·德·拉·帕鲁德（Madeline de la Palud），是个肤色白皙、性情温顺的姑娘。从此以后，戈弗瑞迪便丧失了理智，既不管孩子年纪还小，也不管他这位学生的圣洁无知和对他的彻底坦率了。

然而，随着年龄渐长，这位出身高贵的年轻姑娘便发觉了自己的不幸，发现自己爱得如此卑微，毫无与此人结婚的希望。为了继

[①] 米夏埃利斯（Sébastien Michaëlis，生卒年不详），中世纪法国的一位宗教审判法官，曾参与一系列女巫审判案，著有《令人钦佩的历史：魔鬼附体与忏悔者的皈依》（Histoire admirable de la possession et conversion d'une penitente）一书。

续掌控她,戈弗瑞迪竟然赌咒发誓,说就算不能在上帝面前娶她,也会在魔鬼的见证下娶她。他伪称自己是"巫师之王",会让她成为王后,以此来安抚她的自尊心。他让她在手指上佩戴一个银戒,戒指上刻有符咒。他究竟是带她去参加过巫魔会,还是说他只用了一些奇怪的饮料和巫术来迷惑她,让她以为自己去过巫魔会呢?我们起码可以肯定的是,由于被两种不同的信仰撕扯着,由于内心充满了不安和恐惧,所以那位姑娘此后便开始不时地癫狂起来,后来还患上了癫痫病。她很害怕活生生地被魔鬼捉走。她不敢再留在父亲的家里,便到马赛的乌尔苏拉修道院(Ursuline Convent)去躲避。

第六章

戈弗瑞迪： 1610年

乌尔苏拉修道院里的修女，似乎是所有修女中最平静和最理智的。她们并非全然无所事事，而是会找一些琐碎的事情来做，那就是教育年轻的姑娘。天主教会的保守思想原本旨在让修女们达到比当时西班牙可能达到的一种更高的宗教极乐状态，所以愚蠢可笑地修建了众多的女修道院，有加尔默罗（Carmelite）、伯尔纳（Bernardine）和嘉布遣（Capuchin）等修道院，可很快就发现自己属于强弩之末了。人们认为通过如此严格地将其禁闭在修道院里就可以摆脱一切的那些姑娘很快就死了；而她们的迅速消殒也导致了一些可怕的评论，说她们的家人都显得得太过残酷无情了。其实，她们之所以死了，并不是因为她们忏悔过度，而是因为灰心绝望。最初的狂热消退之后，修道院里那种可怕的疾病很快就会让她们日渐憔悴；据坎西乌（Cassieu）描述，这种病可以追溯至15世纪，会让她们在某天下午突然产生出一种令人窒息和作呕的悲伤之情，而这种挥之不去的精神萎靡，又会让她们陷入一种难以言说的疲惫状态当中，很快就会使她们消瘦下去。其中一些人会变得像是疯了一般,实际上还会由于血压过高而窒息。

＊　＊　＊

一个希望死得体面,不给亲人留下太多后悔的修女,一定要活上十年左右的时间,这也是女修道院里修女们的平均寿命。她们需要慢慢地陷入失望才行,而理智和经验丰富的人则认为,只有给她们一点事情去做,让她们不觉得太过孤独,修女们的生命才有可能延长。塞勒斯的圣方济各①创立了"圣母往见会"(Visitandine order),其职责就是两人一组前去看望病人。布斯的恺撒(Cœsar of Bus)和罗米利奥(Romillion)设立了与"奥拉托利会"(Oratorians)有关的"教义神父会"(Teaching Priests)②,后来又设立了可以称之为"教义修女会"(Teaching Sisters)的乌尔苏拉会,后者是在前述神父会的指导之下传道。整件事情都在主教们的监督之下进行,几乎不关修道院的事,因此修女们都不再被关在修道院里了。圣母往见会的修女都会出门,而乌尔苏拉会的修女起码也要接待学生们的亲属。这两种修女都在有着良好声誉的监护人监护之下,与外界有所联系。结果就让她们都成了一定程度上的平常人。尽管她们当中的奥拉托利会修女与基督教教义神父(Doctrinaries)都是才高望重的人,但一般会众的特点都是温和稳健、平凡普通;她们都小心谨慎,不太过高调。乌尔苏拉会的创始人罗米利奥是一个老派的人,是从新教皈依过来的,他先是到处游荡,后来却又回到了起点。他认为年轻的普罗旺斯人已经够聪明

---

① 塞勒斯的圣方济各(St. Francis of Sales)以其成功地在新教徒中进行了传道及在晚年曾担任过日内瓦主教一职而闻名,后死于1622年。——英译者注
② 即奥拉托利兄弟会(The Brethren of the Oratory),1564年成立于罗马。——英译者注

的了，因此指望着在奥拉托利信仰的微小牧场上放养手下那一小群羊儿，集单调与理性为一身。正因为这样，此事的出现才恰逢其时，才彻底令人感到厌倦。一个晴朗的上午，一切便都灰飞烟灭了。

戈弗瑞迪是普罗旺斯的一名山区人，是个到处游历的神秘主义者，拥有强烈的情感与一颗不安分的头脑；因此，当他来到这里，当上玛德琳的可怕导师之后，他就对修女们产生了一种截然不同的影响。她们都感受到了某种力量，而一些已经不再有年轻时那种狂野与多情的修女则言之凿凿地告诉她们，那不过是魔鬼产生的一种力量罢了。所有修女都产生了惧怕心理，而萌生爱情的修女也不止一个。她们的想象力都开始高涨；她们的头脑开始转动。她们已经看到，有六七位修女可能正在哭泣、尖叫、大喊，以为自己被魔鬼抓住了。假如乌尔苏拉会修女都生活在修道院里，为高墙与外界隔绝，那么由于戈弗瑞迪是她们唯一的教监，他就有可能用这种或那种办法，让所有修女都达成一致的意见。就像1491年凯努瓦那些修道院里的情况一样，这里也有可能出现同一种情况：以变成她们所爱之人的模样为乐的魔鬼，已经在戈弗瑞迪的外表下，变成了修女们的共同情人。更准确地说，是像西班牙那些以洛伦特之名命名的修道院里的情况一样，此人原本会让修女们相信，神父这一职位会让神父与之做过爱的修女变得神圣，会让她们相信，与神父一起犯下罪孽只会让她们变得圣洁。事实上，这种观念曾在法国盛行，甚至在巴黎盛行过；在巴黎，神父的情妇还被人们称为"圣女"呢。[1]

如此掌控着一切的戈弗瑞迪，是不是只迷恋玛德琳一个人呢？

---

[1] 参见勒斯托瓦利（Lestoile）的作品，由米肖（Michaud）编辑，第561页。——作者注

这位情人,有没有变成一位滥性之徒呢？我们不得而知。判决书还指出了一名在审判期间一直没有露面,但在最终还是现了身的修女,说此人把自己献给了魔鬼和戈弗瑞迪。

乌尔苏拉修道院对所有的游客都开放。其中的修女都由她们的教义神父负责管理,这些神父一方面品行端正,另一方面嫉妒心也重。修道院的创始人也在那里,对此他感到既愤怒又绝望。对于正在崛起、正在法国急速发展起来和传播到全国的乌尔苏拉修道会来说,这是多么不幸的一件事情啊！自命睿智、冷静、理智的修道会却在突然之间,如此走向了疯狂！要是做得到的话,罗米利奥会把这件事情掩盖起来。他曾经命手下的一名神父为那些少女驱魔。可恶魔却轻蔑地嘲笑那位驱魔者。寄居于美貌女子身上的魔鬼,甚至是高贵的恶魔巴力西卜①这位"傲气之灵"（Spirit of Pride）,也决计不甘松开其獠牙。

被魔鬼附体的人当中,有位年届二十至二十五岁之间的修女,她是罗米利奥特别收养的；这位姑娘很有教养,成长经历很复杂：她出身于新教徒之家,但后来成了孤儿,然后落到了这位神父的手中,而罗米利奥自己也跟她一样,是从新教皈依过来的。姑娘名叫路易莎·卡波（Louisa Capeau）,听上去并不出众。她表明自己是一个极其聪明的姑娘,同时还激情澎湃。而且,她的力量看来也令人害怕。在三个月的时间里,除了内心饱受那种可怕风暴的折磨,她还进行了孤注一掷的斗争；哪怕是最强壮的男子,在那种情况下也熬不过一个星期就会死去的。

她说自己身上有三个魔鬼：一是"维瑞纳"（Verrine）,这是一

---

① 巴力西卜（Beelzebub）,《圣经》中非利士人的神,能够统领众鬼,故也称鬼王。亦译"别西卜"。

个虔诚的天主教魔鬼,是空中一个反复无常的精灵;二是"利维坦"(Leviathan),这是一个邪恶之魔,也是一个喜欢辩论的魔鬼和一个新教徒;最后还有一个魔鬼,她认为那是"污秽之灵"。还有一个是嫉妒恶魔,只是她忘了叫什么。

对于那个脸色白净的少女、那个受到戈弗瑞迪偏爱的竞争对手、那个高傲而出身高贵的年轻女人,路易莎怀有一种强烈的憎恶之感。玛德琳在一次发作时曾说,她去过巫魔会,在那里她被推举为女王,受到了人们的致敬,并且献了身,但只是献身给了王。"哪个王呢?"就是献身给了路易斯·戈弗瑞迪这位巫师之王。

受到这种说法宛如匕首般锋利的刺激之后,路易莎简直要疯了,完全相信了此事的真实性。她本身就已疯了,故相信玛德琳这个疯女的说法,目的就是要毁掉后者。她自己身上的那个魔鬼,还得到了一切妒火中烧之恶魔的大力支持。修女们全都在惊呼,说戈弗瑞迪就是巫师之王。这种说法四下传播,称这里中了大奖,神父中竟然出了一个巫师之王,甚至是寰宇中的巫术之王。这个称谓,就是那些女性恶魔钉在他额头上的那个由铁与火焰制成的可怕王冠。

每个人都失去了理智,连老迈的罗米利奥本人也不例外。不管是出于对戈弗瑞迪的憎恶,还是出于对宗教审判的恐惧,他不让主教再管此事,然后带着手下那两个被魔鬼附了体的修女,即路易莎和玛德琳,前往圣博姆修道院;当时,那座修道院的院长是多明我会修士米夏埃利斯,此人是教皇辖区阿维尼翁的教宗裁判法官,他还伪称自己是整个普罗旺斯的宗教审判员。此时最重要的问题,就是给那两位修女驱魔。不过,由于这两个女人必须指控戈弗瑞迪,所以此事最终还是让戈弗瑞迪落入了宗教裁判所的手中。

米夏埃利斯必须在"降临节主日"①那天,到艾克斯的高等法院去布道。他觉得,这样引人注目的一桩戏剧性事件,会让他获得人们的盛赞。他带着急切的心情,就像刑事法庭(Criminal Court)上的大律师面对一桩极具刺激性的谋杀案,或者一桩古怪的通奸案时一样,紧紧抓住了这个机会。

在这种问题上,正确的做法就是将这出好戏拖过基督降临节、圣诞节、大斋节②,并且在"圣周"③之前不烧死任何人;可以说,"圣周"就是复活节这个重大节日的守灵夜。米夏埃利斯本人要到最后一幕才会出场,他将此案的大部分事务都交由佛兰德的一位多明我会修士去处理了;后者就是来自卢万的顿普特医生(Doctor Dompt),他曾经替人驱过魔,对付起这种性质的蠢事来经验十足。

这位佛兰德人能够采取的最佳办法就是什么都不做。在路易莎身上,他发现了一个糟糕的帮手,因为她的狂热之情三倍于宗教裁判所本身;她的心中带着一股不可遏制的愤怒之气,说起话来慷慨激昂、滔滔不绝,言行反复无常,有时还极其古怪,但始终都让人不寒而栗,完全就是一支地狱里的火炬。

此案最终演变成了两个魔鬼,即路易莎与玛德琳之间的一场公开决斗。

有些头脑简单、前去那里朝圣,比如朝拜可敬的金匠圣博姆或

---

① "降临节主日"(Advent Sunday),基督教的一个节日,指"耶稣降临节"前四周的第一个星期日,一般是每年的 11 月 30 日前后。
② 大斋节(Lent),基督教的一个节日,亦称"齐斋节""四旬斋",指复活节前的四十天,其间基督教徒应当进行斋戒和忏悔。
③ 圣周(Holy Week),基督教的一个节期,指复活节前的那一周。

中世纪的女巫

者一位布商(二者都来自香槟区[1]的特鲁瓦[2])的人,看到路易莎身上的魔鬼向对方身上的恶魔发动了如此无情的打击、对巫师进行了如此响亮的进攻,都很感兴趣。他们喜极而泣,带着感谢上帝的心情离去了。

然而,即便是从这位佛兰德人的正式声明里那种沉闷无趣的措辞来看,这场并不平等的斗争也是一种可怕的景象:年纪较大的那位修女是一位强大而坚定的普罗旺斯人,来自一个有如当地克劳平原(Crau)上那种燧石一般冷酷无情的民族;她一天又一天地用石头砸向那名年纪很小、差不多还是个孩子的受害者,将其打倒在地,碾压成泥,后者却由于爱情与羞愧而憔悴不堪,并且已经因所患的疾病即癫痫病发作而受到了可怕的惩罚。

那位佛兰德人的案卷加上米夏埃利斯所做的补充材料,总计达到了四百页之多;它们简直就是路易莎这个年轻女子在五个月内说出的谩骂、威胁与侮辱之语的浓缩,其中还夹杂着一些说教,因为此女以前对每个问题、对圣餐、对反基督者[3]的下一次出现、对女性的脆弱等方面,都喜欢长篇大论一番。后来,只要提到她身上的魔鬼,她就会陷入原有的狂暴状态,又开始每天两次地折磨那个可怜的小姑娘,其间她从不停歇,从未有过片刻遏制这种可怕的恶语洪流,起码也要等到对方变得彻底心烦意乱才会罢手;用路易莎自己的话来说,就是要等到对方"一只脚踏进了地狱",开始抽搐,开始用她的膝盖、身体和昏昏沉沉的脑袋认输求饶,才会罢手。

---

[1] 香槟区(Champagne),法国巴黎以北约二百公里的一个地区,是法国位置最北的葡萄产区。
[2] 特鲁瓦(Troyes),法国塞纳河畔的一座历史名城。
[3] 反基督者(Antichrist),《圣经·新约》中基督的假想敌,早期的基督教信徒认为此人将在基督复活之前出现并控制世界。亦译"伪基督"。

我们必须承认,路易莎本身也有点儿疯疯癫癫,因为再怎么卑鄙无耻,也不致让她如此漫长地施暴行虐。可她的嫉妒之心却让她能够把每一处可以刺穿或者撕裂那位受难者心脏的破绽,都看得清清楚楚。一切全都颠倒过来了。这个被魔鬼附了体的路易莎,只要乐意,她不论什么时候都会领受圣餐。她会责骂最高当局的人。法国那位德高望重的王后凯瑟琳,身为乌尔苏拉会最年长的会众,曾经前来见证这一奇事,向路易莎提出了一些问题,并且从一开始就发现,后者说的是一个明目张胆而愚蠢的谎言。这个无耻的女人却以其身上的邪灵之名,说出了"魔鬼就是说谎之人的父"才摆脱了困境。

有一位理智的小兄弟会修士①当时也在场;他听到了这句话后曾说道:"咄,汝在欺人。"他转过身,又对那些驱魔神父说道:"尔等胡不令其闭嘴?"接下来,此人还给他们讲述了巴黎一个佯装被魔鬼附体、名叫玛莎(Martha)的人的故事。作为对这位修士提出的质疑的回应,路易莎被安排在此人面前领受圣餐。魔鬼竟然现了身,魔鬼竟然接纳了上帝的身体!这个可怜的修士被弄糊涂了,在宗教裁判所面前感到非常惭愧。她们胜他一筹,所以他再也没有多过嘴了。

路易莎有一种诡计,那就是吓唬旁观者,说她看出旁观者当中藏有巫师;这使得人人自危,浑身发抖。

她非但在圣博姆大获全胜,甚至在马赛也猛烈出击。为她驱魔的那位佛兰德人,竟然沦为了一个奇怪的角色,变成了魔鬼的秘书和知心顾问;他按照路易莎的口述,写了五封信:第一封写给马赛的嘉布遣修会,说他们可以要求戈弗瑞迪公开认错;第二封还是

---

① 小兄弟会修士(Minorite),就是天主教托钵修会"方济各会"的修士。

写给嘉布遣修会的，说他们可以逮捕戈弗瑞迪，用圣衣把他绑紧，然后囚禁在她描述的一栋房子里；剩下的三封信，是分别写给温和派、法国的王后凯瑟琳和教义神父们的，这些人都已经公开声明反对她。接下来，这位淫荡无耻的可恶泼妇到了最后，竟然如此侮辱她所在的那座女修道院的院长："我离开的时候您曾嘱咐我，要谦卑顺从。现在，收回您自己的忠告吧。"

她身上的那个魔鬼"维瑞纳"是空气和风中之灵，悄悄地跟她说了一些无关痛痒的废话；这些都是毫无意义的倨傲之语，既伤害了朋友，伤到了敌人，也危及了宗教裁判所本身。有一天，她竟然开始嘲笑米夏埃利斯；当时，后者在艾克斯气得浑身发抖，在空无一人的情况下讲道，因为全世界的人都到圣博姆听那些奇闻轶事去了。"米夏埃利斯，您确实在不停地讲道，可除此之外，您再无什么进展；而路易莎却做到了，抓住了一切完美的精髓。"

她之所以产生出这种喜不自禁的心态，主要是因为她终于彻底战胜了玛德琳。一句话对玛德琳的作用，就胜过了一百句啰啰唆唆的训诫："汝当就焚。"自此以后，在疯狂烦乱的时候，这个小姑娘就会乱说一通，说别人喜欢听的话，并且会用最卑鄙的手段来坚持自己说出的话语。她在所有的人面前都卑躬屈膝，向母亲、向她的院长罗米利奥、向旁观者以及路易莎乞求宽恕。据路易莎称，这个吓得要命的姑娘曾经把她拉到一边，乞求她仁慈一点，不要惩罚得太过严厉。

可路易莎这个女人却是温柔有如磐石、慈悲有如暗礁；她觉得，玛德琳如今已是她的掌中玩物，可以随心所欲地加以处置了。她紧紧揪住玛德琳，将其彻底击溃，将其弄得晕头转向，丧失了仅剩的一点儿灵魂。这是她所用的第二种妖术，只是这一切都不像戈弗瑞迪所使的手段，而是一种利用恐惧形成的附体。那个遭受蹂躏的可怜修女是在棍棒和鞭子下前行，被路易莎推上了一条异常痛苦的道路，使得她指控并且杀害了她仍然爱着的那个男人。

若是玛德琳坚持到底，戈弗瑞迪或许会逃过一劫，因为当时所有的人都不待见路易莎。身在艾克斯的米夏埃利斯本人由于被路易莎这个"传道者"盖过了风头，受到了她如此冷静的对待，因此可能会阻止整个事件的发展，而不会把荣誉留给她。

由于担心看到阿维尼翁的宗教裁判所把势力推进到其邻近地区，担心一个本地子民会在家门口被外人带走，因此马赛是支持戈弗瑞迪的。马赛的主教和神父会尤其急于保护他们的神父，认为整件事情都是无中生有，只是告解神父之间的一场争斗，只是修道士们普遍仇视世俗神父的心态导致的。

教义神父们原本会把这件事情平息下来。他们已经对闹得沸沸扬扬的此事感到心烦意乱。其中有些人还因为烦恼准备放弃一切，甚至放弃他们的家。

贵妇们都非常愤怒，尤其是利伯塔特夫人（Madame Libertat）；此人是保皇派（Royalist）的领袖，已经把马赛献给了国王。

路易莎趾高气扬地下令去抓住戈弗瑞迪的嘉布遣会，与其他的方济各会一样，是多明我会的敌人。对于这个被魔鬼附了体的朋友给多明我会带来的巨大声望，嘉布遣会嫉妒得很。此外，嘉布遣会修士居无定所的生活，使得他们可以不断地接触到女性，从而给他们带来了大量的道德问题。他们并不希望神职人员的生活受到太过仔细的审查，因此他们也站在戈弗瑞迪一边。虽说魔鬼附体者并非十分罕见，可他们竟然轻而易举地找到了一个，而且传唤之初就被推了出来。此女身上的魔鬼顺服圣方济各的绳索管束，否认了多明我会修士一方那个魔鬼所说的一切；前者坚称，"戈弗瑞迪根本就不是巫师,因此不能逮捕。"这些话都被他们直截了当地记录了下来。

人们并没有料到,在圣博姆会出现这种情况。路易莎似乎惊慌失措了。她只能说,嘉布遣会显然没有让他们的那个魔鬼发誓说真话;这原本是一种糟糕的回应,却得到了浑身颤抖的玛德琳支持,因为此时的玛德琳就像一只被人痛打过的小狗,害怕再次遭到痛打,因此愿意去做任何事情,甚至愿意撕咬任何一个人。身处此种险境中的路易莎正是通过玛德琳才狠狠地反咬了一口。

她本人只是说,主教在不知不觉中亵渎了上帝。她虽然高调抨击了"马赛的巫师",却没有指名道姓。可那句残酷而致命的话,却是玛德琳在她的吩咐之下说出来的。有个女人两年前失去了孩子,玛德琳指认说,孩子是那个女人勒死的。由于害怕遭受酷刑,那个女人就逃走或者是躲了起来。她的丈夫和父亲一路哭泣着前往圣博姆,他们当然是希望能够打动那些宗教法官。可玛德琳却不敢收回自己说过的话,因此重申了这一指控。

如今,没有一个人觉得自己安全了。一旦魔鬼被认为是上帝派来的复仇使者,那么从人们按照其吩咐、写下那些应当接受火刑之人的名字开始,在这个魔鬼面前,人人都开始不分昼夜地做着可怕的火刑噩梦了。

为了抵抗教皇的宗教裁判所(Papal Inquisition)的这些险恶做法,马赛原本应当获得艾克斯高等法院的支持才行。可惜的是,马赛很清楚,自身很不受艾克斯的待见。那是一个官僚和贵族群集的小城市,一向都对马赛这个"南方明珠"(Queen of the South)的富裕和辉煌心存嫉妒。另一方面,马赛还有一个了不起的对手,那就是教宗法官(Papal Inquisitor);为了阻止戈弗瑞迪向高等法院提出上诉,此人还先把自己的诉讼提交到了高等法院。艾克斯高等法院是一个由彻底的狂热分子组成的机构，领头的是一些重量级贵族，他们的财产在上一个世纪通过大肆屠杀瓦勒度①教徒，已经大大增加了。作为世俗法官，他们也乐意看到一名教宗法官创下先例，承认在涉及神父的案件和巫术案中，宗教裁判所不能越出初级审判的权限。这样做，就像是宗教法官们已经正式将以前的那种自命不凡抛到了一边。艾克斯的百姓就像之前的波尔多百姓一样，也心存那种沾沾自喜的想法，认为这些世俗法官已经得到了教会自身的认可，成了监察和改造教士道德品行的人。

在各个方面都显得奇特而不可思议的一桩事件当中，尤其是在那些奇迹当中，我们看到，一个极其狂暴的恶魔突然之间对高等法院变得如此客气、如此审慎和彬彬有礼了。路易莎通过称颂已故的国王，也引起了保皇派的兴趣。谁会想到，亨利四世竟然被魔鬼封为了圣徒呢？有天早上，魔鬼又不请自来，突然开始颂扬起"那位虔诚圣洁，刚刚荣登天堂的国王"了。

高等法院与宗教裁判所这两个宿敌达成了这样一种默契，故从那以后，宗教法庭便肯定了世俗法庭、世俗士兵和刽子手的管辖权；除此之外，高等法院还获得了派遣一个委员会前往圣博姆，去审查那些魔鬼附体者、记录他们的陈述、听取他们的指控以及选定陪审团的权力。这确实是一件可怕的事情。路易莎公开指认了那些支持戈弗瑞迪神父的嘉布遣会修士，并且宣称，他们的身体和血肉之躯"即将受到**现世的**惩罚"。

可怜的神父们都严重受了挫。他们的魔鬼，一个字也不肯说。他们去找主教，并且告诉后者说，他们其实可以服从世俗权力，将

---

① 瓦勒度（Vaudois），12世纪起于法国的一种福音运动，寻求以贫穷、单纯的生活方式来师法基督，因其创始人为皮埃尔·瓦勒度（Pierre Waldo）而得名。这个教派被当时的罗马天主教会视为异端，受到了迫害。

戈弗瑞迪带往圣博姆；但是，过后主教和神父会又可以将此人要回来，重新置于主教法庭的庇护之下。

毫无疑问，他们还指望着那两名年轻女子一看到自己所爱的人就会激动不已，并且达到这样一种程度：连可怕的路易莎，也有可能受到自己良心的谴责，因而产生动摇。

那颗良心，的确随着戈弗瑞迪这个有罪之人的到来而清醒过；有一段时间，这个狂暴的女人似乎还变得温柔了。我不知道还有什么东西，会比她的祷词更加炽热；她祈求上帝拯救那个因她而死的男人的性命："伟大之神，吾将创世以降所供奉，乃至世界末日也必献上之祭祀，概献于汝。一切皆舍，一切皆舍，只为路易斯。吾将每位圣徒之泪，每位天使之喜，概献于汝。一切皆舍，一切皆舍，只为路易斯。啊，但愿有更多的灵魂可以供上，让祭品变得更多！一切祭品，皆为路易斯而献。啊，上帝，天父，怜悯路易斯吧！啊，圣子，救世之主，怜悯路易斯吧！"如此等等。

毫无益处的怜悯！既具有毁灭性，又没用！她的真正心愿，就是被告不应当硬起心肠，而应当服罪。在那种情况下，根据法国的律法，戈弗瑞迪必定会被判处火刑。

简而言之就是，她本人已经疲惫不堪，无力再做什么。宗教法官米夏埃利斯对于没有她就无法获得胜利这一点感到惭愧，对那个已经变成了路易莎一个言听计从的追随者、任由她看透这场悲剧所有隐秘根源的佛兰德人大感生气，因此他前来完全就是为了击败路易莎；而要是做得到的话，他还想以桃代李，在这出广受欢迎的大戏中拯救玛德琳的性命。他的这一举措表明他具有一定的本领，并且善于观察形势。那一年的冬天和"基督降临节"期间，全都被路易莎这个可怕的女巫、狂暴女祭司的表演占据了。在普罗旺斯较为和煦的春日里，在"大斋节"里，他将带着一个更加感人的

第六章　戈弗瑞迪：1610年　　223

人物上场；那是一个彻底地具有女人味的恶魔，附着在一个生病的孩子、一个惊恐不安的金发姑娘身上。对一个出身于显赫家族的小贵妇，贵族们和普罗旺斯高等法院都会感兴趣的。

米夏埃利斯完全没理他那个佛兰德代理人兼路易莎追随者的要求，在顿普特医生试图加入由高等法院法官组成的那个特别委员会时，将他拒之于外。特别委员会里还有一名嘉布遣会修士，此人刚听到路易莎开口说了几句话，就喊了起来："闭嘴，可恶的魔鬼！"

与此同时，戈弗瑞迪已经抵达圣博姆，在那里出尽了洋相。虽是一个理智之人，他却性格软弱、该受谴责，他极其真切地预感到了那种广受欢迎之悲剧的结果；陷入如此可怕的困境之后他就明白，他被自己爱着的那个孩子抛弃和出卖了。所以，此时的他也彻底变得自暴自弃了。面对路易莎时，在他看来，她有如一位法官，跟那些残忍狡猾、对教会事务品头论足的经院学者一样。对于她提出的所有涉及教义的问题，他只是回答一个"是"，甚至是认可那些最易引发争议的观点；比如说，他竟然同意"可以相信魔鬼在法庭上所说的话和所发的誓"这种假设。

这种情况从1月1日起，到1月8日，只持续了一个星期。马赛的神职人员要求戈弗瑞迪回去。他的朋友即嘉布遣会，宣称在他的房间里并未发现巫术迹象。马赛的四位教士带着上头的命令前来提他，把他带了回去。

就算戈弗瑞迪落魄得很厉害，其对手的地位也没有上升太多。连那两位宗教法官，即米夏埃利斯和佛兰德人顿普特，彼此之间也丢人现眼地产生了龃龉。前者对玛德琳的偏袒和后者对路易莎的偏袒，并非停留在口头上，还导致他们采取了相反的行动原则。魔鬼经由路易莎之口，提出了许多乱七八糟的指控、说教和启示，可将这些东西记录下来的佛兰德人顿普特非但认为它们都是上帝的真言,而且表露出了他担心有人会篡改它们的心理。此人承认,他很不信任自己的上级米夏埃利斯,因为他极其担心,米夏埃利斯会替玛德琳篡改案卷,目的就是确保毁掉路易莎。为了尽最大的能力保护好这些案卷,他把自己关在房间里,还经历了一次标准的围攻。尽管有高等法院法官的支持,米夏埃利斯也只能借着国王的名头破门而入,由此才拿到了案卷手稿。

路易莎天不怕地不怕,竟然想挑拨离间,让教皇与国王作对。佛兰德人顿普特向阿维尼翁的教廷特使提出上诉,针对他的上司米夏埃利斯提出指控。可教皇法庭却很谨慎,担心任由一位宗教法官指控另一位宗教法官的做法会引发流言。由于没有得到教皇法庭的支持,因此顿普特别无他法,只能服从。为了让他闭嘴,米夏埃利斯便把案卷还给了他。

米夏埃利斯的案卷形成了第二份报告,他的行文沉闷乏味,内容则除了玛德琳就空无一物,完全没法与顿普特的报告相提并论。他们曾经演奏音乐,努力安抚玛德琳;他们还特别细心,记下此女何时吃了东西、何时没吃东西。事实上,他们在玛德琳身上花的时间太多,可所用的方法常常却没有什么开导作用。他们向她提出了一些奇怪的问题,涉及戈弗瑞迪这位巫师,以及此人身体上哪个部位有可能带有魔鬼的印迹。玛德琳本人的身体也接受了检查。这种检查,原本必须到艾克斯去,由外科医生和大夫实施;可在此期间,米夏埃利斯却极其狂热地在圣博姆对她进行了检查,并把这个问题当成自己的研究而记录下来了。他并没有叫女看守去检查玛德琳。不管是世俗法官还是宗教法官,他们在这个问题上都达成了一致的意见,相互睁一只眼闭一只眼,根本不用担心,他们似乎都默不作声地回避了这种蔑视外在形式的做法。

第六章　戈弗瑞迪:1610年

然而,路易莎却对他们进行了评判。这名大胆的女子把他们这种下流猥亵的做法比作是用烧红的烙铁害人。"连那些被大洪水吞没的人也决计没有行过此种邪恶!……呜呼,甚至于汝,索多玛,也从未说过类似之语!"

她还断言说,玛德琳是沉溺于不洁之中而无法自拔了。这才是最可悲的事情。由于玛德琳为自己仍然活着、为逃脱了火刑而盲目地感到高兴,或者是出于某种模糊的想法,认为如今轮到自己来对法官们采取行动了,因此这个可怜的傻瓜有时还会带着一种可耻的自由,用一种粗俗而不体面的样子载歌载舞呢。连老迈的教义神父罗米利奥也为自己手下的这名乌尔苏拉会修女感到脸红。注意到男人们都对玛德琳的长发赞赏不已之后,罗米利奥大感震惊,说必须除掉她身上的这种虚荣心,必须将其彻底根除才行。

在状态较好的时候,玛德琳却表现得温柔而顺从。

他们原本想把玛德琳变成第二个路易莎;可玛德琳身上的那些魔鬼既自负又多情,不像对方那样口若悬河、狂暴不羁。他们想要玛德琳滔滔不绝的时候,她却只能说出一些糟糕之语。米夏埃利斯其实巴不得自己亲自操刀。由于身为首席宗教法官,并且一心想要干得比手下的那位佛兰德人更好,所以他公开宣称,自己已经从这个孩子的小小身体中逐出了六千六百六十个魔鬼,只剩一百个魔鬼没有逐出了。他利用了让民众心服口服的方法,让玛德琳将一道符咒呕吐了出来;据他说,那道符咒是她以前吞咽下去的;从她口中一些黏糊糊的东西里,他把符咒拽出来了。谁还能够继续坚持下去呢?这种断言本身就令人目瞪口呆,对此深信不疑了。

玛德琳原本很有希望逃过一劫,唯一的障碍就是她自己。她经常会说出一些不计后果的事情，说一些让审判她的法官们产生疑虑的东西，使得他们全都失去了耐心。她曾声称，所有东西都会让她想起戈弗瑞迪，她无论到哪里都会看到戈弗瑞迪。当着法官们的面，她也不会隐藏自己的爱情梦想。"今晚，"她说，"我参加了巫魔会。所有的巫师，都向我全身镀金的塑像致敬。为了表达敬意，他们每个人都用针刺破自己的双手，挤出鲜血来做祭品。他也在那里，双膝跪地，脖子上套着绳索，乞求我回心转意，不要再背叛他。我拒绝妥协。接下来，他便问道：'这里有人愿意为她而死吗？'一位年轻男子应声说道：'我愿意。'于是，此人便被那位巫师献了祭。"

还有一次，她又见到了他，而他只问她要一缕漂亮的金发。"我拒绝之后，他说：'只要半根头发。'"

然而，她发誓说自己始终都没有屈服。不过，有朝一日若是门恰好开着，看看这位回心转意的姑娘，定会全速去跟戈弗瑞迪重逢呢！

他们再次镇住了她，至少是镇住了她的肉体。可她的灵魂呢？米夏埃利斯可不知道，如何才能再次捕获她的灵魂。幸好，他看到了玛德琳手上戴着的那个魔戒，便将它取下来，切开、摧毁，然后扔进了火中。此外，他认为一个性情如此温柔的人之所以会变得如此乖戾堕落，是因为一些巫师偷偷地闯进了她的房间，所以他还在她的房间里安排了一个身强力壮、全副武装的卫士，此人佩着利剑，可以砍死身边的巫师，将隐身的小妖精劈成碎片。

不过，让玛德琳回头的最佳办法就是让戈弗瑞迪死去。2月5日，宗教法官米夏埃利斯前往艾克斯举行"大斋节"布道，见到了高等法院的法官，并把他们全都煽动起来。高等法院马上在这样一种压力之下屈服了，派人向马赛下令，要逮捕戈弗瑞迪这个莽汉；

后者看到自己有主教、神父会、嘉布遣会和全世界的大力支持，还以为高等法院绝对不敢做得这么出格。

于是，玛德琳和戈弗瑞迪分别从两个地方来到了艾克斯。玛德琳狂躁不安，因此他们不得不把她绑起来。她的狂躁令人畏惧，大家都不知所措。他们至少想出了一个大胆的办法来对付这个病中的孩子；那是一种可怕的手段，会把女人吓得昏厥过去，有时甚至会让人立即毙命。大主教手下的一位代理主教提出，大主教院里有一间阴暗狭窄的藏尸所，就像您如今在埃斯库里亚尔（Escurial）可以看到的那样，在西班牙被称为"发酵罐"。

昔时，无名死者的尸骸都是扔在藏尸所里，任其腐烂。这个浑身颤抖的姑娘，被人带到了这个有如坟墓的洞穴里。他们把那些冰冷的尸骨放在她的脸上，以此来替她驱魔。她并没有被吓死，只是此后就再也不敢拂逆他们的意思，完全任凭他们处置了；这样一来，他们就达到了目的，让这个姑娘的良知丧失殆尽，并且彻底摧毁了她身上残存的道德品质和自由意志。

于是，玛德琳就变成了他们手中一件百依百顺的工具；她愿意服从他们的任何意愿，奉承他们，并且尽力事先猜测怎样做才最合他们的心意。他们把胡格诺派[①]教徒带到她的面前，她便对这些人破口大骂。面对戈弗瑞迪时，她发自肺腑地把自己对他的种种怨意都历数出来，比国王手下那些官吏们都做得更好。可这一点，在她被人带到教堂，想要通过她身上的魔鬼以那位巫师的名义亵渎上帝来煽动民众反对戈弗瑞迪时，并未让她做到没有大声嚎哭。巴力西卜经由她的口，如此说道："以戈弗瑞迪之名，我发誓弃绝上

[①] 胡格诺派（Huguenot），基督教新教加尔文教派在法国的称谓。由于反对国王专制，且曾于1562年至1598年间与法国的天主教派发生"胡格诺战争"，故这个教派长期遭受迫害，直到19世纪初才获得正式承认。

帝";而在举起圣饼的时候,魔鬼又说道:"以戈弗瑞迪之名,让公正之血加之于我吧!"

这真是一种可怕的交情!这个双面魔鬼会通过一方的口舌来声讨另一方;无论玛德琳说了什么,都会算到戈弗瑞迪的头上。于是,惊恐不安的民众都迫不及待地想要看到那个无言的亵渎者被烧死,因为通过这个姑娘的声音,他的邪恶不敬已经昭然若揭。

接下来,驱魔神父们又向她提出了一个残酷的问题:"巴力西卜,你为何会对自己的好友如此不齿呢?"关于这个问题,他们自己可能早已给出了最佳的回答。玛德琳的回答令人害怕:"人类当中都有背信弃义者,魔鬼之中又何尝不能有之?与戈弗瑞迪一起的时候,我就是他的玩物,完全按照他的意愿行事。可你们强迫我之后,我就会背叛他,让他遭到世人之蔑视。"

然而,她无法一直进行这种可恨的嘲弄。尽管那个心怀恐惧与摇尾乞怜的魔鬼似乎已经牢牢地控制了她,可她时而仍会感到绝望。她再也吃不下一点点东西,而那些在五个月的时间里已经通过驱魔术和伪称替她驱除了六七千只魔鬼、其实一直都在杀死她的人,则巴不得承认她一心求死,说她在不顾一切地寻找任何可以自我毁灭的方法。她只是没有勇气去死罢了。有一次,她用小刀扎伤了自己之后,却丧失了坚持下去的精神。还有一次,她抓起了一把刀子,而当人们把刀子夺走之后,她又试图勒死自己。她往自己的体内扎过针,接下来又愚蠢地孤注一掷,想把一根长钉从耳朵拍进自己的脑袋里。

戈弗瑞迪的结局又是怎样呢?那位宗教法官极其详细地描述了两名女子的情况,对戈弗瑞迪却是差不多只字未提。他像在火上行走一般躲躲闪闪。他的确提及的那一点点内容也非常奇怪。他描述说,他们曾经把戈弗瑞迪的眼睛蒙住,用针扎遍了后者全身,想要找出魔鬼留下了标志的那些麻木部位。把后者身上的绑带拆开之后,米夏埃利斯恐惧而惊讶地得知,有三根针所扎的部位,戈弗瑞迪都没有感觉到;于是,此人身上就找到了三个带有地狱标志的部位。这位宗教法官还说:"如果我们是在阿维尼翁的话,这个人明天就该烧死。"

戈弗瑞迪觉得自己成了一个迷途者,因而不再为自己辩护。他如今唯一的想法,就是看能不能通过多明我会的任何一个敌人,来挽救自己的性命。他希望并且明确说过,要到奥拉托利会去忏悔。但这个可以称为天主教中间偏右派的新教派非但太不友好,而且对接手一件业已毫无希望、业已发展到了此种程度的事情,也很谨慎。

于是,他再次回到了"乞讨修士"①那里,向嘉布遣会进行了忏悔,并且承认了一切,甚至不是事实的情况也都承认了,想要以耻辱来换取偷生。若是在西班牙,他肯定会被释放,只需要在某座修道院里接受一段时间的苦修忏悔就行了。可法国的高等法院却更加严厉,因为他们觉得有义务去证明世俗司法更加纯洁这一点。对于道德品行的问题,嘉布遣会修士的态度本身就有点儿不坚定,他们并不是那种会引火烧身的人。他们围在戈弗瑞迪的身边,庇护着他,日夜安慰他;但只有在修道会内部,他才有可能承认自己是一名巫师。如此一来,由于巫术是指控他的主要由头,因此一名告解神父给所有神职人员带来极大耻辱的玩火之举,可能会被他们完全抛到脑后。

所以,他的那些嘉布遣会朋友便通过温柔照料和不断敦促,从他口中诱出了那份致命的忏悔书;据他们所示,这份忏悔书将会拯

---

① 乞讨修士(Begging Friars),就是指圣方济各会与多明我会的修士。

救他的灵魂，但实际上，它必定会将他的肉体送到火刑柱上。

于是，这个人便彻底完蛋了；他们也结束了对那两位姑娘的审判，因为烧死她们并不是嘉布遣会的任务。一场闹剧出现了。在众多神职人员与法官参与的一场聚会上，玛德琳被要求出庭，要她在自言自语中召唤出魔鬼巴力西卜，命令他离开此地，如若不然，就提出反对意见。由于不愿提出反对意见，魔鬼便灰溜溜地走了。

接下来，被维瑞纳这个魔鬼附身的路易莎也被要求出庭。可在他们驱走对教会如此友好的一个精灵之前，修道士们还巧妙地安排这个魔鬼，让他表演了一场古怪的哑剧，让不熟悉这种事情的高等法院法官们都大开了眼界。"六翼天使、智天使、座天使，在上帝面前都如何行事呢？"路易莎回答道："这个问题可难回答了，因为他们没有身体。"可在他们的不断要求下，她便努力服从命令，模仿了第一种天使飞行的模样和其他两种天使的强烈渴望；结尾则是一种崇拜仪式：她在法官们面前鞠了一躬，然后头朝下，匍匐于地。接下来，他们就看到声名远播、如此高傲和如此桀骜不驯的路易莎竟然俯首屈尊，亲吻着路面，双臂伸开，直直地躺在地上。

这是一场奇怪、轻浮而不体面的表演；在这场表演中，她不得不为自己在民众当中获得的巨大成功而赎罪。她再一次向戈弗瑞迪进行了残酷而有如利刃一般的抨击，赢得了参会者的支持，而戈弗瑞迪则被五花大绑地站在那里。参会者都说："从玛德琳身上驱逐出来的巴力西卜，如今又去了哪里？""我明明看见他在戈弗瑞迪的耳朵上。"

您是不是已经受够了羞耻和恐惧呢？我们很想进一步了解，那个可怜的家伙被处以酷刑的时候究竟都说了什么。他们在戈弗瑞迪的身上既使用了普通的酷刑，也使用了不同寻常的刑罚。他透露出来的东西，无疑会让我们了解到女修道院的古怪历史。那

第六章　戈弗瑞迪：1610年　　231

些故事都被高等法院迫不及待地封存了起来,把它们当成高等法院日后可以利用的武器;不过,高等法院是"在法庭的批准之下"封存那些故事的。

米夏埃利斯这位宗教法官,因为表现出了过度的、近乎嫉妒的敌意而公开受到了猛烈的抨击;此时,他被修道会召回巴黎参加一场会议去了,因此没有看到处决戈弗瑞迪的情景。四天之后,也就是 1611 年 4 月 30 日,戈弗瑞迪在艾克斯被活活烧死了。

多明我会的声誉在此次审判中受到了损害,因此在博韦(Beauvais)发生了另一件魔鬼附身案件,他们以某种方式确保了自己在这场战争中的所有荣耀之后,他们的名声也没有好到哪里去;此案的情况,他们还在巴黎公布了。路易莎身上的魔鬼一直饱受人们的斥责,因为那个魔鬼竟然不会说拉丁语,而丹尼斯·拉卡伊(Denise Lacaille)这个新的魔鬼附体者,却在自己的胡言乱语中夹杂着少量的拉丁语词汇。多明我会大肆宣扬了她的情况,经常让她在游行队伍中进行展示,甚至还把她从博韦带到了列斯圣母院(Our Lady of Liesse)。不过,这件事一直相当平静。皮卡第的这次朝圣之旅,并不具有圣博姆事件的恐怖和戏剧性力量。这个拉卡伊尽管能说拉丁语,可她既没有那个普罗旺斯女人特有的那种热烈而滔滔不绝的口才,也没有后者那么勇敢,更没有后者的那种暴怒。她所有行动的唯一结果就是让胡格诺派教徒觉得开心。

玛德琳与路易莎这两个对手的结局,又是什么呢?前者或者至少是她的身影,一直都留在教皇辖区,以免她受人诱导,再说起这件如此可悲的事情。除了以悔罪者的角色出现,她就再也没有公开露过面。她被带到那些贫困女人当中去砍柴,然后把木柴卖掉来换取救济;因之蒙羞的父母没有遵守承诺,而是彻底抛弃了她。

至于路易莎,虽然她在审判期间曾经说过:"我可不该为此事而夸口。审判一结束,我很快就会死去。"可后来的情况并非如此。她非但没有死去,反而在继续害人。她身上那个嗜杀的魔鬼变得比以往更加暴烈了。她开始向宗教法官揭发一些人的名字,其中既有教名,也有世俗姓氏,都是她认为与巫术有关的人;其中有一个可怜的姑娘,名叫霍诺丽亚(Honoria),"双目失明",后来也被活活烧死了。

"上帝所赐,"米夏埃利斯神父说,"一切皆可归于上帝自身之荣耀,皆可归于教会之荣耀!"

第七章

卢敦的魔鬼附体者——于尔邦·格兰迪耶：1632—1634年

在著名的约瑟神父所撰写的《国家回忆录》(State Memoirs)一书中，这位虔诚的神父说明他在1633年有幸发现了一种异端邪说，发现了一种规模庞大、众多告解神父与教监都牵涉其中的异端邪说的过程；这部作品，我们如今只有摘录来加以了解，但它本身无疑一直受到教会的明智封禁，因为此书太过具有教育意义了。嘉布遣会是教会中一支优秀的巡察队伍，是"圣军"(Holy Troop)的猎犬，他们非但在法国的荒野上，甚至在法国人口稠密的地区，比如沙特尔、皮卡第以及各地，都嗅到了某种可怕猎物的味道。这只"猎物"，就是"阿隆白朗陶斯派"(Alumbrados)，也就是西班牙的"光照派"(Illuminate)。这些人在西班牙受到了严酷的迫害，因此逃到法国来避难；到了法国之后，他们却在女性世界中，尤其是在修道院里，播撒下了一种温和的毒药，后来还被人们用莫利诺斯之名来称呼。①

---

① 莫利诺斯(Molinos)于1627年生在萨拉戈萨(Saragossa)，1696年死于被宗教裁判所囚禁期间。此人的追随者被称为"寂静派"。——英译者注

奇怪的是，此事并未很快被人们得知。既然传播到了此种程度，它是不可能全然隐瞒起来的。嘉布遣会曾信誓旦旦地称，光是在皮卡第这一个地区，由于那里的姑娘性格软弱，要比南方地区的姑娘更加热情，故此种带有色情意味的神秘愚教竟然拥有近六千名公开的信仰者。是不是所有的神职人员，包括所有的告解神父和教监都参与其中了呢？我们必须记住，有许多俗家弟子都依附于正式的教监，他们对女性的灵魂洋溢着同样的热情。他们当中的一位，后来还因为自己的天资与大胆而引起了一定的轰动；此人就是《精神愉悦》(*Spiritual Delights*)一书的作者，圣索林的德马雷特(Desmarets of Saint Sorlin)。

* * *

如果不记住这种新的形势，我们就无法理解当时在修女看来教监持有的那种全能态度，因为此时的教监对修女们的控制力度已经达到了百倍于以前的程度。

天特会议①这场改革运动中关于更好地封闭修道院的措施，在亨利四世治下并没有大力实施下去；当时，修女们都有人陪伴，可以举办舞会、跳舞，等等。然而，到了路易十三统治时期，这种举措便以更加认真的态度重新开始实行了。红衣主教罗什福科(Cardinal Rochefoucauld)，或者更准确地说，是那些利用了此人的耶稣会修士，坚持实行了许多保持外在体面的措施。那么，我们是不是可以说，进入修道院的所有入口都被封禁了呢？有一位男子每天都进去，此人非但可以进入修道院，而且只要他愿意，还会进

---

① 天特会议(Council of Trent)，1545—1563年间罗马天主教会在意大利北部天特城召开的一次反新教大公会议，先后召开过三轮，重新确认了传统的天主教信仰，并且制订了反对宗教改革运动的目标。

入每间小室；这个事实，从我们已知的数桩案件中就可以看出来，尤其是在卢维埃发生的那桩大卫（David）的案件，就是如此。通过这种改革和这种封闭制度，修道院的大门的确对整个世界、对所有麻烦的对手关上了；可与此同时，教监却独享了对手下修女的支配权，享有了私下会见她们的特权。

这种情况会导致什么样的结果呢？投机者可能会把它当成一个问题来对待，可务实者或医生却不会这样干。威尔医生讲述过一些平淡无奇的故事，说明了自16世纪以后，这种情况导致了什么样的局面。在他撰写的"第四卷"中，他引述了许多为了爱情而疯狂的修女所说的话。而在"第三卷"中，他曾谈到一位可敬的西班牙神父，此人无意当中闯进了一座女修道院，出来后就疯了，公然宣称耶稣的新娘是他的新娘，是他这位神父兼耶稣代理人的新娘。他做了弥撒，以回报上帝赐予他如此迅速地与整座修道院联姻的恩宠。

假如这就是一次短暂造访导致的结果，那么我们就可以理解一名教监单独与修女们待在一起，并且能够利用这些新的限制措施，整天与她们耳鬓厮磨，一个又一个小时地聆听她们的相思和软弱这样危险的秘密时，会陷入一种什么样的困境了。

处在这些姑娘导致的困境里时，纯粹的理智并不是无所不能的。教监必须体谅她们的精神萎靡，必须体谅她们的生活方式做出某种改变具有绝对的必要性，必须体谅她们需要某种梦想或者消遣来缓解一生的单调无聊。这一时期里，可谓是怪事频生。旅行、西印度群岛发生的事件、"新大陆"的发现，以及印刷术的发明，到处都是传奇啊！这一切都在外部世界发生着，让人们的心中烦扰不安；您不妨想一想，里面的人又如何能够忍受僧侣生活那种压抑和千篇一律的生活，如何能够忍受旷日持久而又令人生厌的礼拜,其间加以调剂的充其量不过是用鼻音进行的布道呢?

* * *

生活在如此多让人分心的事物、欲望之中的世俗之人,本身也并未坚持说他们的告解神父应当赦免他们种种反复无常的行为。神父们则是一步一步地被这些东西所吸引,或者被迫去接受这些东西的。世间出现了大量的文艺作品,既种类繁多,又博学芜杂,既有诡辩术,也有包容万象的艺术;这是一种进步的文艺,身在其中时,今晚的放纵似乎会变成明天的严峻。

此种诡辩之术本就是为世间而生,而神秘主义则天生属于修道院。人的毁灭和意志的消亡构成了神秘主义的主要原则。德马雷特充分地说明了这一原则真正具有的道德意义。"虔敬者,"他如此说道,"已经放弃和消灭了自我,不再存于世间,而只存于上帝。从此以后,他们就不可能做错事了。他们中的大多数都变得如此神圣,以至于不再了解其他的人正在做些什么。"①

人们可能一直以为,满腔热血且曾经大声疾呼、反对这些腐化堕落之教义神父的约瑟,原本会走得更远,以为会出现一场规模浩大、带有彻查性的宗教审判,会找出无数神职人员并对他们进行严格的审查;这种神职人员数量庞大,据估计,光是一个省就达六万。可事实并非如此;这些人都消失不见了,而人们再也没有了他们的

---

① 中世纪常反复出现的一种古老学说。17世纪时,这种学说盛行于法国和西班牙的修道院里。在卢维埃事件中,一位诺曼民族的天使曾教导过一位修女,要后者效法耶稣,轻视肉身、不理会自己的肉体,因为耶稣曾经在所有的人面前脱下衣物,接受鞭打。这位天使以圣母马利亚为榜样,强迫修女们在灵魂和意志上都彻底屈服,因为圣母马利亚"服从了天使加百列,怀上了孩子而没有任何邪恶的风险,因为不洁不可能来自天使"。在卢维埃,大卫这位具有一定权威性的老年教监也宣导说,"罪孽可以被罪孽消灭,是再次变成无罪者的更好途径。"——作者注

任何消息。据说,其中有少量神职人员沦为了阶下之囚;他们并未接受审判,只是一片沉寂。从表面来看,黎塞留①对查究此事毫不关心。尽管对嘉布遣会很和气,但他还没有到盲目地在一件事情上被嘉布遣会牵着鼻子走的程度,没有让监管所有告解神父的权力全都落到后者的手中。

一般说来,修道士们对这些世俗的神职人员都怀有一种嫉妒和厌恶之心。嘉布遣会虽是西班牙女性的主宰者,可他们都太过卑鄙,不会被法国女性所喜;法国女性都更喜欢找本国的神父,或者要耶稣会会士当她们的告解神父,而后者具有双重身份,半为修士、半为凡人。如果黎塞留一下子对嘉布遣会、静思派②、加尔默罗修会、多明我会等都放任自流的话,那么所有的神职人员当中,哪些人会安然无事呢?又有什么样的教监、什么样的神父,无论此人多么正直诚实,曾经对他们的忏悔者用过并且是错误地用过寂静派③的那种温和之语呢?

黎塞留小心翼翼地没有去干扰神职人员;此时,他已经在推动召开三级会议(General Assembly),而根据这次会议,他很快就会要求神职人员为战争做出贡献了。其间,法国只对修道士进行了一场审判,当时审判的是一位主教代理,但此人也是一位会施巫术的主教代理;这次审判与戈弗瑞迪案一样,他们任由形势变得极其

---

① 黎塞留(Armand Jean du Plessis de Richelieu, 1585—1642年),法国国王路易十三的宰相和天主教枢机主教,波旁王朝第一任黎塞留公爵,也是一位著名的外交家与政治家。在任期间,他通过一系列外交努力,为法国在此后两百年内保持欧洲大陆霸主地位奠定了基础,故被西方世界誉为"现代外交学之父"。
② 静思派(Recollects),法国方济各会在15世纪末出现的一个改革支派。
③ 寂静派(Quietists),一种主张"寂静主义"的天主教神修学派,始于17世纪末的法国、意大利和西班牙等国,被西班牙神秘主义者莫利诺斯加以系统化,后被教皇英诺森十一世等宣布为异端。

错综复杂,以至于没有一位告解神父、没有一位教监认为自己与此案中的被告相似,而是每个神职人员都可以十分安全地说:"我可不是这样。"

* * *

正是由于采取了这些严格的预防措施,格兰迪耶案才变得有点儿鲜为人知。① 记录此案的是嘉布遣会修士特朗基耶(Tranquille),他令人信服地证明,格兰迪耶是一名巫师,并且更有甚者,格兰迪耶还是一个魔鬼;在审判中,格兰迪耶还被称为"主天使②格兰迪耶",就像人们曾经可能称呼亚斯他录③那样。另一方面,梅纳日④如今却很乐意把格兰迪耶列入那些被控有巫术的伟人和那些具有自由思想的殉道者之列。

为了看得更清楚一点儿,我们不能只看格兰迪耶本人;我们必须把他放到那个时代、放到那部邪恶三部曲中的位置上。在这部三部曲中,他只是出演了第二幕。我们必须根据第一幕,即已经在圣博姆那桩可怕案件中、在戈弗瑞迪之死中呈现给我们的那一幕来理解此人;我们必须根据第三幕,根据卢维埃案来理解此人。卢

---

① 新教徒奥宾(Aubin)所著的《卢敦魔鬼史》(History of the Loudun Devils)一书是一部严肃而可靠的作品,得到了劳巴德蒙(Laubardemont)本人所撰《报告》(Reports)的确认。而嘉布遣会修士特朗基耶所撰的报告,则是荒谬可笑的。《诉讼记录》(Proceedings)现存于巴黎大图书馆(the Great Library)。菲吉耶先生(M. Figuier)在其《奇迹史》(History of the Marvellous)一书中,对整个事件进行了详细而精彩的描述。——作者注
② 主天使(Dominations),在基督教中天使等级中位居中三级之首的一种天使,据说地上界的天使均归其管辖,神交付的任务也由其执行。亦拼作 Dominion,译"宰制天使"。
③ 亚斯他录(Ashtaroth),《圣经》中所载的异族神祇之一,原是天使,后堕落成恶魔。
④ 梅纳日(Gilles Ménage, 1613—1692年),法国中世纪的学者,著有《女哲学家传》(Historia mulierum philosopharum)等作品。

维埃案可以说是卢敦案的翻版,而卢敦案又是圣博姆案的翻版;所以,如今就轮到此案中出现一个戈弗瑞迪和一个于尔邦·格兰迪耶(Urban Grandier)了。

这三桩案件的情况可以说完全相同。每桩案件中都有一位放荡不羁的神父,每桩案件中都有一位心怀嫉妒的修道士,以及魔鬼借以发声的疯狂修女;而这三桩案件中的神父,最终也都被烧死了。

在这里,您可能会看到一丝亮光,它会让我们看清这些事情,比透过西班牙或意大利一座修道院那种朦胧的阴影看得更清楚。在南方那些风气懒散的地区,修女们都令人惊讶地消极被动,忍受着那种有如深宫后院一般,甚至是处境更加糟糕的生活。[①] 我们法国的女性却正好相反,她们天生具有集坚强、活泼和难以取悦于一身的个性,因此她们的嫉妒之心和怨恨同样可怕;毫不夸张地说,她们一个个确实都是魔鬼,因而会轻率鲁莽、咆哮不已和迅速地提出指控。她们揭露出来的情况非常清晰,实际上最终还清晰得让每个人都觉得惭愧;所以,过了三十年和三桩案件之后,开始时可以说是由恐怖导致的整件事情,就在大家厌恶地发出的阵阵嘘声下,完全湮灭在自身的沉闷之中了。

我们可以看到一桩令天主教徒名誉扫地之事件的发生地,并不是在卢敦那一群群普瓦捷人当中,并不是在那么多冷嘲热讽的胡格诺派教徒面前,并不是在他们举行盛大的全国性宗教会议的这个小城里。可天主教徒可以说是生活在一个被征服的国度[②],生活在原来信奉新教的那些城镇里,享有最大的自由,而且并非毫

[①] 参见德尔·里奥、洛伦特·里奇等人的记载。——作者注
[②] 胡格诺派教派的最后一座堡垒拉罗谢尔(Rochelle)陷落一事,发生在 1628 年。——英译者注

无理由地想着他们以前经常屠杀、可不久前却大获全胜的教派，因此他们都不是会谈及此案的人。信奉天主教的卢敦，居民包括地方官吏、神父、修道士、少量贵族和一些工匠；这里与其他地区不怎么往来，就像一个真正获得了胜利的殖民地。我们很容易猜到，由于神父与修道士之间的竞争，这个殖民地也被撕裂成了两半。

＊　＊　＊

修道士人数众多、高傲自负，是专门派去让人们皈依信仰的人，在反对新教徒的道路上保持着优势，正在聆听信奉天主教的贵妇们忏悔；此时，从波尔多来了一位年轻的主教代理，此人由耶稣会会士抚养长大，学识不凡、举止文雅，写得一手好文章，谈吐不俗。他成了神职人员纷纷谈论的对象，不久后又蜚声国内外了。此人生于芒特市（Mantes），喜欢争辩，在南方接受了教育，具有波尔多人的敏捷特点，喜欢吹牛，轻浮而不稳重。他很快就让卢敦的人都对他言听计从，将所有的女人都吸引到了自己身边，可绝大多数男性都和他作对。他开始变得傲慢无礼、令人难以忍受，对任何东西都毫无敬畏之心。他用冷嘲热讽彻底击败了加尔默罗会；他会站在讲道坛上，对所有的修道士大肆责骂。听了他的布道之后，修道士们都气得说不出话来。他骄傲而威严，在卢敦的大街小巷行走时，仿佛是"教会之父"（Father of the Church）似的；可到了晚上，他却没有了那么大的气势，而是会偷偷地沿着偏僻的小路，在后门溜出溜进。

女人全都任凭他摆布。检察官的妻子见识到了他的魅力；公诉人的女儿更是如此，还给他生了一个孩子。这一点并没有让他感到满足。成了贵妇们的主宰者之后，这位征服者继续利用自己的优势，最终赢得了修女们的芳心。

到了那个时候，乌尔苏拉会已经遍地开花了；这些修女们致力于教育，在一个信奉新教的地区传教，既恭维和获得了母亲们的欢心，也赢得了小姑娘们的支持。卢敦的修女还建立了一座由年轻女士组成的小修道院，其中既有贫苦人家的女儿，也有出身富贵的姑娘。这座修道院本身非常贫穷，其中的修女除了自己居住的房子，即一座老旧的胡格诺学院，什么也没有。修道院院长是一位名门淑女，与上流社会关系密切；她急于提高这座修道院的名望，对其加以扩充，使之变得更加富有和更广为人知。或许，如若不是已经找到了一位在法国具有不同背景且是当地两位主要地方法官近亲的神父来当教监，她原本也会追随当时该市的潮流，选择格兰迪耶的。此人就是米尼翁教士（Canon Mignon），他牢牢地掌控了那位女院长。由于女修道院院长可以听取手下修女的告解，因此在忏悔室里得知年轻的修女们除了格兰迪耶什么也不想要，并且经常谈论此人之后，两人都感到异常愤慨。

于是，那三个人，即受到了威胁的教监、受到了欺骗的丈夫和愤怒不已的父亲，便怀着一种共同的嫉妒之心联合起来，发誓要一起毁掉格兰迪耶。为了确保成功，他们其实只需让他继续那样干下去。此人很快便自取灭亡了。一件事情曝光之后引发的喧嚣，几乎让这座城市陷入了混乱当中。

* * *

安置在那座古老的胡格诺教派学院内的修女，她们的心里可一点儿也不轻松。寄宿在修道院里的都是本市市民的孩子，或许还有一些年纪较小的修女，她们会扮成鬼怪和幽灵，以吓唬别人为乐。这群出身富贵、被宠坏了的姑娘当中，几乎没有什么秩序可言。她们晚上在过道里到处乱跑，直到把自己吓了一跳才会作罢。

其中有些人生了病，或者是心里烦闷。但这些恐惧和幻想与城中的流言蜚语交织在一起；她们在白天已经听到了太多的流言，而到了晚上，幽灵最终就化身为格兰迪耶本人了。有几位姑娘曾说晚上看到过他，感觉到他就在她们的附近，并且不知不觉地在他的大胆侵犯下屈服了。这是纯属幻想呢，还是那些见习修女开的玩笑？是格兰迪耶贿赂了女门房进去的，还是说他胆大包天，翻墙进去的呢？案件的这一部分始终都没有厘清。

从那时起，三个人就确信他们能够逮住格兰迪耶了。首先，在受到了他们保护的那一小群人当中，他们煽动了两个善良的人，公开宣称他们无法再让一个不检点的人、一名巫师、一个魔鬼、一个自由思想者做主教代理了，因为此人做礼拜时只跪一条腿而不是双膝跪地，藐视规矩，并且违背主教的权力赦免他人的罪孽。这是一种狡猾的指控，使得格兰迪耶的捍卫者即普瓦捷主教也开始与他作对，把他交给了那些愤怒不已的修道士。

老实说，这一切都是精心策划出来的。除了让两个穷人当原告，他们还认为，由一位贵族来抨击格兰迪耶也是一种很明智的做法。在决斗流行的那个时代，任由自己受到肆意抨击的人，就会失去民众的支持，在女人们的尊敬中堕入万劫不复之境。格兰迪耶深刻地感受到了这种重击。由于喜欢在任何情况下都成为民众关注的焦点，所以他便去找国王，拜倒在国王面前，恳求国王替他向这种职业侮辱进行报复。从一位如此虔诚的国王那里，他原本是有可能获得支持的；可当时碰巧有人对国王说，此事纯属一桩风流韵事，不过是一位受到了背叛的丈夫将愤怒发泄到敌人身上罢了。

在普瓦捷的宗教法庭上，格兰迪耶被判处进行忏悔，被逐出卢敦，并且成了神父之耻。可民事法庭审理了此案之后，却发现他是无辜的。他仍然得等着在宗教上管辖着普瓦捷的波尔多大主教索尔迪斯(Sourdis)的谕旨。后者是一位好斗的高级教士,与其说他是一位神父,还不如说他是一位海军上将和一名勇敢的水手;听说了这样一种小小的过失之后,他只是耸了耸肩。大主教宣告这位主教代理无罪,但同时也明智地建议他离开,到卢敦以外的地方去生活。

不过,格兰迪耶这个高傲自负的人可不愿那样干。他想在这个战场上享受胜利,想在贵妇们面前炫耀。他在光天化日之下回到了卢敦,搞得大张旗鼓;他的手中拿着一根月桂枝招摇过市的时候,女人们全都在窗户里看着他。

* * *

由于对这桩愚蠢的事件感到不满,他还开始威胁,说要求赔偿。如此一来,由于受到了逼迫和危害,他的敌人便反过来,呼吁人们记着戈弗瑞迪一案;在那件案子里,"说谎之人的父"魔鬼恢复了荣誉,被法庭确认为合适、诚实的证人,既值得教会这一方信任,也值得国王陛下之官吏的信任。在绝望当中,他们便召唤出了一个魔鬼,并且找到了一个能为他们所用的魔鬼。这个魔鬼就出现在乌尔苏拉会中。

这是一件很危险的事情,可在当时,有多少人都在关注着此事,希望他们获得成功啊!那位女院长看到,自己那座可怜而卑微的修道院突然之间吸引了宫廷、各省以及整个世界的目光。修道士们自认为胜过了神父这些竞争对手。他们重新描绘了上一个世纪对魔鬼发动的那一场场广受欢迎的战斗,它们就像苏瓦松[①]的

[①] 苏瓦松(Soissons),法国东北部埃纳河畔皮卡第大区埃纳省的一个古老城镇,亦译"索松"。

情况一样，常常都发生在教堂门口；他们重新描绘了当时人们的恐惧之情，以及对"善良之神"（Good Spirit）获胜的喜悦之心；他们重新描绘了魔鬼感受到上帝在圣餐中的存在而进行的忏悔，以及胡格诺派因为被魔鬼亲自驳斥而受到的屈辱。

在这一出出悲喜剧当中，驱魔神父代表着上帝，或者起码也是代表着打败了恶龙的"天使长"[①]。他从神坛上走下来，虽说浑身筋疲力尽、汗流浃背，却是凯旋，被民众簇拥着前行，沉浸在那些喜极而泣的善良女性的祝福当中。

因此，这些宗教审判当中一向都需要一抹巫术色彩。光凭魔鬼，就能激发出平民百姓的兴趣。人们不可能总是看到魔鬼化身为黑色蛤蟆的模样从一个人身上出来，就像1610年波尔多的情况一样。不过，通过展示一种宏大壮观的舞台布景，很容易为他们编造出这样一种场景。普罗旺斯案之所以成功，很大一部分原因就在于玛德琳那种令人觉得凄凉的狂热与圣博姆弥漫着的恐怖气氛。卢敦弥漫着的，则是散布在数个教派中的众多驱魔神父形成的那种喧嚣与疯狂。最后，我们马上就会看到，卢维埃通过编造出午夜的种种场景，为这种正在日渐消退的时尚注入了一点点新的活力；在那些场景中，众多附于修女身上的恶魔借着火炬的微光开始挖掘，直到从它们自己一直藏身的洞穴中掘出某些符咒，才算罢手。

* * *

卢敦事件始于那位女修道院院长，以及她手下的一位俗家修

[①] 天使长（Archangel），基督教中所称的最高级天使米迦勒（Michael），传说他曾用长矛制服了撒旦所化的赤色火龙，将其踩在脚下。

女。她们出现了抽搐发作,说着可恶的胡言乱语的症状。其他修女也开始像她们一样,其中有位胆大的姑娘还尤其像是马赛的那个路易莎,被同一个魔鬼——狡诈与说着邪恶话语的头号恶魔"利维坦"附了体。

整个小城里,可谓是人人自危。形形色色的修道士都自行将修女们分配下去,三人或四人一组地替她们驱魔。他们把城中的教堂进行了细分;光是嘉布遣会就占了其中的两座。人们都跟在他们身后,因为所有女性都到了场而变得甚嚣尘上;而在这帮惊恐万分、焦虑不安的观众当中,不止一位女性还大声叫着,说她们也感觉到了魔鬼。① 城中有六位姑娘被魔鬼附了体。而且,毫不遮掩地描述这些令人恐慌的事件,导致希侬②也出现了两桩新的魔鬼附体案。

各地都在谈论这件事情,其中包括巴黎和宫廷。法国的西班牙裔王后③既富有想象力,又非常虔敬,因而派出了自己的施赈员;不仅如此,她还派出了自己忠实的追随者、年迈的教皇制信徒蒙塔哥勋爵(Lord Montague)。此人看到了一切,也相信了一切,并将整件事情完完整整地汇报给了教皇。这是一种业已得到了证明的奇迹。他看到了某位修女身上的伤痕,以及魔鬼在那位女修道院院长手上留下的记号。

对于此事,法国国王又说了什么呢?他的虔敬之心全都转向了魔鬼、地狱和种种可怕的想法。据说,黎塞留很乐意让国王保持

---

① 同一种歇斯底里的蔓延标志着一个较晚时期的"复活",一直发展到在爱尔兰爆发出最后的疯狂。译者希望有朝一日能够弄清楚此处描绘的这种身体问题。——英译者注
② 希侬(Chinon),法国卢瓦尔河谷(Loire Valley)的一座历史重镇。
③ 即奥地利的安娜(Anne of Austria),她是法国国王路易十三(Louis XIII)的王后。——英译者注

这种状态。我可不信;那些恶魔本质上都是西班牙的,站在西班牙人一方;就算他们谈及过政治,所说的话语必然也是不利于黎塞留的。或许,黎塞留是害怕那些恶魔吧。不管怎样,他都向他们表示了敬意,派自己的侄女前去,证明他对此事非常关注。

* * *

宫廷相信了此事,可卢敦本身却没有相信。这里的魔鬼,不过是马赛那些恶魔的蹩脚模仿者,将前一天晚上在米夏埃利斯神父那部著名的指南中学到的东西于第二天早上排演一遍罢了。除了秘密的驱魔术,除了为白天的闹剧进行的精心排练,他们从来就不知道要说些什么;而他们夜复一夜地进行演练,目的就是表演给人们看。

有位坚定不屈的地方法官,他也是该市的一名法警,曾经轰动一时:他亲自对那些无赖进行了一番侦察,然后威胁并且谴责了他们。这种态度也反映出了波尔多大主教那种心照不宣的观点,此人就是格兰迪耶曾经向其进行过申诉的那位大主教。他颁布了一整套规矩(它们至少也是那些驱魔神父的指导原则),下令驱魔神父们停止种种随意武断的做法;更有甚者,他还派出了自己的外科医生,对那些姑娘进行了检查,发现她们既没有被魔鬼附体,没有疯癫,甚至也没有生病。那么,她们究竟是什么人呢?当然都是无赖了。[①]

因此,在那一百年当中,医生与魔鬼一直都在进行着此种崇高的较量,进行着这场光明与知识对阵谎言与黑暗的斗争。我们看

[①] 米什莱先生,她们可不一定就是无赖,起码也不是有意这样的;不过,她们都是些愚蠢而歇斯底里的病人,属于相信招魂术的复兴派,是神经错乱的受害者,或者过度神经质的敏感的人。——英译者注

到，这场斗争始于阿格里帕和威尔。邓肯医生[①]继续勇敢地在卢敦进行了斗争，并且毫无畏惧地让他人相信，此事不过是一场闹剧罢了。

尽管声称要进行反抗，可恶魔其实被吓坏了，因此闭上了嘴巴，完全说不出话来。不过，民众的热情已经被激发得太过强烈，故事情并没有到此为止。民意再次如潮水一般涌起，支持格兰迪耶，使得原先受到抨击的人反过来倒成了抨击者。与原告有亲戚关系的一位药剂师，被市里一位富有的年轻贵妇告上了法庭，因为后者说她是主教代理的情妇。结果，药剂师被判诽谤，不得不向她道歉。

女修道院院长则变成了一个失势的女人。一位证人后来看到，她身上的魔鬼记号是用颜料画上去的，每天都重新描，这一点是很容易证明的。不过，由于她是国王手下一位名叫劳巴德蒙的法官的亲戚，此人便救了她一命。这位法官接到的命令很简单，就是去瓦解卢敦的强势之处。他设法获得了委任，亲自去审判格兰迪耶。红衣主教明白被告是一位主教代理，是那个卢敦鞋匠[②]的朋友，也是王后美第奇的玛丽（Mary of Medici）手下的无数代表之一，他已经让自己成了教区教徒的秘书，还以王后玛丽的名义，撰写了一本有失体面的小册子。

至于黎塞留，他倒很想对整件事情表现出一种高尚的蔑视，要是这样做对他本人来说很安全的话。嘉布遣会和约瑟神父也注意

[①] 邓肯医生（Doctor Duncan），此处应指丹尼尔·邓肯（Daniel Duncan，1649—1735年），苏格兰裔法国医生和胡格诺派教徒，著有数部关于化学疗法的作品。
[②] 此人是一位出身卑贱、名叫哈蒙（Hammon）的女人，她进入宫廷之后，因受美第奇的玛丽恩宠而身居高位。参见小仲马（Dumas）的《著名罪案》（Celebrated Crimes）。——英译者注

到了这一点。假如黎塞留表现出不热心的话,他就会给嘉布遣会和约瑟神父一个很好的机会,使之联合起国王来对付他。有一位奎林特人(Quillet)经过深思熟虑之后,前去拜见首相黎塞留,向他提出了警告。可黎塞留不敢听从这种建议,只是用严厉的目光注视着他,因此提出建议的此人认为,自己的万全之策就是到意大利去寻求庇护。

* * *

劳巴德蒙于 1633 年 12 月 6 日抵达了卢敦;他既带着严重的畏惧心理,也拥有无限的权力,甚至包括了国王本身才拥有的那些权力。可以说,整个王国之力全都变成了一根可怕的大棒,目的就是为了打死一只小小的苍蝇。

地方法官们都很生气,市府里的那位警官则提醒格兰迪耶,说他第二天就不得不把后者逮捕起来。格兰迪耶没有留意此人的警告,因此被逮捕了。不一会儿,他就被人带走了,未经审判就被关进了昂热的地牢里。很快,他又被带了回来,您觉得他会被关到哪里呢?竟然被关进了一座宅子里,关进了一位敌人的家里;后者将窗户完全封了起来,差点儿让他窒息而死。他们对这位巫师的身体进行了令人作呕的仔细检查,用针扎遍他的全身,目的就是找出魔鬼留下的标记,而这一切竟然全都是由原告们亲手进行的;他们让格兰迪耶预先体味到了将来的惩罚,也预先对他进行了报复。

他们带着格兰迪耶前往各座教堂,让他与姑娘们对质;此时,那些姑娘们已经得到了劳巴德蒙的暗示。她们由于在前文提到的那位被判诽谤的药剂师所开药物的作用下变得混乱糊涂,因此全都狂怒无比地冲出来,以至于有一天,格兰迪耶差点儿被她们用指甲掐死。

第七章 卢敦的魔鬼附体者——于尔邦·格兰迪耶:1632—1634 年

这些姑娘无法模仿马赛那位魔鬼附体者滔滔不绝的口才，转而使用了淫秽之语。看到这些姑娘在大庭广众之下，以责骂她们伪装出来的那些魔鬼为借口，大肆发泄她们肉欲上的愤怒，真是一件可怕的事情啊。因此，让观众越聚越多的人实际上就是她们。人们都成群结队地前来，以便从这些女人的口中，听到其他女人都不敢说出的话语。

　　随着事态变得越来越可恶，此事也变得越来越可笑了。她们必然会把别人偷偷告诉过她们的少量拉丁语，全都复述得牛头不对马嘴。民众发现，那些魔鬼从来就没有经历过他们这种下层社会的生活。然而，嘉布遣会的修士们却都冷静地说，就算这些魔鬼的拉丁语讲得不好，他们也是讲易洛魁语①和图皮纳姆比语②的能手。

＊　＊　＊

　　从相距六十里格的圣日耳曼（St. Germain）或者卢浮宫（Louvre）来看，如此不体面的一出闹剧，就显得不可思议、令人生畏且骇人听闻了。宫廷既感敬畏，又浑身发抖。黎塞留为了取悦朝中君臣，做了一件懦弱的事情。他竟然下令拨款给驱魔神父和修女们。

　　得到了如此巨大的恩宠，阴谋者们全都欣喜若狂。胡说八道完了之后，接下来就出现了可耻的行为。驱魔神父宣称那些修女们都累了，然后就带着她们出了城，各自领着她们到处走。其中有一位修女竟然怀了孕回来，至少从外表上来看就是如此。可到了

---

① 易洛魁（Iroquois）是生活在北美的印第安人。
② 图皮纳姆比（Tupinambi）是巴西沿海的印第安人。——英译者注

第五个月或者第六个月,一切外在的怀孕迹象都消失了,而她身上的那个魔鬼则承认,是他邪恶地加以诽谤,才让那位可怜的修女看上去像是怀了孕。卢敦发生的这个故事,我们是从卢维埃的那位历史学家的作品中得知的。①

据说,约瑟神父秘密来了这里一趟之后,便明白了此事即将出现什么样的结局,因此不声不响地打了退堂鼓。耶稣会也去了,试了他们的驱魔之法,接下来什么也没干,察觉到了民意,同样偷偷地走了。

不过,修道士们、嘉布遣会已经走到了这一步,故只能靠吓唬别人才能挽救自己了。他们给那位勇敢的法警及其妻子设下了一些奸诈的圈套,试图毁掉他们,从而平息即将到来的正义反击。最后,他们又敦促那些专员迅速遣送格兰迪耶。形势不能再继续下去了,因为修女们自身正在摆脱他们的掌控。发泄出了那种可怕的肉欲狂欢,为了看到鲜血直流而肆无忌惮地高喊之后,其中有两三位修女悄悄地消失了,因为她们的内心充满了厌恶与恐惧,对自己的行径感到恶心。尽管说出真相之后等待她们的将是一种可怕的噩运,尽管她们肯定会在一座地牢中度过余生,可她们还是在一座教堂里承认自己该死,承认她们一直都在玩弄魔鬼于股掌之间,而格兰迪耶是无辜的。

* * *

她们虽然毁掉了自己,却还是无法解决这个问题。该市集体向国王提出抗议,也无济于事。1634年8月18日,格兰迪耶被判处火刑。他的敌人如此暴烈,以至于在烧死他之前,再次坚持用针

---

① 参见埃斯皮瑞·德·博斯罗格(Esprit de Bosroger),第135页。——作者注

扎刺他的全身,要找出魔鬼在他身上留下的标记来。若不是医生不肯,一位法官甚至会将格兰迪耶的指甲全都拔掉。

他们都很担心,不知受害者在临刑前会说出什么样的遗言。在他留下的案卷当中,人们发现了一份谴责神父独身主义的手稿;因此那些称之为巫师的人,本身认为他是一个自由思想者。他们都还记得那些具有自由思想的殉道者在宗教法官面前说出的、句句掷地有声的勇敢之语;他们都还记得佐丹奴·布鲁诺(Giordano Bruno)的最后一次演讲,记得瓦尼尼(Vanini)的大胆反抗。① 因此,他们同意了格兰迪耶的要求,说他如果谨言慎行的话,就可免于被烧死,或许可以吊死他。这位软弱的神父本身是一个有血有肉的人,便在肉体的这种要求面前屈服了,答应他们什么也不说。一路上,他一言未发,甚至到了刑台之上,也是如此。当他被人牢牢地捆到柱子上,一切都准备就绪,火把也已点燃,只待让他迅速葬身于烟雾与火焰之中后,他自己的告解神父、一位修道士不等行刑者动手,就点燃了柴堆。这位发誓保持沉默的受害者,只来得及说了一句话:"这么说,你们欺骗了我!"火焰就狂暴地腾空而起,痛苦的熔炉就开始启动,除了这个可怜之人的尖叫,就什么也听不到了。

黎塞留在自己的回忆录里极少提及这件事情;就算提及了,他也是带着明显的羞愧之情。他让我们相信,他只是按照呈送给他的报告行事,根据民意来行事。尽管如此,通过犒赏驱魔神父,通过让嘉布遣会独揽大权,任由他们击败法国,他在这场骗局中的推波助澜作用可不止一点点。如此在格兰迪耶身上重新出现的戈弗

---

① 两者都是那不勒斯人,且都是被活活烧死的;前者即布鲁诺,是1600年被害于威尼斯的;后者即瓦尼尼,是1619年在图卢兹被烧死的。——英译者注

瑞迪，也即将在卢维埃事件那种更加邪恶的困境中重现。

就在 1634 这一年里，恶魔们从普瓦图（Poitou）一路追猎而来，进入了诺曼底（Normandy），一次又一次地模仿圣博姆案中的各种愚蠢行为，丝毫都没有出现新意、天赋或者想象力的迹象。普罗旺斯那个疯狂的"利维坦"在卢敦被人仿冒的时候，丧失了南方的那种锋芒，只有用索多玛语流利地跟处女们讲话，才能摆脱困境了。不久之后，呜呼！到了卢维埃，这个魔鬼甚至丧失了往日的胆识，吸收了北方那种懒散的性情，竟然堕落成了一个蹩脚的鬼怪。①

---

① 怀特、小仲马两人对于尔邦·格兰迪耶性格的看法，都与米什莱先生的观点不同。尤其是小仲马，他认为格兰迪耶是自身的勇敢无畏和敌人对他的憎恨之心的无辜牺牲品，而那些敌人当中，最厉害的就是黎塞留本人，因为黎塞留对格兰迪耶怀恨在心。——英译者注

第八章

卢维埃的魔鬼附体者，玛格达伦·巴文：1633—1647年

假如黎塞留根据约瑟神父的要求，允许对"光照派"告解神父的行为进行宗教调查，些许奇怪的亮光就会照进幽暗的修道院深处，让我们看清修女们的日常生活。虽然他没有做到这一点，我们还是可以从卢维埃事件中得知，尽管光照派带来了新的堕落途径，可教监仍然会求助于利用巫术、幽灵等的老花招，而不管这些幽灵是天堂里的还是地狱里的；[①]因此，这一事件的启发性意义，要比艾克斯和卢敦两案深远得多。

在三十年的时间跨度里，先后被任命为卢维埃修道院教监一职的那三个人当中，第一位就是大卫，此人是一位"光照派"修士，预先对莫利诺斯进行了遏制。第二位叫皮亚（Picart），他是一位与

---

① 欺骗那些希望被骗的人，是很容易做到的。到了这个时候，禁欲主义要比中世纪更难实行，而斋戒与流血事件也大幅减少了。许多人都是死于这种极其残酷的呆滞生活带来的紧张过度。他们毫不掩饰自己的痛苦，会向他们的修女、他们的告解神父和圣母马利亚本人坦承这些痛苦。这是一件可悲的事情，一件令人难过的事情，而不是一件可以嘲笑的事情。在意大利，有位修女曾经乞求圣母马利亚的怜悯，乞求圣母赐给她一个情人。——作者注

魔鬼打交道的巫师。第三位名叫博乌勒(Boullé),是一位伪装成天使来行事的巫师。

关于此事,有一部非常优秀的作品,书名叫作《玛格达伦·巴文传》(The History of Magdalen Bavent),记述了卢维埃修女的故事以及对其进行的讯问案,于1652年出版于鲁昂)。① 此书的出版日期说明,作者是在完全自由的情况下撰写出来的。在投石党运动②期间,一位大胆的奥拉托利会神父在鲁昂的一座监狱里发现了那位修女,便鼓起勇气,由她口述,写下了这位修女的生平故事。

玛格达伦在1607年生于鲁昂,九岁时就成了孤儿。十二岁的时候,她开始师从一位女帽匠学手艺。这位女帽匠家的告解神父是一位方济各会修士,对她家具有绝对的掌控权;女帽匠为修女们制衣,需要仰仗教会。那位修道士无疑是用颠茄或者其他的神奇饮料,把见习修女们灌得晕晕乎乎,让她们相信自己被人带到了巫魔会上,并在那里嫁给了"达贡"③这个魔鬼。当时已有三位修女被这个魔鬼附体,而十四岁的玛格达伦就成了第四位。

玛格达伦是一名虔诚的信徒,尤其是崇拜圣方济各。鲁昂的一位贵妇刚刚在卢维埃成立了一座方济各会修道院;此人是因欺

---

① 我不知道还有哪部作品会比这一部更加重要、更加可怕或者更值得重新印行。它是同类书籍中行文最有力量的一部。嘉布遣会修士埃斯皮瑞·德·博斯罗格撰写的《受苦的虔诚》(Piety Afflicted),则可谓是愚蠢史上最不朽的作品。勇敢无畏的外科医生维夫林(Yvelin)撰写的两本小册子,即《宗教审判》(Inquiry)与《谢罪》(Apology),如今存于圣吉纳维夫图书馆(Library of Ste. Genevieve)。——作者注
② 投石党运动(Fronde),指1648—1658年间法国反对红衣主教马扎然、反对专制制度的两次政治运动,第一次发生在1648—1649年,由巴黎高等法院领导,第二次发生在1650—1653年,由一些亲王领导。
③ 达贡(Dagon),古时非利士人(Philistine)崇拜的一种半人半鱼神,在弥尔顿的《失乐园》中为堕落天使。

诈而被处以绞刑的律师亨内昆（Hennequin）的遗孀。她希望借由自己的这种善举，来帮助拯救丈夫的灵魂。为此，她还向一位圣人，即年迈的神父大卫寻求过建议，而后来此人也担任了新成立的修道院的教监一职。那座修道院位于卢维埃市的入口处，由于四周为树林环绕，成立的原因又是如此地具有悲剧性，因此看上去相当阴森和可怜，足以成为一个坚定地献身于上帝的地方。大卫因身为《鞭笞雷克斯》(Scourge for Rakes)一书的作者而闻名；那是一部古怪而感情强烈的作品，内容是反对那些有污修道院清名的暴行。① 这个严肃朴实的人突然之间就对纯洁产生了一些非常古怪的观念。他变成了一位裸体主义者（Adamite），鼓吹亚当在其无罪之时的那种赤身裸体。卢维埃那些温顺的修女试图压制和羞辱新来的见习修女，让后者变得顺从，因而坚称这些年轻的"夏娃"都应当回归到她们共同母亲的那种困境中去；当然，这是夏季的时候。在这种状况下，她们被派往一些僻静的花园里去锻炼，然后被带到了小教堂里面。玛格达伦是十六岁的时候来做见习修女的，她太过高傲，或许在那个时候也太过纯洁，因此无法服从这样古怪的一种生活方式。因为在一次圣餐仪式中试图用圣坛台布遮住自己的胸部，她还遭到了一顿严厉的责骂。

她也同样不愿意按照女修道院院长们特别喜欢的那种惯常做法，袒露出自己的灵魂，不愿向院长忏悔。她宁愿把自己交托给年迈的大卫，而大卫也将她与其他修女区分对待。他把自己的一些小毛病都告诉了她。大卫也没有向她隐瞒自己内心中存有的教义，即主宰着那座修道院的"光照主义"（Illuminism）："你必须通

---

① 参见弗洛凯（Floquet）的《诺曼底高等法院》(Parliament of Normandy)，第五卷，第636页。——作者注

过罪孽让自己变得谦卑，抛下所有的自傲，来消除罪孽。"玛格达伦被修女们堕落到了极点的做法吓坏了；后者全都悄无声息地践行着她们一贯被灌输的那种教义。她不再与其他修女为伴，一个人独来独往，最后成功地被罚去当看门人了。

* * *

大卫在她十八岁的时候去世了。年迈让他没法与这位姑娘远走高飞。不过，继任的主教代理皮亚却疯狂地对她展开了追求；在告解室里，他对玛格达伦讲的除了情话就没有别的。皮亚让玛格达伦当自己的教堂女司事，以便他可以在教堂里单独与她见面。玛格达伦并不喜欢此人；可修女们不准她换一个告解神父，以免她泄漏她们的小秘密。这样，她就被皮亚牢牢掌控住了。连她病得要死的时候，此人也纠缠着她，试图吓唬她，不断地说他从大卫那里得到了一些来自地狱的处方。他假装有病，乞求她去看望他，想以此博得她的同情。从此以后，他就变成了玛格达伦的主宰者，用魔药扰乱她的心神，使得她相信自己跟着他去参加了巫魔会，并在那里充当祭坛和供品。最后，此人甚至变本加厉，不再止于巫魔会这种惯常行径，不惧由此可能导致的流言，竟然让她怀上了孩子。

对一个了解她们道德品行的人，修女们都感到畏惧，而她们的兴趣，也使得她们与此人绑在一起，沆瀣一气。这座修道院，因为皮亚的精力充沛、他的良好名声、他从四面八方吸引来的施舍和捐赠而变得富裕起来了。他将给她们修建一座大型的教堂。在卢敦事件中，通过这些修道院盲目地进行着的激烈竞争、各自抱有的野心，我们已经看到，它们是如何满怀嫉妒之心地努力想要胜过其他修道院的。由于有钱人都很信任他，因此皮亚自认为已经达到了这座修道院的恩人和第二创立者这样高的地位。"亲爱的，"他曾对玛格达伦说,"那座高贵的教堂,全都是我一手建造起来的!我死后,你将看到那里会出现种种奇迹。你难道不同意这种说法吗?"

这位优雅的绅士并非全然不在意玛格达伦。他非但将自己的部分遗产留给了她,还将这个本已是俗家修女的玛格达伦升为了正式修女。这样一来,玛格达伦就不再当门房,可以住在修道院里面的一个房间里,以便她方便的时候,可以被带到他的房间。通过某些药物,还有自身的习惯做法,修道院里无需医生帮忙,也没有大碍。据玛格达伦称,她生过好几次孩子。至于生下来的婴儿结局如何,她始终都没有说。

此时皮亚已是一位老人,很担心反复无常的玛格达伦有朝一日会从他的身边飞走,担心她会对另一位告解神父说出一些悔恨的话语。于是,他采取了一种可恶的做法,要将她牢牢地、无可挽回地跟他绑在一起,逼着她立了一份遗嘱,并在遗嘱中承诺"他死之时,她也殉葬;无论他到哪里,她就跟到哪里"。对于可怜的玛格达伦来说,这真是一种可怕的想法。难道她必须跟着他一起坠入无底的深渊吗?难道她必须跟着他一起堕落,甚至是堕入地狱?她觉得自己永远地迷失了方向。她沦为了皮亚的财产和纯粹的工具,被他用于和滥用于各种各样的目的。皮亚让她做了许多最为可耻的事情。他把她当成了一种拉拢其他修女的魔咒。一块浸透了玛格达伦鲜血的圣饼被埋在花园里,定然会对她们的感觉与思想造成干扰。

此时,正是于尔邦·格兰迪耶被烧死的那一年。在法国上下,人们谈论的除了卢敦的魔鬼,就没有别的了。埃夫勒的宗教审判员(Penitentiary of Evreux)参与了那出大戏,将这个可怕的故事带回了诺曼底。玛格达伦以为自己被魔鬼附体和被魔鬼击中了,总觉得有一只淫荡而双眼冒火的猫跟在她的身后。渐渐地,其他修女也开始染上这种疾病,症状则是种种古怪而不自然的抽搐和扭动。玛格达伦曾经寻求一位嘉布遣会修士的帮助,后来又求到了埃夫勒主教那里。事情发展到这一步,那位女修道院院长心里一定清楚得很,可她并不感到内疚,因为她已经看到,同样的事情给卢敦修道院带来了巨大的财富与名气。可在六年的时间里,主教却对她们的恳求置若罔闻,这无疑是因为主教惧怕黎塞留;当时,后者正在着力于对修道院进行改革。

黎塞留希望结束这些流言蜚语。直到此人去世以及路易十三殡天,到了随着王后和马扎然①统治而来的分裂期间,神父们才又开始制造奇迹,并向魔鬼开战。皮亚已经去世;对于一个极其危险的人可能反咬一口来指控他人的问题,神父们也没有那么胆怯了。他们为自己找到了一种幻象,来应对玛格达伦的种种幻觉。他们让一个叫作"诞生圣母的修女安妮"(Sister Anne of the Nativity)②进入了那座修道院;此人是一个乐观自信、性情歇斯底里、需求旺盛、近乎疯狂的姑娘,到了至少会相信自己所说谎话的程度。于是,两位姑娘之间就出现了一场混战。她们开始相互诬告。安妮宣称,她看到站在玛格达伦身边的魔鬼全身一丝不挂。玛格达伦则信誓旦旦地说,她在巫魔会上看到了安妮,并且后者跟修道院院长、助理嬷嬷(Mother-Assistant)和见习修女嬷嬷(Mother of the Novices)在一起。除此之外,两人就没有说出什么新鲜内容,只不过是将艾克斯和卢敦那两场声势浩大的审判混杂

---

① 路易十三去世时,其子路易十四尚年幼,由其母奥地利的安妮摄政。而马扎然(Mazaring,1602—1661年)接替黎塞留成为枢机主教,帮助安妮巩固其统治地位。
② 安妮(Anne),基督教中虚构出来的人物,是圣母马利亚的母亲,也就是耶稣基督的外婆,后被尊称为"圣安妮"(Saint Anne)。

起来,旧事重提罢了。两人都只是看了公开发表的东西,照本宣科而已。此外,她们两人都没有表现出什么智慧与创造性。

原告安妮以及附于她身上的魔鬼"利维坦",有埃夫勒的宗教审判员支持;此人也曾是卢敦案中的一个主要角色。根据他的建议,埃夫勒主教下令掘出皮亚的尸身,以便将皮亚的尸身带离附近地区之后,魔鬼们也会跟着离开那座修道院。在没有进行聆讯的情况下,玛格达伦就被判有罪,受到了侮辱,被人检查了身体,查找魔鬼留下的标志。检查者撕下她的面纱和长袍,带着一种卑鄙无耻的好奇心拿她取乐,一针一针地在她身上扎刺,让她一次次地流血,以便获得将她烧死的权利。这些处女既不让其他人来对玛格达伦进行本身就属于酷刑的这种仔细检查,又扮演着女看守的角色,由她们来确定玛格达伦是否怀了孩子;她们将她全身剥光,用针扎进她颤抖的血肉之躯,想要找出那些没有感觉、暴露出魔鬼印迹的部位。可她们发现,每扎一下她都疼得厉害;就算运气不好,无法证明她是一名女巫,这些女人至少也能从她的眼泪与尖叫声中获得快感。

* * *

可是,安妮修女并不满意;最后,仅凭她身上那个魔鬼的一句话,原本已由这次检查的结果证明无罪了的玛格达伦,竟然被判处终生监禁,要在一座安息所里度过余生。据说,她的离去会让那座修道院平静下来;可实际情况却并非如此。魔鬼比以前更加暴烈了;又有大约二十名修女开始大喊大叫、说出预言,并且自残。

这种景象吸引了许多好奇心重的人从鲁昂来到这里,其中甚至还有从巴黎远道而来的。维夫林(Yvelin)是巴黎一位年轻的外科医生,已经看到了卢敦的那出闹剧,这一次又来观看卢维埃的这出闹剧了。他还带来了一位头脑十分清醒的地方官吏,此人是鲁昂的税务专员(Commissioner of Taxes)。两人孜孜不倦地关注着这件事情,在卢维埃住了下来,进行了长达十七天的调查研究。

从第一天起,他们就看穿了其中的阴谋。他们一到卢维埃,就与埃夫勒的宗教审判员谈过一次话;而安妮修女身上的恶魔,却将此次对话的内容向他们复述了一遍,仿佛那是一种启示似的。这出闹剧的场景布置得极其引人入胜。苍茫的夜色、火炬、不停闪烁和冒着青烟的灯盏,营造出了人们在卢敦没有领略过的效果。余下的过程则极其简单。一位被魔鬼附体的修女称,在花园里的某个地方,他们会找到一道符咒。他们前去挖掘,真的找到了符咒。遗憾的是,维夫林的朋友,也就是那位持怀疑态度的地方官吏,一直都没有离开闹剧中那位女主角即安妮修女半步。就在刚刚打开的一个洞边,他一把抓住了安妮修女的手,打开一看,发现她手中竟然拿着那道符咒;那是一段黑线,她正准备扔进那个洞里。

在场的驱魔修士、那位宗教审判员、神父们和嘉布遣会修士们全都面面相觑,不知所措。无所畏惧的维夫林便自行开始了一场细致的调查,从而揭穿了此案的内幕。

据他称,在五十二位修女当中,有六位属于魔鬼附体者,但她们应当受到惩罚。还有十七位修女则是中了符咒的受害者,是一群被修道院里的那种疾病弄得心烦意乱的姑娘。他描述得极其准确:那些姑娘都很正常,只是有点儿歇斯底里,被自己内心的某些狂暴想法所掌控,主要都是些疯狂的、患有精神疾病的人。一种神经质的传染病毁掉了她们,而首要的任务就是将她们隔离开来。

然后,此人又带着伏尔泰①的那种热情,对神父们喜欢用来辨识魔鬼附体者那种超自然特点的记号进行了研究。他承认,魔鬼附体者会说出预言,但预言的只是一些决计不会发生的事情。她们的确会转述,却不理解转述之语的意思;比如,她们将拉丁语"*ex parte virginis*"理解成了"圣母马利亚的离去"②。在卢维埃的百姓面前,她们都懂希腊语;可到了巴黎的神学家面前,她们却不会说希腊语了。她们就像是蹦蹦跳跳,用最简单的跳跃方式爬上了一个三岁小孩都爬得上去的一棵树。总而言之,她们唯一做的、真正可怕与反常的事情,就是说出了男人都不会说出的许多粗鄙之语。

* * *

在撕下这些人的面具时,维夫林医生也为人类做出了一种巨大的贡献。因为随着此事的进一步发展,他们还会炮制出其他的受害者。除了那些符咒,他们还找到了一些文件,将其归咎于大卫或者皮亚所作;其中不是把这个人就是把那个人称为女巫,说必须处死她们。每个人都吓得浑身发抖,唯恐发现自己的名字位列其中。原本只是弥漫在神职人员当中的那种恐惧逐渐蔓延到了百姓当中。

马扎然治下的那个腐败时代、软弱的"奥地利的安妮"治下的初期,此时已经到来。秩序和政府都不复存在了。"不过,人们还是留下了一句话,那就是:王后极其虔诚。"她的虔诚给了神职人员一个占据上风的机会。随着黎塞留而埋葬了的那种世俗权力,

---

① 伏尔泰(Voltaire,1694—1778 年),法国著名的启蒙思想家、哲学家、作家兼历史学家。
② "*ex parte virginis*"本义是指"圣母马利亚一方"。

将由主教、神父和修道士们接管。那位地方官吏及其朋友维夫林的胆大妄为与不敬行径,让这种美好的希望陷入了危险当中。呻吟与哀号之声不绝,上达到了那位虔敬王后的耳中;只是这些呻吟与哀号并非发自受害者,而是发自那些在违法犯罪时被人当场抓住了的无赖。他们竟然前往王廷,为了人们对其宗教的愤慨而哀泣。

维夫林没有料想会遭到此种打击;他认为自己在王廷里的根基很稳固,因为他担任"王后御用医生"这一职衔已有十年之久。不等他从卢维埃返回巴黎,奥地利的安妮就因为性格软弱而经不住诱惑,任命了由维夫林的敌手提名的另一个委员会;其中包括一个年迈老耄的傻瓜,鲁昂一个叫作迪亚法留斯(Diafoirus)的人及其侄子,后面两人都是神职人员。这三个人的确不负所望,发现卢维埃一案是不可思议的,非人力所为。

若不是维夫林的话,任何一个人可能都会因此而感到气馁。鲁昂的医生们都完全瞧不上这位外科医生,认为他是理发师的同道,不过是个锯骨头的人①罢了。王廷也没有给他任何褒扬。尽管如此,他仍然坚持不懈,撰写了一篇留传至今的论文。他承认,这是一场科学对阵神父谋略的战斗,就像威尔在16世纪所做的那样,宣称"在所有这些案子中,合适的法官并非神父,而是有科学知识的人"。他费了九牛二虎之力,才找到一个胆大之人给他印刷这篇论文,但没人愿意售卖他的这部小小作品。于是,这位勇敢的年轻人便在光天化日之下,开始亲手散发自己的作品。他跑到巴黎新桥(Pont Neuf)上,就在亨利四世雕像的脚下,向路人散发自己的实录;那里是人们去得最多的一个地方。在这份实录的结尾处,

---

① 锯骨头的人(sawhones),以前人们对外科医生的谑称。

人们发现了一份关于那场可耻骗局的正式陈述，说明了那位地方官吏是如何从女恶魔们的手中发现了证据，无可辩驳地证明了她们的不光彩行径的。

* * *

现在，我们再来说一说可怜的玛格达伦吧。她的敌人即埃夫勒的那位宗教审判员，利用自己的影响力，让她经历了被针扎遍全身的检查，然后将她像猎物一样，带到了该市主教地牢的最里面。由一条通往一个洞穴的地下通道往下而去，再到洞穴下方的一个囚室里，这个可怜的人就躺在那里，被潮湿与黑暗所包围。由于料想到她很快就会死去，因此那些可怕的同伴甚至没有发发善心，连让她包扎身上伤口的一条麻布也没给。她躺的那里肮脏不堪，她既全身痛楚，又没法把身上弄干净。她整夜整夜地因为那些饿得要命、跑来跑去的老鼠而不得安生；老鼠是每座监狱里都有的恐怖现象，喜欢啃食犯人们的耳朵和鼻子。

不过，所有的这些恐怖之处都比不上她的暴君，即那位宗教审判员亲手对她所施的虐行。日复一日，此人都会来到上面的那间地下室里，透过囚室的口子对她说话，威胁她、命令她，并且不管她愿不愿意，要她承认别人犯下的这种或者那种罪行。最后，她终于不再进食了。由于担心她马上死去，他又把她暂时地弄出了这个安息所，关到了上面那间地下室里。接下来，因为被维夫林的那部实录弄得勃然大怒，他便再次把玛格达伦扔进了原来的那间囚室里。

其间再次瞥见的那一缕光明、身体的短暂恢复和希望的突然破灭，都让玛格达伦绝望到了极点。她的伤口正在愈合，因此体力也强壮了一些。她陷入了一种深刻而强烈地渴望死去的心态当中。她吞食过蜘蛛，但并没有被毒死，而是把蜘蛛都呕了出来。她吞食过碎玻璃，可仍然无济于事。她找到了一片锋利的旧铁片，试图割断自己的喉咙，却又下不了手。接下来，她把铁片捅进了自己的肚子，因为那样做毕竟要容易一些。她捅了四个小时，血流不止，却还是没有成功。即便是这个伤口，不久以后也开始愈合了。而最让人受不了的还是，她所憎恨的生命力却得到了恢复，并且比以往更加强大了。心已死去，她却仍须苟活。

她再次变成了一个女人；呜呼！她仍然是看守们倾慕的对象，仍然对他们具有诱惑力。他们都是主教辖区里一些粗俗的流氓；尽管这个地方很恐怖，尽管这个不幸之人身处可悲而肮脏的困境中，他们却还是会来拿她取乐，认为他们可以为所欲为地对付一名女巫。但据玛格达伦称，有位天使帮助了她。她既要让自己免遭老鼠的啃咬，又要对付那些男人。然而，她没法保护自己不遭到自己的伤害。她的囚禁状态腐蚀了她的心灵。她梦到过魔鬼，并且乞求魔鬼前来看望她，好让她重新体味到在卢维埃曾经沉迷于其中不能自拔的可耻的快乐。可魔鬼从来都没有屈尊回来过。在这种丧失理智的状态下，她再次陷入了原先那种对死亡的渴望当中。有位看守给过她一包药，原本是让她去毒杀老鼠的。她刚想把那包药咽下去，一位天使却让她住了手，让她苟延残喘，去犯下其他的罪行；那么，这究竟是一位天使，还是一位魔鬼呢？

从此以后，由于深陷卑劣之深渊，变成了一个代表着懦弱与奴性的透顶坏蛋，她便承认了一长串自己从未犯下过的罪行。她值不值得人们大费周章地去烧死呢？许多人都已不再怀有此种念头，可那位冷酷无情的宗教审判员却仍然坚持这样做。他用钱收买了当时被关押着的一名埃夫勒巫师，要后者作伪证，使得玛格达伦可以被判处死刑。

然而，将来他们还会利用玛格达伦来达到其他一些目的，即作假证，将她变成随心所欲地诬蔑他人的工具。不论想要毁掉哪个人，他们都只需把这个受到了诅咒的幽灵带到卢维埃或者埃夫勒就行了，因为她已经变成了一个行尸走肉，活着只是为了让别人去死的女人。她曾经这样被带出去，用话语杀死了一个名叫迪瓦尔（Duval）的可怜男子。那位宗教审判员告诉她什么，她马上就会复述出来；待前者将迪瓦尔身上的一些标志告诉了她之后，虽说从未见过迪瓦尔，她却将他指认了出来，说在巫魔会上曾经见过此人。有了她的证词，此人最终就被烧死了！

她承认自己犯下了可怕的罪孽，因此一想到该在上帝面前如何回答，她就浑身发抖。由于她变得如此地为人不耻，所以此时没有人再屈尊去照管她了。囚室的门敞开着；有时她还会拿到钥匙。可她已经成了万人惧怕的对象，如今她又能到哪里去呢？从那时起，整个世界都开始排斥她，将她逐了出去；留给她的唯一世界，只剩下那间囚室了。

在马扎然及其"虔敬王后"极度混乱的统治时期，主要权力仍然掌控在最高法院手里。鲁昂的高等法院此前一直都对神职人员最为友好，可后者傲慢地进行审查、发号施令和烧死百姓的做法，最终还是激怒了鲁昂高等法院。当时，仅凭鲁昂主教的一道谕旨，皮亚的尸身就被挖了出来，扔进了公用下水道里。如今，他们又开始对博乌勒进行审判了；此人是一位助理神父，据说是教唆皮亚的人。聆听了皮亚家人的哭诉之后，鲁昂高等法院便做出判决，要埃夫勒主教重新将皮亚安葬于卢维埃的坟墓里，费用却是皮亚自家出的。高等法院还传唤了博乌勒，亲自对他进行审判，同时派人将可怜的玛格达伦从埃夫勒转移到了鲁昂。

人们都很担心，高等法院会让维夫林和将作弊修女当场抓住的那位地方官吏出庭。他们赶紧前往巴黎，发现马扎然这个无赖很乐意为他们这些无赖提供保护。整个案件上诉到了国王手下的王室法院；那是一个姑息纵容的法庭，既盲又聋，关心的只是掩盖、平息、隐藏一切与公正有关的东西。

与此同时，一些巧舌如簧的神父在鲁昂的地牢里安抚住了玛格达伦；他们聆听了她的忏悔，并且命令她通过忏悔，向那些加害于她的人，即卢维埃的修女们请求宽恕。从此以后，无论发生什么，玛格达伦都不可能再去作证，再去指控那些如此牢固地束缚她的人了。这的确是神职人员的一次胜利；一位从事驱魔仪式的无赖神父，即嘉布遣会修士埃斯皮瑞·德·博斯罗格，还在其《受苦的虔诚》中歌颂了这次胜利。此书可以说是纪念其愚行的一座荒唐丰碑，他在其中不知不觉地对他以为自己正在捍卫的那些人进行了控诉。

我在前文中提及的投石党运动是一场以诚实正直为目标的革命。愚笨之人只看到了这场运动的外在形式，只看到了其中可笑的方面；但从本质上来看，它却是一件严肃的事情，是一种道德上的反击。1647年8月，带着第一缕自由的气息，最高法院挺身而出，快刀斩乱麻地解决了这个问题。首先，最高法院下令摧毁了卢维埃的那座索多玛修道院；姑娘们都被遣散，送回了各自的家属那里。接下来，最高法院又颁布法令，规定从此以后，各省主教应当派遣专门的告解神父前往各座女修道院，每年四次，以确保此种恶劣的虐待行为不再死灰复燃。

然而，神职人员还是得到了一丝安慰。他们获准焚烧了皮亚的尸骸，并将博乌勒活活烧死了。在大教堂里公开做了忏悔之后，博乌勒就被绑在栅栏上，拉到了鱼市（Fish Market）上；1647年8月21日，他在那里接受了火刑。玛格达伦，或者更准确地说是她的尸骸，则仍然留在鲁昂的监狱里。

第九章

魔鬼在17世纪获得胜利

投石党人都有点儿像是伏尔泰。伏尔泰的精神像法兰西本身那样历史悠久,只是长期以来都受到了遏制,如今则在政治领域爆发出来,不久后又蔓延到了宗教世界。那位"伟大的国王"[1]曾经徒劳地想要确立一种郑重其事的庄严表象。可在这样一种庄严之下,笑声还在继续。

那么,当时除了嘲弄和玩笑,是不是其他什么都没有呢?不是的,还有理性之发端(Advent of Reason)。凭借开普勒(Kepler),凭借伽利略(Galileo)、笛卡尔(Descartes)、牛顿(Newton)等人,此时理性之信条已经在不可更改的自然法则中成功地占据了上风。奇迹再也不敢现身,而即便是胆敢现身,也会被人们嘘下台去。换言之或说得准确一点儿,就是那些纯属心血来潮的奇妙神迹已经销声匿迹,取而代之的则是让人们看到了宇宙的强大奇迹;后者由

---

[1] 指法国国王路易十四(Louis XIV,1638—1715年),此人别号"太阳王",是法国历史上在位时间最长的一位(长达72年)。

于更有规律可循，因而也更加神圣。

这场声势浩大的反叛最终取得了决定性的胜利。大家可以看出，这场反叛是用早期一场场起义的大胆形式，并且用伽利略的冷嘲热讽、用笛卡尔引出其体系的那种绝对怀疑论发挥出作用的。对于上述方面，中世纪都会如此评价："这是邪恶者之灵。"

然而，这场胜利并不是一场消极的胜利，而是极具积极意义且有一定基础的一场胜利。自然之灵与自然科学这些古时的"不法之徒"，带着不可抗拒的力量回归了。一切虚张声势的阴影，都会被真实和实在之物暴露出来，无所遁形。

人们出于愚昧，曾经说过："伟大的潘神已死。"不久之后，由于看到潘神依然活着，他们又将其变成了一个邪恶之神；在这样一种混乱当中，他们完全有可能受人蒙骗。可是，瞧啊！在统辖着星辰、统辖着生命深层奥秘之法则带来的那种大稳定中，潘神依然活着，和谐地活着。

* * *

在这一时期，出现了两桩完全不相矛盾的事情：撒旦之灵获胜，而巫术盛行的局面终告结束了。

凡是鼓吹奇迹的人，不管鼓吹的是魔迹还是圣迹，最终都会病入膏肓。巫师和神学家一样都无能为力。可以说，他们都会变成江湖郎中，徒然地祈祷着出现某种不可思议的变化，希望出现某种天意（Providence），以便创造出奇迹；对于此种奇迹，科学却只会向自然和理性去寻求。

尽管这个世纪中的詹森派[①]教徒满腔热情，可他们也只成功

[①] 詹森派（Jansenist），17世纪荷兰的罗马天主教教徒康内留斯·奥图·詹森（Cornelius Otto Jansen，1585—1638年）创立的一个教派，强调原罪、人类的全然堕落、恩典的必要和宿命论等方面，曾被几代教皇排斥，更是被教皇英诺森十世宣布为异端。

地创造出了一种非常细小、非常荒谬的奇迹。运气较糟的则是那些富裕而有权有势的耶稣会会众;他们即便是不惜任何代价,也没法创造出任何奇迹,因而不得不满足于一个歇斯底里的姑娘看到的种种幻象。这位姑娘就是玛加利大·亚拉高修女[①],此人有着极度嗜杀的习性,眼睛里只有鲜血。鉴于如此无能为力,所以魔法与巫术就有可能为自己找到某种慰藉。

在那种超自然的古老信仰正因此而没落下去的时候,神父和女巫们却有着共同的命运。在中世纪的恐惧与幻想中,这两种人被紧紧地捆绑到了一起。就算捆绑在一起,他们也仍须面对人们普遍的嘲笑与蔑视。当莫里哀取笑魔鬼及其"沸腾的坩埚"时,神职人员曾经深感不安,认为人们对天堂的信仰同样堕落了。

一个全都由世俗之人组成的政府,也就是伟大的柯尔贝尔那个政府,不可能掩饰住他们对这古老问题的蔑视之态;在很长一段时间里,此人实际上就是法国的国王。这个政府将鲁昂高等法院仍在塞满巫师的监狱全都清理一空,并在1672年规定,禁止法院受理任何针对巫术的诉讼。鲁昂高等法院提出了抗议,并且让人们理解,这种否定巫术的做法会让许多事情陷入危险之中。任何怀疑这些低等神秘现象的态度,都会动摇许多人对一种高等神秘现象的信仰。

* * *

巫魔会销声匿迹了;可为什么会消失呢?是因为它如今已经无处不在。它进入了人们的习惯之中,变成了人们日常生活中的

[①] 玛加利大·亚拉高(Sister Mary Alacoque,1647—1690年),全名为 Margaret Mary Alacoque,法国的天主教修女,据说她在圣体前祈祷时耶稣曾经现身,吩咐她推行"圣心礼"。

惯例。长期以来,人们一直谴责魔鬼和女巫,说他们热爱死亡甚于热爱生命,并且憎恶和阻碍了大自然的种种繁衍能力。如今已是虔诚的17世纪,女巫正在迅速消失,我们却会发现,对不孕的热爱与对子嗣众多的恐惧心理实际上是一种普遍存在的疾病。

如果撒旦识字的话,那么读到那些在他离去之地接受了他的决疑者①撰写的作品时,撒旦完全有理由哈哈大笑起来。因为二者之间至少有一处不同。在恐怖时代,撒旦曾为饥民提供食物,怜悯穷人。可如今这些家伙,却只会同情富人了。形成了诸多恶习、奢靡之风,有了宫廷生活之后,富人仍然是一种贫穷而可悲的乞丐。富人会带着一种虽然谦卑却具有威胁性的神气前来忏悔,以便从神父那里获得允准,从而心安理得地去作恶。总有一天,勇敢之人将讲述出一个令人震惊的故事,说出决疑者为了留住忏悔者所做的懦弱之事,以及他们如此卑鄙、大胆地玩出的那些可耻花招。从纳瓦罗②到埃斯科瓦尔(Escobar),人们一直以牺牲妻子为代价,进行着那种最奇怪的交易,此后又发生了某种小小的争执。可这一切全都无济于事。决疑者被打败,成了彻头彻尾的懦夫。从佐科利(Zoccoli)到利古力③,即从1670年至1770年,决疑者便不再对大自然设置禁令了。

据说魔鬼在巫魔会上曾经显露过两副面孔:前面一副似乎咄

---

① 决疑者(casuist),指试图利用通用规则和仔细区分特殊情况来解决伦理两难问题的人,尤指神学家。亦指诡辩家。
② 纳瓦罗(Navarro),西班牙北部的一个教区,隶属于阿斯图里亚斯省(Asturias)的阿维莱斯市(Avilés),现正式名称为"瓦利莱诺/纳瓦罗"(Valliniello/Navarro)。
③ 利古力(Liguori),指圣阿尔芬苏斯·利古力(Saint Alphonsus Liguori, 1696—1787年),中世纪意大利罗马天主教的一位主教,同时也是宗教作家、作曲家、艺术家、诗人、经院哲学家兼神学家,曾成立了"至圣救主会"(Congregation of the Most Holy Redeemer)。

咄逼人，后面一副则有点儿滑稽。如今既然魔鬼无事可干，他便把滑稽的一面慷慨地留给了决疑者。

看到他的这些可靠朋友们在诚实正直的民众当中，在受到教会摆布的那些正经人家当中立足下来，魔鬼一定会觉得很好笑。世俗之人通过当时那种了不起的资源，即有利可图的通奸行为来改善自己的处境，他们嘲笑谨慎之人，并且厚颜无耻地由着自己的天性行事。另一方面，虔诚的家庭却只是追随着耶稣会。为了保住并且将他们的财产集中起来，留给每一个富有的子孙后代，他们便走上了新唯心论的邪路。其中最骄傲的一些人沉浸于一种神秘的黑暗之中，在跪拜台上丧失了对他们自身的关注与了解，全都遵循着莫利诺斯宣导的那种教训："在此世，我们活着就是为了受苦。但随着时间的推移，一种虔诚淡然的习惯会让痛苦得到抚慰，让人进入梦乡。如此一来，我们就达到了一种否定。您说是死亡吗？完全不是。不融入尘世，不倾听其声音，我们就会听到一种微弱而柔和的回音。这种回音就像是神之恩典带来的意外惊喜，如此温柔与透彻；在自卑之时，在意志完全湮灭的时候，这种感觉最为明显。"

真是细腻而深情款款啊！唉，可怜的撒旦！汝何来落伍至此！竟至弯腰屈尊，致敬与颂扬于汝之孩子！

* * *

从人们称之为巫术这种流行的经验主义中诞生的医生，才是魔鬼真正合法的孩子；他们是魔鬼最宠爱的后嗣，却彻底忘记了这个把最高遗产留给了他们的魔鬼。女巫为他们铺就了道路，可他们也没有心存感激。不，他们的做法还不止于此。对于这位堕落之王、他们的父亲与创造者，他们还用鞭子狠狠地进行了抽打。

"汝亦如此乎,吾之孩子?"他们给小丑们提供了残酷无情地去对付他的武器。

即使是在 16 世纪,对于那个从女预言家西比尔所处的时代起,直到女巫所在的时代止,一直都附身于和困扰着女性的那个幽灵,也有人不屑一顾地加以嘲笑。他们认为,这个幽灵既非上帝,也非魔鬼,不过是中世纪所谓的"空中之王"罢了。撒旦什么都不是,只是一种疾病而已!

在他们看来,魔鬼附体不过是修道院里那种有如监狱一般、静坐不动、枯燥无聊而又坚定不移的生活所导致的结果。至于戈弗瑞迪那位小玛德琳身上的六千五百个魔鬼,以及在卢敦和卢维埃两地的疯狂修女体内进行搏斗的大批魔鬼,这些医生都称之为生理狂躁(physical storms)。"如果说埃俄罗斯①能够撼动尘世,"维夫林曾说,"那他为何不能撼动一个姑娘的躯体呢?"卡蒂埃尔(La Cadière)的外科医生也曾冷静地说道:"这不过就是子宫栓塞罢了。"关于此人,我们很快就将谈到他的更多情况。

真是精彩的抨击啊!被最简单的药石和莫里哀之后种种驱魔术击败后,中世纪的恐怖气氛定会消失得无影无踪!

这是对这个问题的彻底简化。撒旦可没有这么简单。医生们既没有看到他的高度,也没有看到他的深度;而他在公元 1700 年前后以科学的形式进行的那场宏大起义,那种不洁与虔诚奇怪地混杂在一起的阴谋诡计,以及伪君子塔尔土夫②和普里阿普斯的结合,他们也没有看到。

人们都以为自己对 18 世纪有所了解,却一直都没有看出这个

---

① 埃俄罗斯(Æolus),古希腊神话中的风神。
② 塔尔土夫(Tartuffe),莫里哀同名喜剧中的主人公。

世纪最根本的一个特点。这个世纪的外在文明越是伟大,照耀着其最上层的光明越是清晰和充足,那么范围广泛的所有下层领域,包括神父与修道士,以及轻信、病态且容易相信自己所见所闻的女性,就越是显得与世隔绝和封闭。在这个世纪末出现卡廖斯特罗①、梅斯梅尔②和催眠者等之前的那些年里,许多神父仍在从事着古老过时的巫术。他们只会谈论妖术,散播对妖术的恐惧心理,从事着用他们那些可耻的驱魔术去捕猎魔鬼的行当。许多人都自命巫师,并且心里清楚得很,只要不再烧死民众,他们就没有什么风险。他们明白,自己受到了那个时代的温和精神、身为他们敌人的哲学家的种种宽容教诲、那些了不起的小丑的轻浮多变等方面的庇护;后者认为,任何事情都可以一笑泯之。如今,正是因为人们都在大笑,这些前景暗淡的阴谋家才继续不慌不忙地走着他们的路。这种新的精神,也即摄政时期③的精神,就是持怀疑态度和宽容随和。这种精神在《波斯人信札》④中闪耀着,在18世纪那位无所不能的记者伏尔泰身上到处闪耀着。一见到人类流血,此人的心中就会充满义愤。其他的所有事情,都只会让他一笑置之。渐渐地,世间民众的座右铭似乎就成了:"不取惩罚,笑对一切。"

---

① 卡廖斯特罗(Cagliostro,1743—1795年),意大利神秘主义者朱塞佩·巴尔萨摩(Giuseppe Balsamo)的别名。此人是一位探险家与自封的魔术师,因从事心灵治疗术、炼金术和占卜术而闻名欧洲,后被人抨击为骗子和庸医。
② 梅斯梅尔(Franz Mesmer,1734—1815年),德国医生,提出了"动物催眠说"(animal magnetism),认为所有有生命和无生命的物体之间都存在一种自然的能量转移现象。
③ 摄政时期(Regent),大不列颠及爱尔兰联合王国国王乔治三世(George Ⅲ,1738—1820年)因精神病日益严重,被认为不适合统治,而由其子以摄政王身份代为统治。一般认为这一时期为1821年至1820年,更广义上的则包含乔治三世及其儿子乔治四世、威廉四世统治时期,即从1795年至1837年。
④ 《波斯人信札》(Persian Letters),法国启蒙思想家孟德斯鸠于1812年在荷兰匿名发表的一部讽刺作品。

这种宽容的精神竟然容忍了红衣主教唐森①以其妹夫的身份出现在公众面前这种荒唐的做法。也正是这种宽容，才让掌控修道院的人能够安然无事地占有他们手下的修女，甚至允许她们公开宣布自己怀了孩子，并且给自己的孩子进行出生登记。② 这种宽容的风气，也使得阿波利纳尔神父（Father Apollinaire）在进行一种可耻的驱魔仪式却被人们当场抓住时，有了充足的借口。而那位可敬的耶稣会教士、曾经还是外省修道院偶像的考夫瑞格尼（Cauvrigny）为其大胆行为付出的代价，也不过是被召回了巴黎罢了；换句话来说，就是此人还获得了升迁。

　　对赫赫有名的耶稣会教士吉拉德（Girard）进行的惩处，也是如此；原本应当被推上绞刑台的他，最终却是各种荣誉加身。此人是在最美好的圣洁中死去的。他的案件是那个世纪中最离奇的一桩事件。此案让我们能够去探究当时特有的方法，认识到当时正在运转的那台刺耳机器发出的粗糙杂音。自然，《雅歌》③中种种危险的温柔缠绵，就是此案的序曲。它是由玛加利大·亚拉高利用与"滴血之心"（Bleeding Hearts）的婚姻，再调配上莫利诺斯那些病态的甜言蜜语才延续下来的。吉拉德又给这些增添了撒旦的

----

① 唐森(Pierre Guérin de Tencin，1679—1758 年)，法国神父，曾担任昂布伦(Embrun)和里昂(Lyon)两地的大主教，热衷于迫害詹森主义者。他的妹妹克劳丁·盖琳·唐森(Claudine Guérin de Tencin，1682—1749 年)是法国的一位沙龙主义者和作家。
② 奉行"皮尼昂教规"(Canons of Pignan)的总共有十六个贵族分教堂。在一年的时间里，教堂执事就接到了修女中有十六人怀孕的声明。（参见雷诺先生[M. Renoux]的《贝丝传手稿》[MS. History of Besse]。）此种公开的做法带来了一种好的结果，那就是宗教团体中的杀婴行为减少了。以轻微的耻辱为代价，修女们会让自己的孩子活着，后来她们无疑也变成了一个个优秀的母亲。皮尼昂的修女则是把她们的婴儿送出去，交由附近的农民照料，而后者也会把这些孩子视为己出。——作者注
③ 《雅歌》(Song of Songs)，《圣经·旧约》中的一部，以诗歌的方式描述天人之间的爱，据传为所罗门王所作，故亦译《所罗门之歌》。

低语和巫术的恐怖。此人集魔鬼和驱魔者为一体。说来可怕的是,最终他并没有公正对待那个被他如此冷酷无情地献祭的不幸姑娘,反而将她迫害致死了。她再也不见了踪影,或许是被秘密逮捕和关押了起来,活活地埋入了坟墓吧。

第十章

吉拉德神父与卡蒂埃尔：1730年

耶稣会的运气很不好。尽管在凡尔赛有权有势，统治着整个朝廷，可天堂一点儿也不信任他们。他们创造不出任何细小的神迹来。不管怎么说，到处都是詹森派教徒，讲述着一个个关于创造奇迹的动人故事。数不清的病人、体弱者、瘸子和瘫痪者，都在帕里斯执事①的墓穴边得到了暂时的治愈。从"伟大的国王"到摄政时期，一连串可怕的瘟疫造成了沉重的打击，让许多人都沦为了乞丐；这些不幸的病残者便去乞求一个可怜的好人、一个品行高尚的傻瓜，尽管有着种种荒谬之举却仍是一个圣徒的人，乞求此人让他们恢复健康。毕竟，这又有什么可笑的呢？此人的一生，其感人之处要远过于荒谬可笑。如果这些善良的人看到他们恩人的坟墓之后心潮澎湃，突然之间便忘掉了自己的痛苦，我们可不该感到奇怪。治疗效果不会长久保持下去，可那又有什么关系？一种奇迹

---

① 帕里斯执事（Deacon Paris，1690—1727年），中世纪法国的一位天主教执事和神学家，是詹森教派的支持者，原名弗朗索瓦·德·帕里斯（François de Paris）。

的确发生了,并且是虔诚、仁爱和感恩的奇迹。后来开始有些无赖行径混迹其中,可在当时,在1728年,这些奇妙而广受欢迎的场景,却是极其纯粹的。

为了获得他们拒不承认的那种最微不足道的奇迹,耶稣会修士们愿意付出一切。在将近五十年的时间里,他们一直孜孜不倦地努力着,用寓言与奇闻轶事来美化他们的"圣心传奇"(Legend of the Sacred Heart),美化玛加利大·亚拉高的故事。在二十五或三十年的时间里,他们始终都在努力让整个尘世相信,他们的帮手、英国的詹姆士二世①并不满足于治愈那位国王的邪恶(以法国国王的身份),因此在他死后,还会让哑巴开口说话、让瘸子笔直行走、让斜视者看得清清楚楚,以此来自娱自乐。可那些经过治疗的斜视患者,却比以往斜视得更厉害了。至于哑巴,碰巧扮演这一角色的那个女人是个显而易见的流氓,在行窃时被人们抓了个正着。此人在各省流窜:在每一座著名的圣徒礼拜堂里,她都被一种神迹所治愈,获得了施舍,然后到别的地方又开始行骗。

法国南方是一个更适合让人创造出奇迹的地方。人们在南方可以找到大量神经质、容易激动的女性;这种女性就是可以变成梦游症患者、神迹的对象、神秘标志的携带者以及诸如此类的人。

在马赛,有位主教站在耶稣会这一方;此人叫作贝尔赞斯(Belzunce),是个勇敢而热情的人,在那场令人难忘的瘟疫中出了名②,但他同时也盲目轻信、心胸狭窄。在他的支持下,耶稣会教士们就可以进行许多胆大包天的冒险了。他们在主教贝尔赞斯身

---

① 詹姆士二世(James Ⅱ,1633—1701年),英国斯图亚特王朝国王。在1689年的"光荣革命"中他被剥夺王位。
② 指1720年那场让马赛死了约六万人的大瘟疫。用教皇的话来说,贝尔赞斯是"马赛的好主教"。——英译者注

边安插了一个来自弗朗什孔泰①的耶稣会会士；此人心思缜密，朴素的外表并未妨碍到他和蔼亲切地布道，而且他布道时用的是一种华丽而相当世故的方式，故深得贵妇们喜爱。此人是一位真正的耶稣会教士，通过两种方法取得了成功：当时是他与女人私通，而不久之后则是利用他说出的那些神圣之语。而这个吉拉德（Girard）既无资历相助，又没有漂亮的身材；他是一个年届四十七岁的神父，身材高大，脸上全是皱纹，外表羸弱，相貌难看，还喜欢不停地吐痰。② 他当了很长一段时间的家庭教师，一直当到了三十七岁，因此保留了一些学院式的品位。在过去的十年间，也就是自那场大瘟疫以来，他一直都是修女们的告解神父。他与修女们都相处得很好，通过采用一种似乎与普罗旺斯的气氛格格不入的方法，通过宣导一种神秘的死亡、绝对的消极与全然忘我的教义与原则，他赢得了支配她们的一种极大权力。刚刚渡过的那场可怕危机已经让她们变得精神萎靡，而她们虚弱的心灵也已被一种病态的倦怠感压垮了。在吉拉德的主导下，马赛的加尔默罗修会把他们的神秘主义发挥到了极致；其中首屈一指的就是雷穆莎修女（Sister Remusat），她被人们看成是一位圣徒。

尽管获得了此种成功，耶稣会还是把吉拉德调离了马赛；或者说，可能正是由于这个原因，他们才把他调走。他们想要此人去土伦③募捐，翻新那里的修道院。柯尔贝尔成立的那个杰出机构，即海军教士神学院（Seminary for Naval Chaplains），已经委托给耶

---

① 弗朗什孔泰（Franche-Comté），法国东部与瑞士毗邻的一个地区。
② 参见《关于吉拉德神父与卡蒂埃尔事件的诉讼记录》（*The Proceedings in the Affair of Father Girard and La Cadière*），艾克斯，1733 年。——作者注
③ 土伦（Toulon），法国东南部的港口城市。

稣会来打理，目的是清除遣使会①在年轻神父当中的影响，因为当时各地的遣使会几乎都管控着法国的年轻神父。不过，负责这座神学院的那两位耶稣会教士都没有什么能力。其中一位就是一个傻瓜；另一位就是萨巴迪耶（Sabatier），值得注意的是，此人尽管年纪不小了，但脾气十分暴躁。尽管法国历史悠久的海军傲慢无礼，可他从来都不受海军一丁点儿约束。他在土伦曾经受到过申斥，但并不是因为他有情妇，也不是因为那位情妇是个有夫之妇，而是因为他用一种极其无礼与蛮横的方式与之私通，竟然将那位情妇的丈夫逼疯了。他想方设法地让那位丈夫专门注意自己的耻辱，让后者在每一种痛苦面前都畏缩不前。事态发展到了不可收拾的地步，最终那位丈夫直接死掉了。

更加严重的，则是耶稣会的对手"严修会"（Observantine）引起的流言蜚语；后者负责奥利乌勒（Ollioules）一个修女会的宗教事务，他们竟然公开让修女当他们的情妇，并且还不满足，甚至敢于诱奸那些年纪很小的女寄宿生。有位叫作欧班尼（Aubany）的修士原本是一位监护神父，他竟然侵犯了一名十三岁的姑娘；姑娘的父母起诉之后，此人却在马赛找到了靠山来庇护他。

担任海军教士神学院院长一职之后，吉拉德便通过他那种表面上的严厉和真正的心思敏捷，开始为耶稣会赢得优势，要胜过那些如此降格的修道士，胜过所有举止粗俗、才疏学浅的教区神职人员。

在南方一些地区，由于男人们都举止粗鲁，言谈与外表粗俗者也不罕见，因此那里的女人都非常喜欢北方男子的儒雅庄重；她们

---

① 遣使会（Lazarists），17世纪法国出现的一个天主教修会，以培养神职人员和救济穷人为宗旨。

都心感庆幸,因为正是有了那些北方男子,她们才能说一种集贵族气派、正式和法国文化于一体的语言。

吉拉德抵达土伦之时,对于呈现在自己面前的这个地方,必定已经有了充分的了解。他已经赢得了一个叫作吉奥尔(Guiol)的女人的欢心,这个女人会时不时地来到马赛,因为她有一个女儿在马赛,后者是加尔默罗会的修女。吉奥尔本是一个小木匠的妻子;她全心全意地投入了吉拉德的怀抱,甚至有点儿让他吃不消。这个女人成熟老练,激情似火,很不像一个已有四十七岁的女人,她堕落卑鄙,什么事情都敢做,愿意为他做任何事情,而不管他可能做什么或者变成什么,也不管他是一个罪人还是一位圣徒。

这个吉奥尔,除了在马赛有个女儿是加尔默罗会修女之外,还有一个女儿是土伦乌尔苏拉会的一名俗家修女。乌尔苏拉会是一个教导修女的修道会,遍布各地;修道院的会客厅是母亲们常去的地方,是修道院与尘世之间产生联系的居间舞台。在这些女人的房子里,无疑也是通过她们的财产,吉拉德看中了市里的一些贵妇,其中还有一个四十岁的老姑娘格拉维耶(Gravier)小姐,她是王室兵工厂一位老承包商的女儿。这位女士有一个从不离她左右的跟班,那就是她的堂妹雷布尔(Reboul),后者是一位船长的女儿,也是她的唯一继承人;还有一个女人的确想要继承格拉维耶小姐的遗产,可年纪却跟后者本人差不多,已经三十五岁了。在这些人的周围,逐渐形成了一小群吉拉德的仰慕者,成了定期到吉拉德那里去做忏悔的信徒。她们当中,时不时会加入一些新的年轻姑娘,比如卡蒂埃尔(Cadière),她是一个商人的女儿,本身也是一位女裁缝;还有洛吉耶(Laugier)和巴塔雷尔(Batarelle),后者是一位运水工的女儿。她们一起阅读《圣经》,偶尔还会一起吃上一顿小小的晚餐。不过,她们对某些描述雷穆莎修女的种种奇迹和神魂颠倒奇景的报道特别感兴趣,后者当时仍在人世,要到 1730 年 2 月才去世。对于把雷穆莎修女宣扬到如此崇高地位的吉拉德神父来说,这是多么荣耀的一件事情啊!她们读着,哭泣着,满心钦佩地大叫着。就算她们此时还没有达到神魂颠倒的程度,也不远了。为了讨她那位女亲戚的欢心,雷布尔已经会时不时地屏住呼吸、捏住鼻子,让自己陷入一种古怪的窘境当中了。

* * *

在这些女孩和女人当中,最不轻佻的自然就是凯瑟琳·卡蒂埃尔(Catherine Cadière)了;此人是一个身体纤弱、病怏怏的十七岁姑娘,全身心地投入到了宗教虔诚和慈善活动中,她总是愁眉苦脸的,似乎是在说,尽管年纪不大,可她比其他任何一个人都更加深切地感受到了当时的巨大不幸,也就是说,感受到了普罗旺斯与土伦两地的不幸。这一点不难解释。她生于 1709 年那场可怕的饥荒期间;而在从孩子长大成少女的过程中,她又亲眼见证了大瘟疫那一幕幕可怕的场景。这两件事情似乎已经在她的心中留下了烙印,把她从当下带入了来生。

这朵悲哀的花朵,完全属于土伦,属于那个时代的土伦。要想更好地了解她,我们必须记住该市如今是个什么样子,而过去又是个什么样子。

土伦是交通要道和码头,是进入巨大港口和大型军火库的大门。有了这种感受之后,游客就会抽离开,从而看不到土伦本身。然而,这里还是一个城市,实际上还是一座古城。土伦有两类不同的人,一类是外来的各级官吏,另一类则是真正的土伦人;后者对前者一点儿也不友好,总是怀着嫉妒之心看待前者,并且经常因为海军军官们的横冲直撞而爆发叛乱。所有这些差异的集中体现就是，当时这座城市里的街道全都阴森森的，被狭窄的防御工事围得严严实实。这座小小的黑暗城市最独特的一个特征就在于，该市正好夹在两处敞亮而开阔的海域之间，夹在奇妙地光滑如镜的泊锚地和气势恢弘地渐次升起的山脉之间；那些山脉都光秃秃的，是那种令人头晕目眩的灰色，在正午的阳光下晃得您什么都看不见。街道本身的样子看上去更加阴郁。由于它们没有直接通往港口，没有从海上引来亮光，因此它们整天都沉浸在深深的黑暗当中。肮脏的巷子、小商小贩和他们那些装备简陋的商店，白天前来的人都看不到；这个地方的大致情况就是如此。城中的街道有如迷宫一般，您在其中可以看到众多的教堂，以及如今变成了兵营的古老修道院。众多的阴沟肮脏不堪，污水肆虐，奔流而下。空气几乎纹丝不动，您会惊讶地看到，虽然气候如此干燥，可此地的空气竟然极其潮湿。

新剧院的前面有一条街道，叫作"医院街"（La Rue de l'Hôpital），从狭窄的"王室街"（Rue Royale），通往同样狭窄的"炮手街"（Rue des Cannoniers）。它可以说是一条死胡同。然而，到了正午时分，太阳恰好能够照到这里；可发现这个地方如此凄凉之后，它便毫不犹豫地继续西斜，再次让这条街道陷入了惯常的黑暗之中。

在这些阴暗的住宅当中，最小的一座就是卡蒂埃尔修女的家；她家开着一家零售店，或者说是一位小商贩。只有经由那个商店，才能进入她家里；而她家的每层楼上也只有一个房间。卡蒂埃尔一家都是诚实虔诚的人，卡蒂埃尔夫人可以说是美德的化身。这个善良之家并不是一贫如洗。除了在城中有这座小小的房子，他们也像绝大多数同城的人一样，还有一栋乡间别墅。所谓的乡间别墅通常都只是一座小小的棚屋，有一小片多石的土地，出产一点儿葡萄罢了。在法国海军辉煌伟大的那个时代，在柯尔贝尔及其儿子的治下，港口极其繁忙的局面也给该市带来了一定的收益。法国的资金曾源源不断地流入这里。许多大贵族经由此地时，都带着家眷家产，还有一群喜欢浪费的家仆，后者会留下许多的东西。可是，这一切突如其来地结束了。这种人为造成的发展突然停滞，连兵工厂里的工人也无法再领到薪水；破破烂烂的船只扔在那里，无人修理；最后，连船上的木头也被人们变卖了。

土伦深切地感受到了这种反弹的后果。在1707年的土伦之围①中，该市仿佛变成了一座废城。那么，在可怕的1709年，也是路易十四在位的第七十一个年头里，严冬、饥荒和瘟疫等灾祸一齐降临的时候，又是什么东西似乎在一意要彻底消灭法国呢？连普罗旺斯的树木也未能幸免。所有的交通都已中断。路上全都是饿得要命的乞丐。盗匪堵住了所有的出口，土伦则在恐惧中颤抖。

最糟糕的是，在这令人悲伤的一年里，卡蒂埃尔夫人又有了身孕。她已经生了三个儿子。长子留在店里，帮着父亲干活。次子跟着"化缘传教士"（Friar Preachers）们到处跑，立志要当一名多明我会修士，也就是当时人们所称的雅各宾派（Jacobin）。第三个儿子正在耶稣会的神学院里学习，准备当一名神父。这对老夫老妻想要一个女儿；卡蒂埃尔夫人则向上天祈祷，希望上天赐给她一位圣徒。她祈祷了九个月，也斋戒了九个月，除了黑面包，什么都不吃。她真的生下了一个女儿，起名为"凯瑟琳"。这个女婴体质极其虚弱，像哥哥们一样，身体很不健康。这种情况与他们家通风不

---

① 指"西班牙王位继承战"中，英、荷联军于1707年6月对土伦发动的一场进攻。当时，英国海军上将肖维尔（Shovell）率领舰队，以陆海联合的方式攻击并围困了该城。法国在港口内的许多战船自行沉没。除了被击毁的近二十艘战船外，其他自行沉没的战船后来又被打捞起来，重新用于作战。

好、潮气很重,而母亲也节俭过度,使得她在母亲体内就营养不良有关。她的哥哥们都患有淋巴结核,而她小时候,这个小东西也因患有同一种疾病而吃尽了苦头。由于不是全然病得厉害,因此她还是带有一个病快快的孩子那种令人心疼的可爱。长大之后,她的身体并没有变得强壮起来。在别的孩子都力气很大、活力十足、天真烂漫的时候,她却已经在说这样的话了:"我不会活很久的。"

她患过天花,并且在身上留下了相当明显的疤痕。我并不清楚她长得漂不漂亮,可她显然非常迷人,具有一切可爱的反差,即普罗旺斯少女的那种两面性。她一会儿活泼热情,一会儿忧郁哀愁,一会儿快乐,一会儿难过,是一个虔诚的小信徒,但也喜欢搞一些无伤大雅的恶作剧。在教堂做那种漫长礼拜的间隙,如果跟同龄的姑娘们跑到乡间去,她并不会像其他孩子那样大惊小怪,不会做她们所做的事情,而是会唱歌跳舞,练习手鼓。可那样的日子实在是太少了。绝大多数时候,她的主要乐趣都是爬到房顶上,让自己离天堂更近,瞥一眼日光,或许还会看一看某片小小的海面,或者眺望眺望广袤而荒芜的群山当中的某座尖峰。自此以后,在她看来,那些山顶虽说依然严肃,却不再像以往那样毫不亲切,也不再像以往那样显得光秃和林木稀少了;它们宛如披着一袭薄薄的袍子,上面点缀着野莓与落叶松。

瘟疫开始的时候,土伦这座废弃之城里有两万六千名居民。由于聚居在一个地方,所以他们算得上是人口众多。不过,我们不妨放下中心城区,去看一看周围那一圈背靠城墙的众多修道院,其中包括小兄弟会、乌苏拉尔会、圣母往见会、伯尔纳会、奥拉托利会、耶稣会、嘉布遣会和静思派的修道院;它们都信奉耶稣这位受难者,而其中最主要的就是多明我会的那座大修道院。除了这些,还有众多的教区教堂、神父住所、主教圣殿;可以说,这里似乎全都

第十章 吉拉德神父与卡蒂埃尔:1730年

是神职人员，普通民众根本就没有任何容身之地。①

我们可以猜到，在人口如此密集的一个中心城区，瘟疫也会在这里持久肆虐。最终证明，土伦的仁慈之心也是其灾祸之源。这里极其大度而热情地接纳了马赛的一些难民。很有可能，就是这些难民带来了那场瘟疫，就像人们曾将此种瘟疫的首次爆发追溯到了一些大包羊毛上一样。这里的重要人物都打算逃走，逃到全国各地去。可"第一执政官"（First Consul）德·安特雷乔斯先生（M. d'Antrechaus）是一个勇敢无畏的人，他不准那些人逃跑，并且用严厉的神色说道："先生们，如果富人都带着自己的钱跑了，人民群众在这座穷困不堪的城市里，又该怎么办呢？"因此，他挡住了这些人，并且强令所有的人都继续留在原地。此时，马赛的瘟疫发展到形势恐怖的原因已经查明，被归咎于城中居民的相互走动。而德·安特雷乔斯采取了一种截然相反的制度，他试图将土伦的民众全都隔离起来，让居民全都待在自己的家里。市里成立了两家大型的医院，一在码头，一在山间。凡是没有去这两座医院的人，都必须待在家里，忍受死亡的痛苦。在长达七个月的时间里，德·安特雷乔斯都在下一个赌注，那就是让两万六千名居民都关在自己的家里，并且养活这些人；在人们看来，这一点原本是根本不可能做到的。那段时间里，土伦变成了一座巨大的坟墓。除了早晨有人挨家挨户分发面包，然后把死人拖走之外，就没有人走动。绝大多数医生都死了，所有的地方官吏也死了，只剩下德·安特雷乔斯。挖墓穴的人也死了，只能用已经被判处流放的罪犯来代替，他们干起活来既粗鲁又迅猛。尸体都被头朝下地从四层楼

---

① 参见德·安特雷乔斯先生的著述，以及古斯塔夫·兰伯特先生（Gustave Lambert）那篇杰出的论文。——作者注

上扔到货车里。有位母亲，她的小女儿刚刚死掉；由于不敢看到女儿的小小尸体被如此扔下去，她便通过贿赂，设法让那帮人用正常的方式将女儿的尸体搬下楼去。就在他们搬着尸体往下走的时候，那个孩子却苏醒过来了；原来，她仍然活着。于是，他们又把孩子送到楼上，而小姑娘也幸存了下来，成了博学多才的布隆先生（M. Brun）的祖母，后者曾经撰写过一部关于土伦港的优秀历史著作。

可怜的小卡蒂埃尔当时与这个死而复生的姑娘一样，都是十二岁，正是一个对她这种性别的孩子来说充满了危险的年纪。由于教堂普遍都关了门，所有节日都被取消了，其中最主要的就是圣诞节，这原本是土伦一个极其欢乐的节假日，因此这个孩子便在想象中看到了世界的终结。这种幻象似乎是她后来一直都没有摆脱掉的。土伦再也没有抬起头来。那里保留了一种荒漠一般的氛围。一切都破败不堪，成了废墟，人人都在哀悼；鳏夫、孤儿、绝望之人，比比皆是。其中有一个强大威严的人影，那就是忙碌的德·安特雷乔斯本人，他已经看到，自己身边的人，包括几个儿子、兄弟和同事全都丢了命；如今，由于他光荣地累垮了，因此只能靠自己的邻居来照料他的一日三餐了。穷人们全都争着去给他送吃的，并且以此为荣。

这个年轻的姑娘对母亲说，她不会再穿任何一件漂亮的衣服，所以她必须把那些衣服卖掉。她什么都不愿做，只愿意服侍病人，并且经常拖着疲惫的脚步，前往街道尽头的那座医院。邻居家有一个十四岁的小姑娘，名叫洛吉耶；她没了父亲，与自己的母亲一起，生活得非常悲惨。凯瑟琳经常带着食物和衣物，以及她能够为她们找到的任何东西，去看望这对母女。她曾乞求父母支付学徒费，让洛吉耶去学裁缝；她对父母的影响如此之大，以至于他们无法拒绝承担这笔高额的费用。她的虔诚和心灵上的众多小小魅力，使得她几乎做得到任何事情。她对自己的慈善事业充满激情，非但施舍救济，而且热爱受到她施舍的人。她希望把洛吉耶变得完美无瑕，喜欢将后者带在身边，并且经常与洛吉耶睡在一张床上。这对姐妹已经加入了"圣特雷莎女儿会"（Daughters of Saint Theresa），这是加尔默罗会成立的第三个修道会。卡蒂埃尔小姐是她们当中的模范修女，到十三岁的时候，似乎就是一名纯粹的加尔默罗会修女了。她已经阅读过从一位圣母往见会修士那里借来的、关于神秘主义的一些书籍。与她本人形成明显对照的是，洛吉耶此时已经长成一位十五岁的姑娘；此人似乎除了吃，什么事情都不愿意去干，模样却很漂亮。她的确如此，并且由于长得漂亮，还当上了圣特雷莎礼拜堂里的女执事。如此一来，她便结识了许多的神父，而到了后来，当礼拜堂因她的行径而想要将她开除时，另一位权威人士即代理主教还勃然大怒，以至于公开宣称，如果她被开除，那座礼拜堂也会被查封。

　　这两位姑娘身上都带着这个国家的典型性情，有神经极度兴奋的毛病，患有所谓的"子宫胀气症"。可两人的结局截然不同：洛吉耶极其淫荡，喜欢暴饮暴食，懒惰而又狂热；可纯洁温柔的凯瑟琳却极其理性，因患有疾病或者拥有一种生动活泼、包罗万象的想象力，故她的心中丝毫都不存有与性相关的念头。"二十岁的她，仍然像一个七岁的孩子。"她什么都不在意，心思全都放在祈祷和施舍救济他人这两个方面；她根本就没有结婚成家的打算。一听到"结婚"这个词，她就会哭泣起来，仿佛是有人要求她抛弃上帝似的。

　　他们把她的守护神，即"热那亚的凯瑟琳"[①]的传记借给她看，

[①] 热那亚的凯瑟琳（Catherine of Genoa，1447—1510 年），意大利的罗马天主教圣徒兼神秘主义者，出身于贵族家庭，因致力于治病救人和救济穷人而为世人称颂，尤其是在 1497—1501 年肆虐热那亚的那场瘟疫期间，她做了大量的慈善工作。

而她自己又掏钱，买了圣特雷莎所作的《灵魂的城堡》(The Castle of the Soul)来看。遨游于这些神秘当中时，几乎没有几位告解神父能够与之并肩。描述这些事情的人若是笨嘴笨舌，就会让她觉得心烦。她既无法忍受母亲那个身为教堂神父的告解神父，也无法忍受另一位加尔默罗会的告解神父，甚至是无法忍受年迈的耶稣会神父萨巴迪耶。十六岁那年，她找到了圣路易的一位神父，此人是一个极具灵气的人。她天天都待在教堂里，以至于此时已成寡妇、时常需要女儿帮忙的母亲，不得不在她回家之后，因为她的虔诚而惩罚她。然而，这并非女儿的过错，她只是因为在教堂里如痴如醉，完全进入了忘我状态当中。同龄的姑娘都称她为大圣人，因此有时在做弥撒的过程中，她们似乎还看到，圣饼被她的爱那种动人的力量吸引着，然后飞起来，自行落入了她的口中。

她那两位年轻的哥哥，对吉拉德神父的看法并不相同。她的二哥一直与"化缘传教士"生活在一起，自然会像所有的多明我会修士一样，对这位耶稣会神父心存厌恶感。而她的三哥当时正跟着耶稣会的人学习，要当一名神父，因此认为吉拉德很了不起，是一位正儿八经的圣徒，是一个可以荣称为英雄的人。这位三哥的身体与凯瑟琳一样病怏怏的，很得凯瑟琳的喜欢。他不停地说着吉拉德的事情，这一点定然对凯瑟琳产生了影响。有一天，她在街上遇到了这位神父。吉拉德神父看上去如此庄严，却又如此善良和温和，以至于她的内心里有个声音在说："看哪，汝将为此人所指引！"第二个星期六，当她去向吉拉德神父忏悔的时候，神父又说，他早已料到她会前来。凯瑟琳极感惊讶，全然没有想过她的三哥可能提醒过神父，还以为那个神秘的声音也对神父说过话，以为他们俩都共同听到了来自天堂的圣餐预兆。

为时六个月的夏季过去了，但每个星期六都聆听她忏悔的吉拉德神父,并没有对她采取什么行动。关于老萨巴迪耶的那些流言,让他提高了警惕。他自身的谨慎态度,原本可能会让他迷恋一个像吉奥尔那样比较无知的女人;吉奥尔自然非常成熟,但同时也热情似火,是魔鬼的化身。

是卡蒂埃尔向吉拉德神父迈出了第一步,只是此时他们之间仍然是清清白白的。她的二哥,也就是那个头脑发昏的雅各宾派,突然想要利用一位女士,在城中传播一部叫作《耶稣会士的道德》(The Morality of the Jesuits)的讽刺作品。耶稣会很快就得知了这一消息。萨巴迪耶咬牙切齿地说,他要向朝廷写信,申请一份查封令(lettre-de-cachet),将这个雅各宾派关起来。他的妹妹烦恼不已,惊慌失措,眼里含着泪水,前去乞求吉拉德神父,请神父发发慈悲,干预此事。稍后不久,她再次来神父面前的时候,神父便对她说道:"放心吧,您的哥哥没什么可担心的,我已经替他摆平了此事。"于是,她被彻底征服了。吉拉德看到了自己的优势。像他这样一个具有影响力的人,既是国王的朋友,也是天堂的朋友,并且刚刚向她证明了自己拥有这样一种善良品质,对卡蒂埃尔这样一颗年轻的心灵来说,自然会具有最强大的影响力!他大着胆子,用姑娘本人那种模棱两可的话对她说道:"把您自己交到我的手中;把您自己完全交给我吧。"她连脸都没有红一红,就带着满满的、那种天使般的纯洁之情,回答道:"好。"不过,除了让神父当她唯一的引导者之外,她并没有别的意思。

吉拉德神父对付她的计划又是什么呢?他会把这位姑娘变成自己的情妇呢,还是当成其行骗的工具?吉拉德无疑曾经在这两种选择中左右为难;但我认为,他最有可能倾向于后一种想法。他必须做出选择,也可以设法去寻找不会带来风险的肉欲享乐。可卡蒂埃尔小姐还有一位虔诚的母亲监护着。她与自己的家人住在一起,其中一个哥哥结了婚,另外两个哥哥则是神父;她家极其狭窄,只有经过大哥经营的那家店子才能进去。除了去教堂做礼拜,她哪里都不去。尽管天性单纯,可她本能地知道哪些事情是不纯洁的,哪些房子里有危险。耶稣会的忏悔者都喜欢在一栋房子的顶楼聚会、吃东西和干傻事,并且会用普罗旺斯话大声叫喊:"耶稣会万岁(Vivent les Jesuitons)!"一位邻居因为被她们的吵吵闹闹所干扰,便去找她们,发现她们全都趴在地上,一边唱歌,一边吃着馅饼;据说,这些馅饼都是用募集来的施舍款购买的。卡蒂埃尔也曾受邀参加过,可她讨厌那种事情,因此再也没有去过第二次。

只有经由她的灵魂才能对她发动进击。而且,吉拉德所倾慕的似乎也只有她的心灵。吉拉德神父的全部目的显然就是:她应当接受他在马赛宣导过的那种消极信仰之教义。他希望榜样的力量会大于训导,因此还派自己的工具吉奥尔,陪着这位年轻的圣徒前往马赛;卡蒂埃尔儿时的一位朋友就住在马赛,此人是一名加尔默罗修女,也就是吉奥尔的那个女儿。狡猾的女人吉奥尔试图赢得卡蒂埃尔的信任,她假装自己有时也会陷入神魂颠倒的状态。她向卡蒂埃尔灌输了许多荒谬的事情。比如,她曾经告诉卡蒂埃尔,说发现地窖里的一桶酒酸掉了之后,她就开始祈祷,而那桶酒马上就变得醇厚甘美了。还有一次,她觉得自己被一顶荆棘王冠[①]扎着了,可天使们奉上了一顿丰盛的晚餐来安慰她,而她则与吉拉德神父一起享用了那顿晚餐。

卡蒂埃尔获得了母亲的允准,跟着这个可敬的吉奥尔前往马赛,且卡蒂埃尔夫人还支付了她们一路上的花费。此时已经是那

[①] 荆棘王冠(crown of thorns),基督教的一件圣物,据说耶稣受难时,头上被人戴上用长满尖刺的荆棘编成的圈状冠对他加以讽刺,见于《圣经·新约·马太福音》。

一年最热的一个月,即 1729 年 8 月;这里气候炎热,整个国家都干旱无比,放眼望去,眼前别无他物,只有一片高低不平的岩石与燧石,绵延不断。这个身体虚弱、脑中充满渴望的病中女孩,因旅途劳累而吃了不少的苦头;而一座死气沉沉的女修道院里那种阴郁气氛,就更容易在她的心中留下深深的烙印了。这个阶层的真正典型就是雷穆莎修女;从外表来看,此人已经如死尸一般枯槁,不久之后她就真的死了。卡蒂埃尔深为感动,对这种如此崇高的完美钦佩不已。她那位背信弃义的同伴则用一种高傲的自负诱惑着她,说卡蒂埃尔不久之后就会变成第二个雷穆莎修女,并且取代后者的位置。

在她的这次短暂旅行期间,留在土伦阵阵令人窒息的热浪当中的吉拉德神父,令人可怕地堕落了。他会经常到洛吉耶这位姑娘那里去,后者认为自己陷入了神魂颠倒的状态,于是吉拉德便好心地"安慰"她,让她很快就怀上了孩子。待卡蒂埃尔小姐带着极度的狂喜心态、灵魂仿佛就要飞升而去的状态回来之后,吉拉德神父就变得极其淫荡、完全沉迷于肉欲当中了,竟然"在她的耳边说着爱的低语"。当时她严厉地批评了吉拉德,可任何人都看得出,这一切都带着她的纯洁、神圣而大度之态,因为她急切地想要阻止吉拉德神父堕落,甚至不惜为他而死。

她的圣洁天赋之一就是能够看透人们的内心。有的时候,她偶然得知那些告解神父的隐秘生活和道德品行后,会当面说出他们所犯的过错;这一点既令他们感到害怕,又让他们觉得惊讶,因此许多神父都带着极其谦卑的态度,忍受着她的批评。这年夏季的一天,刚一看到吉奥尔走进房间,卡蒂埃尔突然说道:"邪恶的女人!刚才你都干了什么?"

"她说得对,"后来吉奥尔亲口承认,"因为我刚刚干过一件坏事。"或许，当时她刚给洛吉耶接生完，而到了下一年，她还要给巴塔雷尔接生。

事实上，由于经常留宿在凯瑟琳家，因此洛吉耶很有可能已经将她交上了好运、获得了那位圣人的爱与父亲般的爱抚这个秘密透露给了凯瑟琳。对于凯瑟琳的灵魂来说，这是一种严酷得有如暴风骤雨的考验。一方面，她已经牢牢记住了吉拉德神父的座右铭，说圣人所为皆神圣。可另一方面，她那种天生的诚实和接受教育的整个过程都迫使她相信，过度喜爱一个人是种致命的罪孽。这个可怜的姑娘在两种不同的教义之间痛苦地辗转纠缠，变得疲惫不堪，心中掀起了一场场可怕的暴风骤雨；到了最后，她便产生了幻觉，以为自己被魔鬼附体了。

在这一点上，她的善良心灵也得到了体现。她没有羞辱吉拉德神父，而是告诉他说，她看到了一种景象，看到一个灵魂被不洁的思想和致命的罪孽折磨着，她觉得自己必须去拯救那个灵魂，因而向魔鬼提出一命抵一命，同意把她自己交给魔鬼，来取代吉拉德。他没有禁止她这样做，但只允许她被魔鬼附体一年的时间。

与其他市民一样，她也听说过萨巴迪耶神父那些可耻的风流情事；后者是一个傲慢易怒的人，全然没有吉拉德神父那样谨小慎微。耶稣会必然会因此而招致人们的不耻，这种结局也没有逃过她的眼睛；而在她的心目中，耶稣会却是整个教会的顶梁柱。有一天，她对吉拉德说："我看到了一片阴森的大海，海上有一艘船，船上全都是被不洁思想掀起的风暴折磨着的灵魂。这条船上，还有两名耶稣会教士。我曾在天堂中见过救世主，便对他说：'主啊，救救他们，把我溺死吧！他们沉船的所有后果，都由我来一力承担。'仁慈的上帝允准了我的祈祷。"

在整个审判期间，在吉拉德神父变成了她的敌人、一心想要她死的过程中,她始终都没有再次提及此事。这两个比喻的意思极其明显,她也从来没有解释过。她太过高洁,不屑于再提到它们了。她已经对自己做出判决,甘愿承受极刑。有些人会说,她是太过高傲,认为自己业已变得极其麻木和冷漠,因此能够无视魔鬼用于烦扰一位圣徒的那种不洁。但显而易见的是,她对肉欲之事并无准确的了解,故除了魔鬼带来的痛苦与折磨,在这样一个神秘的领域里她什么也预见不到。吉拉德神父极其冷酷无情,完全不值得她做出这样的牺牲。他根本就没有深受感动和产生怜悯之心,反而通过卑劣的欺骗手段,利用她的轻信,将她玩弄于股掌之间。后来,他还把一张纸条塞进卡蒂埃尔的棺材里,其中所写的内容是:上帝声称,为了卡蒂埃尔,上帝一定会拯救那条小船。不过,他很小心,没有将如此荒谬的一份记录留在那里,因为她会一遍又一遍地看,直到明白上面的这种话有多么虚伪。送来那张纸条的"天使",第二天便把纸条拿走了。

带着同样卑劣的情感,吉拉德还轻率地允许她每天到不同的教堂里去,随心所欲地想说什么就说什么,尽管此时的她显然心绪不宁,无法做祷告。这种做法只是让她的情况变得更加严重了。由于心中已经为恶魔所占据,她便将两个敌人藏到了一个地方。因为本领相当,两个魔鬼就在她的心里彼此争来斗去。她觉得自己快要崩溃了。她会昏死过去,然后昏迷好几个小时。到了12月份,她连床都没法下了。

吉拉德神父此时就有一个很好的借口前去见她了。他非常谨慎,起码也要由卡蒂埃尔的三哥领到她的门前。这位病中姑娘的闺房,就在家里的顶楼上。她的母亲谨慎地留在店里。只要他愿意,他就会单独待在姑娘的房中,而且若是愿意的话,他还能锁上房门。到了此时,姑娘已经病得很厉害了。他像对待一个孩子那样,将她往床头拉了一点儿,然后抱住她的头,像父亲一样亲吻她。

她非常纯洁,但同时也非常敏感。轻轻的一下触碰,别人可能都注意不到,却会让她失去理智:这一点是吉拉德自己发现的,而了解到这一点之后,他的心中便生出了许多的邪恶念头。于是,他便随心所欲地让她陷入这种催眠状态当中①,而由于彻底信任他,所以她从来就没有想过要去阻止他,只是觉得有点儿苦恼,并且因为让这样一个人在她身上浪费太多宝贵的时间而感到羞愧。他看望她的时间都特别长。我们不难预计到,最终会发生什么样的事情。尽管身在病中,这个可怜的姑娘依然激发出了吉拉德一种狂野和无法控制的激情。一种放肆导致了另一种放肆,而她哀怨的规劝换来的却是吉拉德那种轻蔑的回答。"我是你的主人,是你的神。为了服从,你必须忍受一切。"最终,到了圣诞节前后,她最后保留的一道屏障也被攻破了;这个可怜的姑娘,从催眠状态中清醒过来,发出了一声哀号,连吉拉德都感到了一丝怜悯。

有一个问题,她只是模模糊糊地意识到了,可较有见识的吉拉德却日益惊慌起来。她的身体健康方面开始自行呈现出即将到来的生产迹象。让形势变得更加错综复杂的是,洛吉耶也发现自己怀上了孩子。一场场宗教聚会,一次次就着乡间的淡酒而举行的晚餐,让这个容易激动之民族的精神自然而然地振奋起来,而随后的恍惚状态,也会从一个人传到另一个人的身上。更巧妙的是,一切不过都是做做样子罢了;可对于满怀希望和激情似火的洛吉耶来说,这种恍惚却足够真实。在她自己那间小小的房间里,她的确出现过一阵阵胡言乱语和晕厥发作的状况,尤其是吉拉德进去之后。稍晚于卡蒂埃尔,她也怀孕了。

---

① 这是催眠术的一个案例,此术适用于极易受到影响的病人。——英译者注

这种危险很严重。姑娘们既不是住在一片荒漠上,也不是生活在一座修道院的中心,而是可以说生活在众目睽睽之下:洛吉耶住在一些喜好打听的邻居中间,卡蒂埃尔则是住在自己家里。后者那个身为雅各宾派的哥哥,开始对吉拉德的长时间探望感到不满了。有一天,吉拉德来了以后,他大着胆子站在妹妹的床边,好像是为了照料她的安全似的。吉拉德则胆大包天地把他赶出了房间,他的母亲也生气地把儿子从家里赶了出去。

这种情况很有可能导致那个哥哥的怒火爆发出来了。当然,那位年轻人对这种粗暴的做法、对自己被赶出家门感到怒火中烧,会大声向"化缘传教士"们哭诉,后者反过来则会抓住如此合理的一个机会,到处宣扬这件事情,煽动整个城市里的人都去对付这个耶稣会神父。然而,后者却决定采取一种大胆得古怪的行动来迎战他们,通过一种罪行来挽救自己。于是,这位浪子便摇身一变,成了一个恶棍。

他很了解自己的这个牺牲品,看到了她儿时患过淋巴结核病之后留下的疤痕;那些疤痕虽已愈合,但看上去仍与常见的伤疤不一样。其中有些疤痕位于她的脚上,还有一些则留在乳房稍下一点的地方。他制订了一个邪恶的计划,要让那些伤口重新出现,将它们变成所谓的"圣痕"(stigmata),就像圣方济各和其他圣人从天堂获得的那些"圣痕"一样;这些圣徒都想与他们的榜样,即被钉上十字架的救世主保持最大限度的一致,甚至让自己身上的一侧也带有钉痕与矛伤。耶稣会正在因为没有什么东西可以拿出来对抗詹森派的种种神迹而深感苦恼。吉拉德很有把握地认为,一种意外出现的奇迹,肯定会让耶稣会感到高兴。他必须得到自己所属修会的支持,必须得到土伦耶稣会教堂的支持。其中有一个人,就是那位年迈的萨巴迪耶,他愿意相信任何事情:很久以前,他曾是卡蒂埃尔的告解神父,因而此事会给他带来美誉。还有一个人,就是格里涅神父(Father Grignet),此人是一个虔诚的老糊涂,凡是可以取悦耶稣会的事情,他都乐见其成。如果加尔默罗会或者其他的人得到提醒、产生了怀疑,他们就有可能接到教会高层的警告,通过保持沉默来确保自身的安全。就算卡蒂埃尔家那位身为雅各宾派的哥哥迄今仍是吉拉德一位严厉而心怀嫉妒的敌人,他可能也会发现,转变态度,相信一个会让他家变得赫赫有名、会让自己变成圣徒兄长的故事,会给他带来好处。

"但是,"有人会说,"难道这种东西不是理所当然的吗?我们已经有了无数的例子,并且得到了充分证实,有些人身上的确带有圣痕。"

情况与此相反的可能性却更大。发现自己身上添了新伤之后,卡蒂埃尔感到的是羞愧和苦恼,只是担心儿时那些旧病的复发会让吉拉德感到不高兴;因为她相信,吉拉德在她昏迷不醒地躺着时重新揭开的那些伤口,就是儿时的旧病复发了。于是,她赶紧跑到了一位邻居那里;此人叫作特吕克夫人(Madame Truc),略懂医术。卡蒂埃尔谎称给自己的三哥买药,从此人那里买了一种药膏,想把那些伤疤逐渐消掉。

假如不把这一切都向吉拉德和盘托出的话,她就会认为,自己是犯下了一种严重的罪孽。因此,无论怎么担心自己可能会让他感到不高兴和讨厌,她还是向吉拉德说出了这件事情。看了看那些伤痕之后,吉拉德便开始表演自己的那出喜剧,责备她不该想去治愈那些伤疤,从而让自己拂逆上帝的旨意。他说,那些伤疤都是天堂的符号。他还跪下来,亲吻她脚上的那些伤痕。她自卑地在胸前画着十字,与这种观点做了很长时间的斗争。吉拉德又逼又骂,让她掀起衣服给他看了肋边的伤痕,并且崇敬地看着那处伤疤。"我也有一道伤痕,"他说道,"可我的伤痕在心里。"

于是,她便欣然相信自己是一种活生生的奇迹了。有一个事实发挥了极大的作用,促使她接受了如此令人震惊的一件事情,那就是雷穆莎修女刚刚去世了。她已经看到了那位修女的荣耀,看到她的心灵被天使一路托着往天堂而去。谁将在尘世之间取代这位修女的位置呢?谁该继承她那些崇高的天赋,以及上天加于其身的那些恩赐呢?吉拉德让她有了继承这位修女的机会,用她的高傲腐蚀了她。

从那时起,她就变了。在虚荣心的驱使下,她把体内的每一种自然变化都看成是神圣的。她对恶心、怀孕女性的突然惊悸等现象一无所知,因此把这些现象都理解成灵魂的内在斗争。"大斋节"的第一天,与家人坐在桌边一起吃饭的时候,她突然看到了"救世主"(Saviour);后者对她说:"吾将携汝至荒漠之上,汝当与吾共享四旬之大爱,共受大苦于彼处。"她想到自己即将经历的磨难就浑身发抖。不过,她仍然愿意为了整个尘世的罪人,献出自己一个人。她看到的景象全都血腥无比;她的眼前,见到的只有鲜血。她看到的耶稣,像全身是洞的筛子,血流不止。她自己也开始吐血,并且用其他方式失血。与此同时,她的天性似乎也变了。承受的痛苦越多,她就变得越是性欲旺盛。在"大斋节"的第二十天,她看到自己的名字与吉拉德的名字连在一起。她的自负因这些新的感受而高涨和受到了鼓舞,使得她理解了圣母马利亚所喜爱的、与崇拜上帝有关的特殊影响力。她觉得,哪怕与最渺小的圣徒相比,不管是男圣徒还是女圣徒,天使都要卑微得多。她看到了"荣耀之殿"(Palace of Glory),误以为自己就是上帝的羔羊。这些幻觉当中最厉害的就是,她竟然觉得自己被人抬离了地面,悬浮在数英尺高的空中。她几乎不敢相信,最后是格拉维耶小姐这个可敬的人,才让她确信这是事实。大家都来了,一边赞美一边顶礼膜拜。吉拉德则把他的同事格里涅带了过来,此人跪在她的面前,喜极而泣。

由于不敢每天都去她那里,吉拉德便经常让她到耶稣会的教堂去。在那里,在祭坛之前,在十字架之前,对于这样一种亵渎神灵的行为,他竟然表现出了一种更加强烈的激情。她难道毫无顾忌吗?她仍然是在欺骗自己吗?情况似乎是,在一种仍然真实和真诚的狂喜当中,她的良知早已茫然而漆黑一片了。在那些流血伤口的掩盖下,在她那位天堂配偶赐予的种种残酷恩赐之下,她开始感受到一些古怪的补偿之道了……

她的幻觉之中,有两点特别感人。一是她对忠诚结合所形成的那种纯洁理想,当时她幻想着看到自己的名字与吉拉德的名字连在一起,永远载入《生命之书》①中。其次,就是她的所有放肆言行当中,都透露出了那种仁慈之心和迷人的孩子天性。在"圣枝主日"②,看着围坐在桌边欢乐的一家人,她整整哭泣了三个小时,因为她心想,"那天竟然没有人邀请耶稣来共进晚餐"。

在那个"大斋节"期间,她自始至终都几乎吃不下任何东西;就算吃进去一点儿,也全都吐出来了。最后那十五天里,她进行了彻底的斋戒,直到自己的身体虚弱到了极限。谁能相信,对于这个已到弥留之际,除了一息尚存就毫无生气的姑娘,吉拉德还会干出新的残酷之事来呢?他一直都不让她身上的那些伤口愈合。她的身体右侧又出现了一个新伤疤。最后,到了"耶稣受难日"(Good Friday),他终于给这部残酷的喜剧画上了句号,让她戴上一顶铁

---

① 《生命之书》(Book of Life),基督教与犹太教中传说上帝记录正直之人(即进入天堂和来世复活的人)姓名的册子。
② 圣枝主日(Palm Sunday),基督教复活节的前一个星期日,亦译"棕枝全日"。

丝制成的王冠；王冠扎破了她的额头，鲜血一滴一滴地顺着她的脸颊流淌下来。这一切，都并不是在完全保密的情况下完成的。一开始，他就把她的长发剪掉并带走了。他在一个毕塔德人（Bitard）那里订做了王冠，此人是市里的一个兽笼制造商。她并没有戴着王冠让前来探望她的人看：探望者看到的只是结果，就是那一滴滴鲜血和她那张带血的面庞。至于她脸上的血迹，都被擦拭在餐巾上，就像众多的维罗尼卡（Veronica）纱巾[①]一样，并且无疑都被吉拉德送给了那些极其虔诚的人。

她的母亲因过于疏忽，故成了这场骗局中的教唆者。实际上，她很害怕吉拉德；她开始发现，此人无所不能，并且有人（或许就是那个吉奥尔）曾经信誓旦旦地对她说过，如果胆敢说他的一句坏话，她的女儿就活不过二十四个小时。

就卡蒂埃尔而言，她在这件事情上却从来没有撒过谎。在亲口对这个"大斋节"中发生之事的叙述中，她明确说到了一个带有尖刺的王冠，王冠卡在她的脑袋上，将脑袋刺出了血。接下来，对自己送给探访者的那些小十字架的来源，她也没有进行任何遮掩。吉拉德提供了十字架的模型之后，她便向一位在兵工厂里当木匠的亲戚订购了那些十字架。

在"耶稣受难日"那一天，她昏迷了二十四个小时，人们把这种情况叫作催眠；她仍然由吉拉德专门负责照料，而此人的殷勤让她变得更加虚弱，给她带来了致命的伤害。此时，她已经怀孕三个月了。这位圣洁的殉道者，这个被美化了的奇迹，身材已经开始变得丰满起来。吉拉德虽说渴望，却又害怕流产会带来诸多更加严重

[①] 此种织物是以圣维罗尼卡的名字命名的，因为这位圣徒的手帕上印有耶稣的面像。——英译者注

的问题，因此每天都给她服用大量的红色粉末和危险的饮料。

他或许更愿意让她死去，从而让他自己摆脱整件事情。至少，他可能想要把卡蒂埃尔从她母亲那里带走，把她安全地藏匿到一座修道院里。他对那种修道院的情况了如指掌，因此很清楚，卡蒂埃尔这样的情况是完全可以巧妙而谨慎地隐瞒起来的，就像皮亚在卢维埃一案中所做的那样。也就在这个"耶稣受难日"，他提到了此事。但是，卡蒂埃尔的身体似乎太过虚弱，没法安全地让她下床并把她带走。然而，复活节的四天之后，她终于还是流产了。

洛吉耶这个姑娘，一直也有奇怪的痉挛发作的现象，身上也开始出现荒谬的"圣痕"：其中一处是个旧伤疤，是她当裁缝时被剪刀弄伤的，而另一处则是腰上的一处痄疮。她原先的那种心醉神迷突然变成了一种不虔诚的绝望。她往耶稣受难像上吐过口水；她曾大声咒骂过吉拉德，说："那是个魔鬼神父，把一个二十二岁的可怜姑娘弄到这步田地，最后却抛弃了她！"吉拉德根本不敢去面对如此激昂地爆发的洛吉耶。可洛吉耶身边的那些女人全都维护着他，所以还是找到了办法，将这件事情平息下来了。

吉拉德是不是像人们后来认为的那样，是一个巫师呢？他们完全有理由这样想，因为他们看到，此人既不年轻也不英俊，却轻而易举地迷住了那么多的女人。更加奇怪的是，在如此堕落之后，他对舆论的影响力却依然极其强大。有一段时间，他似乎还蛊惑了整座城市。

真相就是，大家都很清楚耶稣会的实力。没人愿意和耶稣会产生纠纷。说他们的坏话，甚至是悄悄地说，人们也会觉得不安全。大部分神职人员都属于托钵僧团（Mendicant orders）的修士，他们既没有权势倾天的朋友，也没有位高权重的人脉。加尔默罗会呢，虽说因为即将失去卡蒂埃尔而心怀嫉妒和受到了伤害，他们

第十章　吉拉德神父与卡蒂埃尔：1730年

却保持着沉默。她的哥哥,就是那个年轻的雅各宾派修士,也听取了怕得浑身发抖的母亲的教诲,恢复了以往谨言慎行的态度。与吉拉德和解之后,他最终还像自己的弟弟一样,全心全意地供吉拉德驱使,甚至还同意参与了一桩古怪的骗局,误导民众相信吉拉德拥有预言的天赋。

吉拉德可能必须担心的此种软弱反对,只有可能来自他似乎已经彻底掌控住了的那个人。虽说此前一直百依百顺,可如今的卡蒂埃尔却不由自主地流露出了一些表明她即将独立起来的轻微迹象。4月30日那一天,在彬彬有礼的吉拉德筹办的一次乡间聚会上,卡蒂埃尔陷入了沉思;那一次,吉拉德也派他手下那帮年轻的信徒,陪着吉奥尔参加了聚会。在如此迷人的氛围当中,明媚的春光让她的心飞向了上帝。她带着一种真正虔诚的感受,大声感叹道:"主啊,汝乃吾之唯一向往!汝之天使,于吾视之亦有不足。"接下来,其中一位快乐的姑娘用普罗旺斯人的方式,将一个小手鼓挂到了她的脖子上,卡蒂埃尔便跳起身来,像其他人那样翩翩起舞了;肩头披着一块小毛毯,她跳着波希米亚风格的舞蹈,疯狂地跳跃着,把自己弄得头晕目眩。

她的心神极不安宁。5月,她获得了母亲的允准,到圣博姆去了一趟,拜谒了圣抹大拉的马利亚[①]教堂;这位圣女就是姑娘们进行忏悔时的主保圣人。吉拉德神父只允许她在两名忠心耿耿的监督者,即吉奥尔和雷布尔的监管之下,前往那里。但是,尽管一路上她仍然出现了几次催眠状态,可她仍旧流露出了厌倦之情,不愿再被一个暴烈而不断骚扰她的幽灵当成消极被动的工具,而且不

[①] 圣抹大拉的马利亚(St. Mary Magdalen),基督教《圣经》中的人物,是耶稣的追随者之一,其事迹见于《圣经·新约·马可福音》中。

管这个幽灵属于圣灵还是邪灵。距她那一年的魔鬼附体期结束已经不久了。难道她没有争取到自己的自由吗？一旦从阴森和巫术横行的土伦释放出来，来到开阔的户外，置身于大自然当中，沐浴着充足的阳光，这个囚徒就重新找回了自己的灵魂，开始反抗那个陌生的幽灵，敢于做回自己，并且运用自己的意志了。吉拉德的那两名监视者，在那里却完全没有受到启发。从这趟自5月17日至22日进行的短途旅程中刚一回来，她们就提醒吉拉德，要他注意卡蒂埃尔的这种变化。根据自己的经验，他也确信卡蒂埃尔已经变了。她开始对抗那种催眠状态，似乎除了理性，她就不再愿意服从任何东西了。

他曾经想过，要凭借自己的魅力，凭借他身居高位的神圣性，并且最终凭借占有和情欲之事来牢牢控制她。但是，他根本就掌控不了她。毕竟，那个年轻的灵魂以前与其说是被他征服了，还不如说是被他奸诈地吓了一跳，因而如今又恢复了自己的本性。这种情况伤害了他。除了卖弄学问，除了专横随意地责罚孩子们，除了严苛对待那些任其处置的修女们，他的内心深处还怀有一种牢固的、跋扈霸道的猜忌。他决定通过对她的第一次小小"起义"进行惩罚来夺回卡蒂埃尔；要是一颗灵魂努力从长期的压迫中重新站起来而出现那种怯生生的振翅之举，可以称之为"起义"的话。5月22日，她照例向吉拉德进行忏悔；可他拒绝赦免她，宣称她罪孽深重，因此第二天他必须安排一场重大的悔罪仪式才行。

他所说的那种悔罪又是什么呢？是斋戒吗？可她的身体极其虚弱，已经憔悴不堪了。再则，长时间的祷告也不是寂静派教监们流行的一种方式，事实上寂静派还禁止进行长时间的祷告。那就只剩下惩戒，或者说体罚了。当时这种惩戒在各地的人看来都习以为常，在修道院和学院里一样大行其道。这是一种可以快速执行的简单方法；有的时候，在一个原始而单纯的时代，这种惩戒还是在教堂里面实施的。《故事诗》向我们呈现了一幅自然朴素的风俗画卷：在听取了丈夫和妻子的忏悔之后，神父会在没有任何仪式的情况下，对他们执行惩戒，几乎就在忏悔室的后面进行。学者、修道士、修女，全都是用同样的方法进行处罚的。[1]

吉拉德明白，一个像卡蒂埃尔这样的姑娘，根本就受不了羞辱，并且非常谦逊，而此前她遭受的痛苦都发生在睡梦中，她毫不知情；若是接受了这种不体面的惩戒，她就会觉得受到了残酷的折磨、致命的打击，以至于会彻底丧失原有的那一点点快乐。而如果我们必须说出来的话，那么鉴于她那种女性的虚荣心所承受的打击，她肯定要比别的女人更加残酷地感到羞愧。由于已经承受了这么多的痛苦，进行了如此多次的斋戒，后来又流了产，因此她那一向弱不禁风的身体，似乎已经消瘦得有如影子了。而更加肯定的是，她会畏缩，不让别人看到自己那个如此消瘦、如此憔悴和如此充满痛苦的身体。她那肿胀的双腿和诸如此类的小毛病会让她变得更加自卑。

我们没有勇气再来叙述接下来发生的事情。所有的情况，从那三种极其朴实、明显不假的口供中就可以看到；其间，她在没有发誓的情况下，便自行承认了私心要求她隐瞒的所有事情，甚至承认了后来表明最残酷地不利于她的那些事情。

她的第一份口供，是她一时冲动之下，在派宗教法官出其不意

---

[1] 法国王储也被残忍地鞭打过。据圣西蒙（St. Simon）称，有个十五岁的男孩子也因受到了类似惩罚之后而死去。"林间修道院"（Abbey-in-the-Wood）的女院长曾经觐见国王，因其上司威胁要对她进行"痛苦的惩罚"而提出申诉。考虑到修道院的声誉，她并未公开受辱；可她被交给上司处置之后，那位上司无疑仍是用一种不声不响的方式惩罚了她。后来，这种做法的邪恶倾向变得越来越明显了。恐惧与羞耻感导致出现了受罚者可悲地乞求与进行卑劣交易等现象。——作者注

地把她抓起来之前做出的。在这份口供里，我们似乎始终都在听一颗年轻的心灵面对着上帝进行诉说。第二份口供是在国王面前做出的，更准确一点说，是在代表国王的那位地方法官，即土伦的民事与刑事专员(Lieutenant Civil and Criminal of Toulon)面前做出的。最后一份，则是在艾克斯高等法院的法官们面前陈述的。

请注意，这三份供词在艾克斯、在她那些敌人的眼前印成了一卷；它们内容很一致，合在一起就是一份完美的供词，而我很快也会证明，它们是试图减轻吉拉德的罪过，将读者的注意力引到每一个有可能不利于卡蒂埃尔的问题上。然而，编辑这卷供词的人还是情不自禁地加入了一些证词，从而对他原本试图维护的吉拉德神父产生了极大的压力。

至于吉拉德的供词，则极其前后不一。他先是吓唬那个可怜的姑娘，然后便卑鄙地利用她的恐惧，突如其来地获得了一种残酷的优势。

在此案中，她没有任何爱情借口可以减轻罪行。事实完全相反：他不再爱她了。这就是整个故事当中最可怕的一部分。我们已经看到，吉拉德极其残忍地毒害了她；如今我们又不得不看到，她被吉拉德彻底抛弃了。他之所以对她怀恨在心，是因为卡蒂埃尔比其他堕落的女人更有价值。他之所以对她怀恨在心，是因为卡蒂埃尔在不知不觉中诱惑了他，让他深陷险境。尤其是，对于她保持自己灵魂安全的做法，他完全无法原谅。他原本只想把她驯服，却又对她一再重申的安慰抱有希望："我觉得自己活不下去了。"他是一个无耻的浪荡子，把可耻的吻给了那具可怜而千疮百孔的肉体，却又渴望着看到这具肉体死去！

吉拉德是如何向她解释自己这种令人震惊的矛盾做法，即为什么一面残酷无情，一面却又对她爱抚亲吻呢？他这样做，究竟是为了考验她的耐心与顺从,还是因为他厚颜无耻地深谙莫利诺斯那种教义的精髓,即"只有通过犯罪,才能消除罪孽"呢?她是不是把这一切都当成了真的,因此从来都没有意识到,这一切所呈现出来的正义、悔悟与赎罪,其实只不过是一种彻头彻尾的放荡无耻呢?

  5月23日之后,在六月那种和煦暖意的影响之下,她陷入了一种奇怪的精神崩溃当中,无暇再去了解他的心思了。她顺从了这个令她感到极其害怕的主人,带着一种异常奴性的激情,日复一日地进行细琐的忏悔,宛如一场闹剧。吉拉德毫不在意她的感受,从不向她遮掩自己与其他女人的关系。他一心希望的,就是让她进入一座修道院。与此同时,她也是吉拉德的手中玩物:一见到他,她就会任由他为所欲为。由于她身体虚弱,并且因折磨着她的那种羞愧感而更加衰弱,她的内心变得越来越悲哀,所以她如今几乎没法继续活下去,只是不停地说着那些并未给吉拉德的灵魂带来悲伤的话语,"我觉得自己很快就会死去了"。

第十一章

修道院里的卡蒂埃尔：1730年

奥利乌勒修道院（Ollioules Convent）的那位女院长非常年轻，才三十八岁。她的心灵并不空虚。她活力十足,在爱憎两个方面同样敏感，凭着心中所想与感受仓促行事，因而缺乏管理这样一个机构所需的那种老练圆滑与温和节制。

这座女修道院的生计来源于两个方面。一方面,有两三位修女出身于土伦的官员家庭,她们带来了丰厚的捐赠,因而可以在修道院里为所欲为。她们与"严修会"的修道士们住在一起,这座女修道院就是后者在幕后操纵着。另一方面,由于"严修会"已经扩张到了马赛和其他许多地方,因此这些修道士会挑选一些年纪很小的寄宿生与见习修女,她们都需要支付各自的生活费；我们从欧班尼事件中就可以看出,这种关系对于孩子们来说,其实是充满了危险和令人不快的。

这座修道院里既没有什么真正的限制措施,内部也没有太多的秩序。在有如非洲那种气候的炎炎夏夜里,在奥利乌勒修道院那些没有一丝凉风,特别让人觉得压抑和疲乏的通道里,修女们和见习修女来去都极其自由。我们在1730年的奥利乌勒修道院里看到的情况,与我们在1630年的卢敦看到的一模一样。修道院里总共十五位修女中,有十来个都被那些更喜欢地位高贵之女士的修道士抛弃了;她们都是可怜之人,心怀怨恨,被剥夺了继承权,因此除了打小报告、像孩子一样胡闹和耍耍学校女生的那些花招之外,就没有什么可以给她们带来慰藉了。

那位女院长担心,卡蒂埃尔很快就会看穿这一切。她对收留卡蒂埃尔一事提出过异议。可过了不久,她却突然彻底改变了想法。她写了一封招人喜欢的信,表达出了希望卡蒂埃尔离开吉拉德神父那种可怕引导的心愿;这样一位女士会写信给如此年轻的一位姑娘,更是让这封信变得奉承味十足。当然,卡蒂埃尔不会被交给她手下的"严修会"修士,因为那些修士完全担当不了此种责任。这位女院长产生了一个大胆而令人激动的想法,要把卡蒂埃尔掌控在自己的手中,变成卡蒂埃尔唯一的教监。

此人极其爱慕虚荣。她认为自己比一位年老的耶稣会告解神父更讨人喜欢,因此想毫不费力地征服卡蒂埃尔,把这位奇才据为己有。她将让这位年轻的圣徒给她的修道院带来利益。

她在修道院临街的门口迎接卡蒂埃尔,对后者表示出了明显的恭维之意。她亲吻了卡蒂埃尔,牵着后者的手,领着后者来到女院长自己那间漂亮的房间里,请卡蒂埃尔与她住在一起。她被卡蒂埃尔的谦虚、那种病人的优雅以及一种融神秘与动人于一体的高冷之态迷住了。女院长想让卡蒂埃尔躺在她的床上,说她非常爱卡蒂埃尔,因此想要跟后者同床共枕,就像好姐妹一样。

就其目的而言,实际上她很可能没有必要做到这一步。让那位圣徒自己住一个房间就足够了。如今,卡蒂埃尔看上去就太像是一个小小的宠儿了。然而,女院长却惊讶地看到,那位年轻的姑娘竟然犹豫不决；此种犹豫无疑是源自她内心的谦逊或者自卑，或许在一定程度上也是源于她自己的不健康与女院长的年轻、健康以及正当妙龄的美貌形成了鲜明的对照。不过，女院长还是温柔地敦促她接受这一请求。

女院长认为，在一种如此亲密无间和不屈不挠的宠爱之情的影响下，卡蒂埃尔终究会忘掉吉拉德。对于所有的女修道院院长而言，按照圣特雷莎允许的方法，聆听自己手下修女的忏悔，已经成了她们最普遍的爱好和最得意的抱负。她这个令人愉快的计划也会出现同样的结果；这个年轻的女人只会把一些无关紧要的事情告诉她的告解神父，却会把内心深处的想法保留下来，向一个特定的人倾诉。得到一个好奇心重的女人的不断安抚之后，到了日暮时分，到了晚上，当她落枕而眠时，她定会吐露出许多的秘密；不管是自己的秘密还是别人的秘密，她都会一一透露出来。

起初，卡蒂埃尔根本就无法摆脱这种热烈的纠缠。她与女院长睡在一起。后者以为，她已经用一种双重束缚，通过与对待圣徒和对待女人时相反的手段，牢牢地掌控住了卡蒂埃尔；也就是说，控制了这个神经质、敏感，或许还因为体虚而具有情欲需求的姑娘。她的故事、她的语录，凡是从她口中说出的话，统统都被记录了下来。女院长还通过其他源头，打听到了卡蒂埃尔在现实生活中一些最卑贱的细节情况，然后报告给土伦。女院长想把她变成一个偶像，变成一个漂亮的宠物小玩偶。在如此滑溜的一段斜坡上，女院长的引诱任务无疑进展得非常顺畅。可那位姑娘还是有所顾虑，怀有一丝畏惧之心。她做出了极大的努力，而她那种虚弱的身体状况原本似乎会让她无力做到这一点。她低声下气地要求获准离开那间像鸽巢一样的小房间，离开那张太过柔软和精致的卧榻，去跟那些见习修女或者寄宿生住到一起。

女院长一方面极感惊讶,另一方面也极感受了侮辱。她认为卡蒂埃尔是在蔑视她。于是,她便开始对这个忘恩负义的姑娘怀恨在心,并且一直都没有原谅过卡蒂埃尔。

卡蒂埃尔也受到了其他人的热烈欢迎。见习修女的教长雷丝柯特夫人(Madame de Lescot)是一位来自巴黎的修女,此人优雅而善良,比那位女院长更加可敬。她似乎很理解卡蒂埃尔,看出她是命运的可怜牺牲品,是个心中全都想着上帝的年轻人,只是被某种魔咒残酷地打上了烙印,似乎在促使她走向耻辱,走向某种不幸结局似的。她忙前忙后,一心扑在照料这个姑娘一事上,非但把她从自己的轻率中解救了出来,还帮她向别人解释,原谅了她心中可能觉得最不可原谅的那些事情。

除了两三位与修士们生活在一起、对更高级的神秘主义不太感兴趣的贵妇,其他修女都很喜欢卡蒂埃尔,把她当成来自天堂的天使。由于没有别的东西吸引她们,所以她们的柔情全都集中倾注到了卡蒂埃尔身上,并且只倾注在她的身上。她们发现,卡蒂埃尔非但虔诚而非常虔敬,还是一个善良的孩子,心肠很好,既迷人也很有意思。她们都不再无精打采和郁郁寡欢了。卡蒂埃尔用自己的梦想,用真实的故事,或者更确切地说,她是用真诚而永远带有最纯粹之温柔的话语,吸引着她们,启发着她们。她会说:"晚上我会到处都去,甚至到美洲去。每到一个地方,我都会留下信件,要求人们忏悔。今晚我会去找你们,哪怕你们把自己锁在房间里,我也会去。我们将一起进入圣心当中。"

奇迹出现了。据她说,午夜时分,她们每个人都受到了那种令人愉悦的拜访。她们全都产生了幻觉,感觉到卡蒂埃尔拥抱着她们,让她们进入了耶稣的心中。她们既非常害怕,同时也极感幸福。她们当中最温柔、最容易相信别人的就是瑞姆鲍德修女

(Sister Raimbaud);此人来自马赛,在三个月的时间里就体味到了十五次这样的幸福,或者说,差不多每六天就有一次。

其实,这纯粹是想象力的作用。证据就是,卡蒂埃尔曾在同一时刻拜访过她们所有的人。在此期间,那位女院长受到了伤害,一开始是认为只有她一个人被排挤在外,这种想法激起了她的嫉妒之心;但到了后来,她却有了一种感觉,认为这个姑娘尽管有可能在自己的梦境里迷失,但她会通过那么多的密友得到太过明显的暗示,了解到这座修道院里的种种丑闻。

这些丑闻根本就瞒不过她。不过,由于卡蒂埃尔除了凭借精神上的洞察力,并没有听到人们说过什么,所以她以为自己是在一种启示当中得知这些情况的。这一点就充分显示出了她的善良。她对因此而感到愤慨的上帝深表同情。而且,她再一次想象到,自己必须替其他的人赎罪,必须通过把魔鬼的愤怒能够造成的最残酷的暴行发泄到她的身上,来把罪人从他们应得的惩罚当中拯救出来。

6月25日是"圣约翰节"(Feast of St. John),这一切就在她的身上爆发出来了。当时正值傍晚,她与修女们一起待在见习修女们的房间里。她突然大叫了一声,往后一倒,身体扭曲,完全不省人事了。

她苏醒过来时,所有的见习修女都围在她的身边,急切地等待着,要聆听她即将说出的话语。不过,女教长雷丝柯特夫人却已猜出她要说什么,感觉到她打算毁掉自己。于是,雷丝柯特夫人把她扶起来,领着她径直走向自己的房间;到了房间里后,卡蒂埃尔竟然发现自己全身都被人剥了皮,衣服上浸满了鲜血。

为什么在她陷入此种内外交困之境的时候,吉拉德会辜负她呢?她无法理解这个人。她极其需要获得支持,可他始终都没有来,其间她只是偶尔到修道院的会客室里待上片刻。

6月28日,卡蒂埃尔给他写了一封信;这封信是请她的哥哥们代写的,因为她尽管识字,却几乎不会写字。她用无比激动和最迫切的语气呼唤他,可吉拉德的回应却是找借口一拖再拖。他必须到伊埃雷(Hyères)去布道啦,他的喉咙痛啦,等等。

说来也怪,将吉拉德带到修道院去的竟然是那位女院长本人。毫无疑问,她对吉拉德发现了这座修道院内部生活的许多秘密感到不安。她确信卡蒂埃尔会对吉拉德谈到这些情况,因此想要先发制人。在7月3日所写的一封语气谄媚而温柔的便条中,她恳求这位耶稣会神父先来看一看她自己,因为她希望增进两人之间的关系,希望成为他的学生、他的门徒,就像谦卑的尼哥底母①曾经是基督的学生和门徒一样。"在您的指引之下,凭借我的职位所确保的那种神圣自由所带来的福分,我当在美德之道上迅速而悄无声息地前行。我们院里那位年轻的命中注定者的状况,将为我提供合理而有益的理由。"

这是一种令人震惊而不明智的做法,暴露出了这位女士心智上的某种缺陷。由于之前没能做到用卡蒂埃尔取代吉拉德,所以此时她便想用吉拉德来取代卡蒂埃尔了。她突如其来地、毫无预兆地向前迈出了一步。她下定了决心,就像一位了不起的、仍然招人喜欢的贵妇,完全断定别人会相信她的话,为此甚至不惜去谈论她所欣赏的那种自由!

在采取此种错误做法的时候,她是从一种真正的信念开始的;这种信念就是,她认为吉拉德已经不怎么在意卡蒂埃尔了。不过,

---

① 尼哥底母(Nicodemus),《圣经》中的一个人物,本身为法利赛人,是犹太教最高评议会(这是一个兼具司法、宗教和行政职责的机构,相当于最高法院,曾审判耶稣)的委员,曾支持耶稣反抗法利赛人,其事迹见于《圣经·新约·约翰福音》。

她或许已经猜到，土伦还有别的事情让吉拉德深感忧虑。此时，吉拉德正在为一桩风流韵事伤脑筋，只是这一次卷入其中的不再是一位年轻姑娘，而是一位年纪不小、家境优裕、名声很好的贵妇，也就是那位最聪明的忏悔者格拉维耶小姐。四十岁的年纪，并没有为她提供保护。吉拉德可不会让自己的羊圈里有自己做主的绵羊。有一天，她惊讶和羞愧地发现自己竟然怀上了孩子，于是当场就号啕大哭起来。

由于已经在应对这种新的险情，所以对于女修道院院长种种意外的示好，吉拉德只是冷眼观之。他信不过她的友好表示，认为那是"严修会"为他设下的一个陷阱。他决定谨慎行事，见了女院长一面，后者此时已经为自己的轻率之举而感到尴尬了；然后他又见到了卡蒂埃尔，但只是在听取她忏悔的告解室里见了她。

他的冷淡深深地伤害到了卡蒂埃尔。实际上，他的行为显得奇怪地前后不一。他写了几封语气轻松、令人愉快的信件，其中尽是一些带有玩笑意味的小小威胁，但也可以说是情话连篇，弄得她心烦意乱。可尽管如此，除了公开见面，他却从未屈尊去见过她。

在同一天晚上所写的一张便条上，她用一种非常微妙的方式报复了他。她说，吉拉德宽恕她之后，她便感到与自己、与其他一切生灵都奇妙地分离开来了。

这种情况本是吉拉德愿意看到的。而他的计谋已经陷入了一团可悲的乱麻当中，而卡蒂埃尔就是那个碍事的人。她写的信让他感到迷惑；他完全没有生她的气，反而告诫她保持这种割裂状态。与此同时，他还暗示出了自己必须小心行事的缘由。他说，他已经收到了一封来信，有人就她的过错对他提出了严厉的警告。然而，由于他7月6日将动身去马赛，因此愿意在路上去见一见她。

第十一章　修道院里的卡蒂埃尔：1730年　　313

卡蒂埃尔便等待着,可吉拉德并没有来。她变得极其焦虑不安起来。这使得她身上的那种老毛病又急剧发作了一次。她向自己的密友瑞姆鲍德修女说起过此事,后者既不会离她而去,还会违反规定,陪着她睡觉。此时是7月6日晚上,正是奥利乌勒修道院这座封闭的火炉热得最让人觉得压抑和喘不过气来的时候。到了四五点钟,看到她痛苦得直打滚儿,瑞姆鲍德修女"以为她患了腹绞痛,便到厨房里去拿火过来"。她走了以后,卡蒂埃尔立即做出了最后的努力,想要把吉拉德拽回自己身边来。不管她是用指甲重新划破了头上的伤口,还是她把脑袋撞到那个尖利的铁丝王冠上,反正她把自己弄得全身都血糊糊的。疼痛让她全身都走了样,可她的眼睛里却再次闪出了光芒。

这种情况持续了两个多钟头。修女们全都跑过来看她的样子,都钦佩地盯着她。要不是卡蒂埃尔阻止的话,她们甚至还会把"严修会"的修道士们都叫来。

女院长原本会加倍小心,不把此事告诉吉拉德,免得他看到卡蒂埃尔处在如此感人、如此可怜之困境中的样子。可是,善良的雷丝柯特夫人为了安慰这个姑娘,便派人把消息告诉了吉拉德神父。他来了,但像一个真正的骗子,并没有马上到她的房间去,而是在礼拜堂里陷入了一种神魂颠倒的状态,在那里待了整整一个钟头,双膝跪地,拜倒在圣体之前。后来,他终于上楼去,发现所有修女都围在卡蒂埃尔身边。她们告诉吉拉德,有那么一会儿,卡蒂埃尔好像是在做弥撒,然后她似乎又张开嘴巴,领受了圣餐。"谁知道的比我本人更清楚呢?"这个骗子说道。"一位天使已经告诉过我了。我复诵了一遍弥撒,然后在土伦把圣餐赐予了她。"她们都被这种神迹搞得心烦意乱,以至于其中一位修女还生了两天的病。接下来,吉拉德便带着一丝不体面的欢乐之色,对卡蒂埃尔说道:

"好啦,好啦,小贪吃鬼!难道你要抢掉我的一半圣餐吗?"

修女们都恭恭敬敬地退了出去,留下他们两人单独待着。他面对面地端详着那个流着血的受害者;她的脸色如此苍白,身体如此虚弱,却愈发激动了!任何人都会为之动容的。她用鲜血和伤痕表达出来而非口中明说的话语,很可能触及了他的内心。这是一幅令人羞愧的景象,可谁不会同情她呢?这个无辜的姑娘终于能有片刻的时间服从于自己的天性了!在她那短暂而不幸的一生当中,尽管她对理性的魅力一无所知,但这位可怜的年轻圣徒还是能够表现出一个钟头的软弱!此前在她不知情的情况下,吉拉德从她身上享受到的一切,如今都变得一文不值了。有了她的灵魂、她的意志,如今他将变成掌控一切的主人。

在证词当中,卡蒂埃尔只是简略而又局促不安地称,她对接下来发生的事情一无所知。可在向一位朋友坦白的时候,她却没有任何怨言,而是让那位朋友了解到了真相。

对于她急不可耐地做出如此迷人的大胆之举,吉拉德又做了什么来进行回报呢?他竟然责骂了她。对于这种足以点燃其他任何一个人心灵的温情,他只是感到了一阵寒意。他那颗暴虐的灵魂,除了死亡就别无他求,因为死者才是任他随心所欲的最纯粹的玩物。而这个姑娘却通过大胆的第一步,让他不得不来到了这里。学生竟然牵着大师的鼻子走。这个脾气暴躁的学究对待此事的态度,就像是对待学校里的反叛一样。他那些淫荡的清规戒律,他对一种残酷肉欲冷静自私的追求,都摧毁了这个不幸的姑娘,所以如今除了悔恨,她就什么都没有了。

有一个事实同样令人震惊,那就是为他而流淌的鲜血,除了诱使他为达到自己的目的而加以充分利用之外,根本就没有产生别的作用。在这次见面当中(或许也是他最后一次见到她),吉拉德

第十一章 修道院里的卡蒂埃尔:1730年 315

还竭力想要搞清楚这个可怜之人是否谨慎,以便无论怎么被他抛弃,卡蒂埃尔自己都仍有可能相信他。他问卡蒂埃尔说,他是否不如见证过此种奇迹的修女那么受上天眷顾。她任由自己在他的面前流血。他把用来擦拭血迹的水喝了下去①,并且让她也喝了;他想通过这种可恶的圣餐仪式,把她的灵魂牢牢地束缚起来。

他们在一起待了两三个小时,此时已近中午了。那位女院长恼恨不已。她决定亲自去送饭,让他们把门打开。吉拉德喝了一点儿茶,因为当天是星期五,他假装是在斋戒,但他无疑是在土伦吃饱喝足了才来的。卡蒂埃尔要了咖啡。负责厨房的那位俗家修女,对卡蒂埃尔在这样一个日子里喝咖啡感到非常惊讶。不过,若是没有咖啡撑着,卡蒂埃尔可能会晕过去。咖啡让她的精神振奋了一点儿,她仍然紧紧地拉着吉拉德不放手。他留在那里陪着她,只是房门的确不再紧锁了,他一直陪到下午四点钟,试图抹去上午他的做法给人留下的那种阴暗印象。凭借友谊与父爱两个方面的谎言,他还是让这个敏感的人放下了心,安抚住了她的不安情绪。她送他出门,跟在他身后,还像孩子似的,高兴得跳了两三下。他只是冷冷地说了一声:"小傻瓜!"

* * *

她为自己的软弱付出了沉重的代价。同一天晚上九点钟的时候,她看到了一幅可怕的幻象,大家都听到她在高声喊道:"噢,上帝!离我远点!回去!"8日早晨做弥撒的时候,她没有留下来领受圣餐,便溜回了自己的房间,无疑她是认为自己不配领受。由此

---

① 这种以血为圣餐的仪式,当时盛行于北方的德国骑兵当中。参见本人的《法律起源》一书。——作者注

引发了许多的流言蜚语。不过，由于她深受众人宠爱，所以有位修女还跑着跟她而去，然后撒了一个充满怜悯之情的谎，信誓旦旦地说她看到耶稣亲手将圣餐赐给了卡蒂埃尔。

雷丝柯特夫人还根据卡蒂埃尔那些神秘的叫喊声、圣洁的叹息声、虔诚的眼泪，以及这颗破碎的心灵迸发出来的一切，熟练而巧妙地撰写了一个传说。说来也怪，这些女性竟然会充满温情地合谋来保护另一个女人。没有什么比这一点更能说明卡蒂埃尔的为人，更能代表她那些可爱的天赋了。在短短一个月的时间里，她便成了所有修女的宠儿。无论她做了什么，修女们都会为之辩解。尽管她可能是天真无邪，可修女们在她身上看到的，却只是一个受到了魔鬼进攻的受害者。其中有位好心而坚强的修女，名叫梅莎洛（Matherone），是奥利乌勒一位锁匠的女儿；此人是这座修道院的门房，看到吉拉德有些不体面的冒失之举，她便心生恨意，如此说道："不管怎样，她都是一位圣女。"当他有一次提到要把卡蒂埃尔带离修道院时，她又大声说道："带走我们的卡蒂埃尔小姐！我会让人安一扇铁门，不会让她走的。"

由于对当时的事态感到担心，对那位女院长及其修道士可能会利用这种事态来实现什么目的感到担心，因此每天都来看望卡蒂埃尔的两位哥哥便鼓起了勇气，决定先发制人；在以她的名义给吉拉德所写的一封正式书函中，他们曾提醒后者，要他注意6月25日降于卡蒂埃尔、涉及"严修会"修士道德品行的那种天启。他们还说，如今已到"在此事上实现上帝旨意"的时候了；这句话的意思，自然就是说他们应当要求进行宗教审判，去指控那些原告了。

他们这种过于大胆的做法，是非常鲁莽的。此时几乎已是奄奄一息的卡蒂埃尔，心中并没有这样的想法。她的那些女性朋友都以为，导致了她心神不安的吉拉德或许能够让她再次平静下来。

第十一章　修道院里的卡蒂埃尔：1730年

她们都恳请吉拉德过来,聆听卡蒂埃尔的忏悔。可怕的一幕出现了。她在忏悔室里发出的呼喊与哀号,三十步以外都听得见。有些好事的修女发现听她的哭喊声很有意思,而实际上也确实没让她们失望。吉拉德正在对卡蒂埃尔实施惩戒。他不停地说:"安静,小姐!"他徒劳地想要宽恕她。可她不愿意获得宽恕。12日,她感到心口下方传来一阵剧痛,觉得自己的两肋似乎都要爆裂了。14日,她似乎就要死去,修道院派人请来了她的母亲。卡蒂埃尔领受了临终圣餐,第二天又做了一次公开的忏悔,"那是我们听到过的最感人肺腑、最有表现力的一次忏悔。我们都泪流成河。"20日,她陷入了撕心裂肺的痛苦当中。此后,她突然出现了一丝好转,看到了一幅令人极感宽慰的幻象。她看到,罪孽深重的抹大拿获得了宽恕,被带入了荣耀之中,坐上了天堂中路西法失去的那个位置。

然而,吉拉德只有让她进一步堕落,抑制她的悔恨之意,才能确保她守口如瓶。有的时候,他会来到修道院的会客室见她一面,并且厚颜无耻地拥抱她。但更经常的情况是,他会派自己的忠实追随者吉奥尔和其他人前来;她们都想让卡蒂埃尔知道她们那些可耻的秘密,同时在表面上温情脉脉地对这位直言不讳的朋友遭受的苦难表示同情。吉拉德非但假装对此毫不知情,而他自己也毫无顾忌地对卡蒂埃尔说起过格拉维耶小姐怀孕这样的事情。他希望,卡蒂埃尔会求他前往奥利乌勒,会平息他的怒气,会让他相信:这样一种情况可能是魔鬼造成的一种幻象,最终可能会烟消云散。

这些不纯洁的说教对卡蒂埃尔是毫无用处的。这些东西肯定会激怒卡蒂埃尔的那两位哥哥,因为他们对这些东西并不陌生。他们以卡蒂埃尔名义所写的信件读来都非常古怪。虽说心中充满愤怒并受到了极大伤害，认为吉拉德就是一个恶棍，但同时又不得不让妹妹带着敬意与柔情谈到此人，可他们还是时不时地表露出了这种愤慨之情。

至于吉拉德的信件，可以说全都是此人煞费苦心地写出来的，且明显是为了可能出现的审判而写的。我们不妨来看一看唯一一封他没有拿去进行篡改的信。落款日期是7月22日。此信集令人失望与亲切温柔于一体，既讨人喜欢，又轻浮无聊，完全就是一个毫不在意之人所写。信的大意如下：

"主教大人今天上午抵达了土伦，将去看望卡蒂埃尔……他们将一起决定如何去做，以及说些什么。如果大主教代理（Grand Vicar）和萨巴迪耶神父希望见到她，要求看一看她身上的伤疤，那么她将告诉他们，她已受禁做任何事情或者说任何话。

"我渴望着再次见到您，看到您的整个人。您知道，我要求的只是我的权利。长久以来，我见到的都是您的半个多人（他的意思是说，在修道院会客室的栅栏边）。我会让您厌烦吗？好吧，您不是也会让我厌倦吗？"等等。

从任何一个方面来看，这都是一封奇怪的信件。他既信不过主教，同样也信不过老萨巴迪耶这位耶稣会同僚。实际上，这是一个焦躁不安的罪犯写下的一封信。他很清楚，卡蒂埃尔的手中有他以前所写的信件和文章，简而言之就是，卡蒂埃尔攥着可以毁掉他的把柄。那两个年轻人代妹妹所写的回信，是一封言辞激烈的回信，也是唯一一封流露出了真情实感的回信。他们逐条回复了吉拉德，没有无礼的意味，但具有一种常常是带着讽刺意味的粗暴，暴露出了他们心中压抑着的愤怒之情。妹妹答应顺从吉拉德的心意，什么都不对主教和那位耶稣会修士说。她恭喜他具有"厚颜无耻地劝告别人去承受苦难"的本领。她接受了他那种令人震惊的殷勤,并且将这种殷勤回敬于他,只不过用的是一种令人震惊的方式;在这里,我们可以看出一种男子风格的迹象,也就是那两个糊涂哥哥的风格。

两天之后他们又去了,并且告诉她,让她决定是否立即离开那座修道院。吉拉德一下子慌了。他以为,自己过去所写的那些东西会随着她一起消失。他极其恐惧,因而失去了理智。他竟然软弱到前往奥利乌勒修道院的会客室,在那里哭泣,跪在她的面前,问她是否真的忍心离开他。可怜的姑娘被他的话语打动了,便回答说"不",并且走上前去,让吉拉德拥抱她。尽管如此,这个犹大还是只想欺骗她,只想争取几天的时间,确保自己获得某位高层人物的帮助。

29日,情况发生了彻底的变化。卡蒂埃尔留在奥利乌勒修道院,乞求他的原谅,并且发誓顺从于他。显然,他已经让某种强大的影响力发挥出了作用,因为从29日起,各种威胁便纷至沓来;这些威胁或许来自艾克斯,不久又是来自巴黎。耶稣会的权贵以及来自凡尔赛的宫廷庇护人,一直都在撰写材料。

在这样一种斗争当中,卡蒂埃尔的两位哥哥又能做些什么呢?无疑,他们询问过上司的建议,而后者肯定也提醒过他们,不要过度揪着吉拉德是个放荡的告解神父这一点不放;因为这样做,就会冒犯最重视告解的所有神职人员。相反,他们必须把吉拉德跟其他神父区分开来,证明他宣扬的教义很奇怪,提出他是一个"寂静派"。只要这一个罪名,他们就可以把吉拉德领上一条漫长的不归路。1698年,邻近的第戎(Dijon)就有一位教区神父因为信奉寂静主义而被烧死了。他们想出了一个主意,要撰写一份回忆录,表面上由他们的妹妹口述而成,但卡蒂埃尔对这个计划其实是毫不知情的;在这份回忆录里,她应当证实吉拉德信奉那种高度而华丽的寂静主义，因而实际上就是对后者加以谴责。这份回忆录还描述了她在"大斋节"期间看到的种种幻象。在幻象中，吉拉德的大名已经升入了天堂。她看到，吉拉德的名字与她自己的名字一起位列《生命之书》中。

他们没敢把这份回忆录送给主教去看。可他们找到了一个朋友，故意让他把回忆录偷走；此人就是小卡墨尔勒（Camerle），是主教手下的一位年轻神父。主教看了这份回忆录，并且将数份复印件传遍了全城。8月21日，吉拉德正在主教殿里时，主教曾经笑着对他说："好啊，神父，那么说您的名字列入了《生命之书》啦！"

吉拉德吓坏了，以为自己失了势，便写信给卡蒂埃尔，对她进行了尖刻的责备。他再一次痛哭流涕，想要回自己所写的信件。卡蒂埃尔非常惊讶，发誓说她的回忆录一直都保存在哥哥的手中。可发现自己错了之后，她便感到了无比的绝望。她的肉体和灵魂都陷入了最尖锐的痛苦之中。有一次，她以为自己就要死去。她变得像是一个疯子。"我真的很想受苦。有两次，我曾经抓起忏悔杖，疯狂地抽打自己，弄得满身是血。"这种可怕的爆发既证明了她心智上的软弱，也证明她具有柔情无限的良知；最后，吉奥尔告诉她说吉拉德快要死了，她才算停止这种发作。吉奥尔的话让她的怜悯之情达到了极点。

她打算把吉拉德的信件交还给他。但显而易见，这些东西是她唯一的保障和支持，是唯一能够证明她清白无辜、是种种骗局之受害者的证据。交出这些东西，就有出现角色逆转的危险，就有背上她任由自己去诱惑一位圣徒这种污名的危险；总而言之，就是有看到所有责任都归咎到自己头上的危险。

不过，若是必须在毁掉自己和毁掉吉拉德之间进行选择的话，她会毫不犹豫地选择前一种结果。有一个恶魔，无疑就是那个吉奥尔,竟然说这样一种牺牲极其崇高,引诱卡蒂埃尔往这条路上走。她曾经写道,上帝要求卡蒂埃尔献上血腥的祭礼。她可能告诉过卡蒂埃尔,说有些圣徒受到指控之后并未进行辩解,而是帮着谴责自己,然后像羔羊一样死去。卡蒂埃尔效仿了这种做法。当吉拉德在她的面前接受指控时,卡蒂埃尔还替他辩解,说:"他是对的,我说了谎。"

她原本可以只交出吉拉德所写的信件就行了;可在一种如此巨大的真情流露之下,她根本不愿讨价还价,甚至把自己所写信件的抄件也交给了后者。

于是,吉拉德既得到了卡蒂埃尔那位雅各宾派哥哥所写的信件草稿,同时也得到了她另一位哥哥炮制并且寄给他的那些信件的副本。从此以后,他再也不用担心什么,因为教会再也不可能对他实施进一步审查了。他既可以带着这些信件离去,也可以把它们还回去,因为他可以随心所欲地对信件进行销毁、藏匿、篡改其中的内容。他可以完全自由地进行伪造,而他这样做,也带有某种目的。在总共二十四封信件中,他留下了十六封;可就算是留下来的这些信件,读上去也仍然像是事后故意伪造出来的。

把一切都掌控到了自己手中之后,吉拉德就可以对敌人加以嘲笑了。如今,轮到他的敌人感到害怕了。主教属于上层人士,他既对凡尔赛的情况了如指掌,也深知耶稣会信徒素有不会正派而温柔地对待敌人的恶名。他甚至想过,最安全的办法就是对自己就《生命之书》一事进行的羞辱,给吉拉德一点小小的补偿;于是,他很有风度地告诉吉拉德,说他愿意当后者一位亲戚家孩子的教父。

土伦的主教一职向来都是由高级贵族担任。从主教名录中,我们可以看到普罗旺斯所有的名门望族,其中还有一些来自意大利的著名家族。从1712年至1737年，在摄政时期和弗勒里[①]治下，土伦的那位主教就来自拉图尔迪潘（La Tours of Pin）侯爵世家。此人富甲一方，还拥有"阿尼昂修道院"（Abbey of Aniane）和位于朗格多克（Languedoc）的"沙漠圣威廉"（St. William of the Desert）两座修道院。据说，此人在1721年那场瘟疫期间表现得很不错。然而，这位主教很少待在土伦，而他生活得也完全像是世俗之人，从来不做弥撒；人们都认为，此人并非只是一个会讨女人欢心的花花公子。

7月，主教前往土伦；尽管吉拉德想要主教不去奥利乌勒修道院、不见卡蒂埃尔，可主教却很好奇，想要见一见她。主教是在卡蒂埃尔状态最好的时候见到她的。卡蒂埃尔很合主教的心意，在他看来，她就像是一个美丽的小圣女；由于他对卡蒂埃尔那些来自上天的启示深信不疑，因此还轻率地对她说起了自己所有的风流韵事，说起了他的兴趣和未来的打算，向她请教，就像请教一位算命先生似的。

然而，尽管卡蒂埃尔的几位哥哥再三恳请，可主教还是不愿意把她从奥利乌勒带走，不愿把她从吉拉德身边带走。他们找到了一个让主教下定决心的办法。有个消息在土伦传开了，说卡蒂埃尔这位姑娘流露出了一种逃往荒野的心愿，就像她的榜样圣女即特雷莎在十二岁时尝试去做的那样。人们都说，吉拉德把这种幻想灌输进了她的心中，说有朝一日他或许会把卡蒂埃尔带出这个以她为傲的主教教区，然后把他珍爱的这个姑娘藏进某座偏远的修道院；在那里，耶稣会将把卡蒂埃尔完全掌控在手里，可以把她

[①] 弗勒里（André-Hercule de Fleury，1653—1743年），法国的枢机主教，路易十五时代的首席大臣。

看到的幻象、创造的奇迹以及这位年轻的平民圣徒种种迷人之处,最大限度地记录下来。主教觉得自己受到了很大的伤害。他向那位女院长颁下谕旨,规定修道院只能将卡蒂埃尔小姐交给她的母亲,除此之外就不能交给任何人;她的母亲不久之后就会前来,将她带离修道院,带到她家的一座乡间别墅去。

为了不冒犯吉拉德,他们还让卡蒂埃尔写了一封信,说假如此种变化让他感到不安的话,他可以找一位同事,做她的第二名告解神父。吉拉德明白他们的用意,因此宁愿放弃卡蒂埃尔,以便消除他们的嫉妒之心。他在9月15日所写的一封措辞极其谨慎、谦卑得可怜的便条中,彻底放弃了她,并且想要做到让她友好而温柔地对待他。"就算我有时对您做了错事,您至少永远也不会忘记,我以前是多么渴望帮助您……在耶稣的内心深处,我现在、将来都只属于您。"

然而,主教却没有放下心来。他认为吉拉德、萨巴迪耶和格里涅这三名耶稣会神父想合起伙来欺骗他,并且有朝一日会带着巴黎的命令,来夺走他的这位小妇人。于是,9月17日,他决定一劳永逸地解决这个问题,便派出了他的马车,就是那种轻便而时髦的所谓"四轮马车"(phaeton),立即将她送到了母亲的那座乡间别墅里。

为了安抚和保护她,为了让她保持良好的状态,主教还开始为她寻找一位告解神父;他先是向一位加尔默罗神父提出了这一要求,此人在吉拉德到来之前,曾经当过卡蒂埃尔的告解神父。可此人由于年事已高,因此婉言拒绝了。其他一些神父很可能也是退避三舍。主教不得不找来了一位陌生的神父;可三个月之后,从县里(即阿维尼翁)来了一位尼古拉神父(Father Nicholas),此人还是"赤脚加尔默罗会"(Barefooted Carmelites)的会长。尼古拉神父此时年届四十,他既有头脑又有胆识,性格非常坚毅,甚至达到了顽固的程度。他拒绝主教延请的做法,说明此人其实是值得信赖的。他担心的并非耶稣会,而是这位姑娘本人。他预感到此事不会有什么好结果,认为这位天使可能是一位黑暗天使,并且担心伪装成一个温柔姑娘的魔鬼会用更加邪恶的力量来对付他的打击。

但见到卡蒂埃尔之后,他便多少有点儿放心了。这姑娘看上去极其单纯,为自己终于有了一个安全稳重之人可以依靠而觉得非常高兴。吉拉德让她一直处在犹豫不决的状态中,这给她带来了极大的痛苦。她在第一天里说的话,比过去一个月里所说的话还要多;她非但将自己的生活情况告诉了尼古拉神父,还将她的痛苦经历、祈祷和看到的幻象都向他和盘托出。入夜之后,尽管此时是九月中旬的一个炎热之夜,她也没有停下来。她的房间里,窗户和三扇门都敞开着。她一直诉说到黎明时分,而她的哥哥们则躺在离她不远的地方睡着了。第二天,她又在葡萄园的凉亭下,继续讲述自己的故事。这个加尔默罗神父非常惊讶,不禁扪心自问,魔鬼会不会如此真诚地赞美上帝呢?

她的天真善良是显而易见的。她看上去就是一个听话的好姑娘,温柔得如同羔羊,快乐得像一只小狗。她想玩木球,那是乡村地区常见的一种游戏,而尼古拉神父也没有拒绝,跟她玩了一阵子。

就算她的内心有一个幽灵,我们起码也不能称之为撒谎之灵。只要长时间地仔细观察一会儿,您就不可能再心存怀疑,因为她身上的伤口确实会时不时地流血。他小心翼翼,没有像吉拉德那样肆无忌惮地去仔细检查,觉得看到她脚上的伤口就足矣。至于她陷入的那种催眠状态,他见到了很多次。她的心中会在突然之间,

第十一章 修道院里的卡蒂埃尔:1730年 325

就像有一股炽热的热量向四周辐射出来。神志不清之后,她便开始一阵阵地抽搐,开始胡言乱语。

这位加尔默罗神父清晰地感觉到,她的体内有两个人,一个是这个年轻的姑娘,另一个就是魔鬼。前者诚实,并且不止于此,还朝气蓬勃;同时,对她所承受的一切都一无所知,因为她几乎理解不了让她陷入此种痛苦困境的那些事情。当她在忏悔之前说到吉拉德的亲吻时,这位加尔默罗神父粗暴地说道:"可那些都是很严重的罪孽。"

"噢,天哪!"她一边回答,一边抽泣起来,"那我真的迷途了,因为他对我做的远不止那样!"

主教来见她了。对他来说,这座乡间农舍散散步就到了。卡蒂埃尔天真烂漫地回答了主教提出的问题,起码也把事情的起源说了出来。主教非常生气,羞愧无比,也非常愤慨。毫无疑问,他猜到了其余的事情。没有什么能够阻止他对吉拉德发出强烈的声讨了。他不顾与耶稣会爆发斗争的危险,彻底接受了那位加尔默罗神父的观点,承认卡蒂埃尔被魔鬼附了体,还说吉拉德本人正是那个实施巫术的巫师。他希望立刻给吉拉德神父颁发一道庄严的禁令,让此人蒙受耻辱,走向毁灭。卡蒂埃尔竟然还为这个让她受了那么多委屈的人祈祷,不愿报复此人。她跪在主教面前,乞求后者饶恕吉拉德,不要再提起这些伤心之事。带着动人心魄的谦卑,她说:"我终于醒悟过来,知道自己一直生活在罪孽当中,这就足够了。"她那位身为雅各宾派的哥哥预见到了这样一场战争的危险,并且怀疑主教是否能够坚持战斗,因此赞同妹妹的观点。

如今,她的发病次数减少了。季节已经改变。灼热的夏季已经结束。大自然终于发了慈悲。此时已是天气凉爽的10月份。主教产生了一种强烈的喜悦之感,觉得是自己拯救了这个小姑娘。

由于不再身处奥利乌勒修道院那种令人窒息的氛围中，不再受到吉拉德的影响，而是得到了家人和那位勇敢正直的修道士无微不至的照料，而不吝前去看望她的这位主教也保护着她，用他那沉着稳重的面容庇佑着她，所以这个年轻的姑娘已经完全平静了下来。

有七个星期左右，她的行为举止似乎都相当得体。主教大感高兴，因此想要那位加尔默罗修士在卡蒂埃尔的协助之下，去照管吉拉德的其他忏悔者，让她们也恢复理智。那些忏悔者应当到她家的乡间农舍来；至于她们是多么的勉强和多么的不情愿，我们完全可以推断出来。事实上，把那些女人带到主教照管的这位病人面前来，是一种让人觉得很奇怪的失策；要知道，后者非但还是个年纪很小的姑娘，而且刚刚从自己那种狂乱地胡言乱语的症状中解脱出来。

形势开始变得荒谬可笑和极其令人觉得痛苦了。两派开始正面交锋，一派是吉拉德手下的那些女人，另一派则是主教手下的信徒。后面这一派中，有一位德国贵妇及其女儿，她们都是卡蒂埃尔的好朋友。另一方则是那些造反派，由吉奥尔领头。主教亲自动手对付吉奥尔，希望她与那位加尔默罗修士结成同盟，然后领着她的那帮朋友转投到此人门下。他把自己的文书派给了吉奥尔，接下来又派了一名法务官，此人是吉奥尔的一位旧情人。可这一切都没有产生任何作用，于是主教使出了最后一招，决定把她们全都召到自己的主教座堂去。但在主教座堂里，她们多半都否认了自己曾经大肆夸耀过的那些催眠状态和神秘标记。其中一位，当然就是那个吉奥尔，更是让主教大吃了一惊，因为吉奥尔竟然毫无廉耻之心且奸诈万分地提出，她可以当场向他证明，她们身上任何一个部位都没有什么记号。她们以为主教也是个放荡之人，肯定会落入这样一个圈套。可主教巧妙地避开了这个陷阱，拒绝了这个要求,并且感谢她们不惜牺牲自己的端庄,好让他效仿吉拉德,好让全城的人都来耻笑他。

这位主教的运气很不好。一方面,这些厚颜无耻的通奸女人都拿他开玩笑。另一方面,他在卡蒂埃尔身上获得的成就此时也正在付之东流。刚一走进阴沉沉的土伦,刚一走进自家所在的那条狭窄巷子,她的情况就开始恶化了。她再次踏入了发病时所在的那些危险而邪恶的中心区域,置身于敌对两派之间的那片战场上了。耶稣会在宫廷里的后台大家都很清楚,他们那一方的人都狡猾、谨慎和老于世故。尼古拉神父这位加尔默罗修士一边呢,除了主教,就只有他一个人,甚至没有获得加尔默罗会会众的支持,更别说获得神职人员的支持了。然而,他还是保留了一件武器。11月8日,他从卡蒂埃尔那里获得了一份有力的书面材料,必要的时候可以出示她的供词。

这是一种勇敢无畏的做法,让吉拉德极感害怕。此人不是很勇敢,倘若他的目标与耶稣会的目标不一致的话,他就会堕入万劫不复之境。他蛰伏在耶稣会学院的深处。可同事萨巴迪耶却是个年迈、乐观而又热情的人,他径直来到了那位主教的座堂。他走到主教的面前,就像第二个波皮利乌斯①,身披是战是和的长袍。萨巴迪耶把主教逼到了墙角,让主教明白,与耶稣会打官司会导致主教自己一败涂地,后者永远只能是土伦主教,永远都无法升至大主教一职。更重要的是,由于此人在凡尔赛势力强大,拥有使徒一般的自由,因此他还郑重地告诉主教说,就算此事暴露出一位耶稣会会士品行不端,它同样会暴露出一位主教的品行。在一封显然是

---

① 波皮利乌斯(Marcus Popillius Laenas,生卒年不详),罗马共和国时期的四任执政官,据说他在披着斗篷进行献祭的时候,听说平民和贵族之间的斗争引起了暴动,连斗篷都没来得及脱下,就跑了出去,想要安抚平民。

由吉拉德设计的信件中,他假称耶稣会已经在幕后做好了准备,要对这位主教进行可怕的反唇相讥,声称主教的生活方式非但不像个主教,而且极其恶劣。奸诈狡猾而又毫无信仰的吉拉德与头脑发热的萨巴迪耶两人,心中都充满了怒火和怨意,会对主教提起诽谤性的指控。他们一定会说,此事全都关乎一个姑娘,说吉拉德在这位姑娘病中时进行了细心的照料,而当她好了之后,主教却带走了她。这样一桩丑闻,会在这位了不起的世俗领主那种井然有序的生活中引起多大的震荡啊!像骑士一样,为了替一个软弱的小傻瓜复仇而发动一场战争,为了她而跟所有诚实正直的人作对,这种做法也太可笑了吧!邦齐(Bonzi)红衣主教的确曾因悲痛而死在图卢兹,可他是为了一个漂亮的贵妇,为了甘齐侯爵夫人(Marchioness of Ganges)而死。可这位主教呢,却有被此事弄得倾家荡产的危险,有被羞辱和嘲笑压得抬不起头来的危险,因为那位姑娘不过是医院街一个小小店主的女儿罢了!

萨巴迪耶的威胁给主教留下了更加深刻的印象,因为主教本来就没有那么坚定地维护卡蒂埃尔。主教可不会感谢她重新病倒,感谢她撒谎说他以前获得了成功,感谢她故态复萌、让他受气。相反,由于没能治愈她,主教还对她产生了怨念。他对自己说,萨巴迪耶说得在理;他最好是做出妥协。这种改变太过突然,就是上层给出的一种警告。突然之间,就像保罗[①]在前往大马士革的路上一样,他看到了光明,便改邪归正,投入了耶稣会的门下。

[①] 保罗(Paul,公元3—67年),基督教《圣经》中的使徒。据《使徒行传》记载,保罗原本是法利赛人,信奉犹太教,曾积极参与迫害基督徒。有一次,保罗前往大马士革追捕基督徒,在途中因耶稣基督亲自显灵而悔改信主,成为上帝拣选的"器皿",后成为积极传道的使徒,最终被罗马帝国皇帝尼禄处死殉道,获"圣保罗"的尊称。

萨巴迪耶可不愿轻易放过他。他把纸笔摆到主教面前，让主教写下并签署了一项谕旨，对身为主教代表的那位加尔默罗神父及卡蒂埃尔那位身为雅各宾派的哥哥发出了禁令。

第十二章

审判卡蒂埃尔：1730—1731年

我们可以想见，这种令人惊恐的打击让卡蒂埃尔一家陷入了一种什么样的境地。那位姑娘的发作次数越来越多，也越来越可怕了。由于残酷无情的机缘巧合，他们还导致卡蒂埃尔的密友们都患上了一种传染病。她的邻居，即那位德国贵妇，原本也有精神恍惚的毛病；此前她一直认为这种毛病是天赐的福分，可如今她却极其害怕起来，以为种种幻象都来自地狱。这位年届五十的可敬夫人还记得，自己经常也会产生许多不洁的想法：她相信自己被魔鬼控制了；她看到自己的身边全都是魔鬼；因此，尽管女儿很是警觉，她还是逃出了自家的门，请求卡蒂埃尔一家收留她。从那时起，卡蒂埃尔家里就变得让人难以忍受了，连生意也没法做下去。卡蒂埃尔的二哥疯狂地抨击吉拉德，大声叫嚷说："他应当像戈弗瑞迪一样接受惩罚，他也应当被烧死！"那位雅各宾派教徒还说："哪怕倾家荡产，我们也愿意！"

11月17日晚，卡蒂埃尔尖叫起来，模样就像一个窒息的人。他们都以为，她就要死去了。卡蒂埃尔那个做生意的大哥失去了理智,在窗口对邻居们大声喊道:"救命啊!魔鬼要掐死我妹妹啦!"邻居们赶紧跑过来,几乎都只穿着衬衣。请来的医生想给她拔火罐,这是他们用于治疗所谓"子宫堵塞症"(suffocation of the womb)的法子。就在一些人去拿火罐的时候,他们撬开了卡蒂埃尔的牙齿,给她咽下了一滴白兰地酒,使得她恢复了神智。与此同时,一些神职人员也来到了这个姑娘身边;先是卡蒂埃尔母亲那位年老的告解神父,接着土伦的一些教士也来了。他们发出的喧嚣与叫喊、全都穿戴整齐地到来的神父以及为驱魔仪式所做的准备工作,将所有的人都吸引到了街上。后到的人不停地问出了什么事情。"卡蒂埃尔被吉拉德施了巫术。"别人则不停地回答。我们完全可以想见,民众心中怀着多大的怜悯与愤怒之情啊。

耶稣会的人惊慌失措,但因急于把这种恐惧转嫁到别人身上,他们便干了一件极其野蛮的事情。他们回到主教那里,带着命令的口气,坚称应当审判卡蒂埃尔,而且应该在当天就开始进行;这个可怜的姑娘在经历了最后一次可怕的痉挛之后,正躺在那里,喉咙里嘎嘎直响,可审判又会突如其来地降临到她的身上。

萨巴迪耶一直留在主教那里,直到后者把手下的法官兼警官、副主教拉尔姆迪尤(Vicar-general Larmedieu),以及公诉人兼主教法务官埃斯皮瑞·雷博(Esprit Reybaud)叫来,命令他们马上着手此事才走。

从教会法规来看,这种情况是不可能出现的,也是不合法的。他们首先必须对事实进行初步调查,然后才能开始司法审判工作。而且,其中还有一个难题,那就是:除非被告拒绝领受圣餐,否则的话,宗教法官就无权对被告实施此种逮捕。那两位教会律师肯定提出过这些反对意见。可萨巴迪耶不听任何理由。如果允许事态以这种冷静而合法的方式拖延下去,他的打击就会失去那种可怕的威力。

拉尔姆迪尤是一位心胸开阔的法官，也是神职人员的朋友。他并不是大家看到的那种粗鲁的地方法官，后者会径直来到他们面前，像两眼一抹黑的公猪一样，在法律的道路上横冲直撞，既看不到，也不尊重任何人。在审判欧班尼神父时，他对奥利乌勒修道院的这位保护人表现出了极大的敬意，没有让后者经历按照他自己那种审判程序原本会非常缓慢的审判过程。后来，当他得知自己要去马赛，去那个似乎离法国很遥远、在古时的地理学家看来属于"天涯海角"（ultima thule）或者"未知世界"（terra incognita）的地方上任后，他就不愿再做出让步了。然而，这是一个截然不同的案子：这位对欧班尼的罪行曾经如此麻木的法官，对待卡蒂埃尔时却变得雷厉风行了。上午九点钟，巷子里的居民都带着极大的好奇心看到一群人浩浩荡荡地来到了卡蒂埃尔家的门前，领头的就是拉尔姆迪尤和那位主教法务官，还有两位神职人员护送，后者都是神学家。他们闯入了卡蒂埃尔家，将病中的女孩传唤到了他们的面前。他们让卡蒂埃尔发誓，说出对她自己不利的真相，让她发誓败坏自己的名声，在法官的耳边说出那些只与她的良知和忏悔相关的事情。

她原本可以拒绝回答，因为她没有看到任何常见的法律形式，可她不愿提出这个问题。她发下了那个必定会瓦解和出卖自己的誓言。因为刚一受到誓言的约束，她就把什么都说了出来，甚至说出了一些可耻而荒唐的细节；对于任何一个姑娘来说，承认这些细节必定都是痛苦万分的。

拉尔姆迪尤的官方声明以及他的第一次审理，明显说明了他与耶稣会之间达成了一种既定的协议。他们将提出，吉拉德是卡蒂埃尔那些恶行的受骗者和牺牲品。想一想，一个六十岁的老人，一个教会的权威人士、神学家兼修女们的教监,会如此清白无辜和容易相信别人,以至于一个年轻的姑娘、一个纯粹的孩子,就足以把他诱入陷阱!这个狡猾、无耻而放荡的女人,用她的幻觉欺骗了他,却没能引诱此人参与她那些放荡无度的行径。由于对此感到愤怒,她便将一种梅萨丽娜①式的幻觉使之能够想到的所有卑劣行径,都加到了他的身上!

这次审理非但没有为任何一种这样的说法提供理由,反而用一种极其感人的方式,呈现出了受害者的温柔。很显然,她是情非得已,是在自己刚刚所发誓言的压力之下,才去指控别人的。她对自己的敌人都非常温和,连对背信弃义的吉奥尔也是如此;用她哥哥的话来说就是,吉奥尔出卖了她,做了一些最卑鄙的事情来损害她,并且让卡蒂埃尔交出了那些原本可以确保其安全的信件,从而最终毁掉了她。

卡蒂埃尔的哥哥们都对妹妹的毫无心机感到害怕。由于尊重自己发下的誓言,她毫无保留地放弃了自己,呜呼,要被人永远中伤,要让人永远诵唱关于她的歌谣,要为耶稣会那些敌人和愚蠢地喜欢嘲讽的放纵者所嘲笑了!

既然麻烦已经惹下,他们希望起码也能让这种麻烦有所限定,希望用某种更加严肃的手段,对神父们的正式报告进行核查。尽管她表面上确实为被告方,可他们却让她当原告,并且说服国王派出的民事和刑事专员马特里·尚塔尔(Marteli Chantard)前来听取她的证词。这份简短而清晰的文件确认了她进行了诱惑这一事实;确认了她说吉拉德曾对她实施了种种浮荡的亲昵之举的斥责,

---

① 梅萨丽娜(Messalina),此处当指瓦勒利娅·梅萨丽娜(Valeria Messalina,约27—48年),她是罗马帝国皇帝克劳狄(Claudius)的第三任妻子,据说是个色情狂,因谋害丈夫的阴谋败露而被处死。

可吉拉德对这种斥责只是一笑置之；确认了吉拉德建议她任由自己被恶魔附体的事实；确认了吉拉德让她的伤口始终愈合不了的方法，等等。

国王派来的官员，即那位民事和刑事专员，原本打算把此案交由自己的法庭去审理。因为那位宗教法官太过仓促，竟然没有走完教会法的法定程序，因此他提起的诉讼是无效的。可这位世俗法官没有勇气这样干。他任由自己被人利用去进行宗教审判，接受了拉尔姆迪尤为自己的同事亲自前往主教法庭去出庭和听取证词。证词是由主教的文书记录下来的，而不是由国王手下那位专员的文书去记录的。那名文书有没有如实地进行记录呢？当我们发现此人竟然威胁证人，并且每晚都把证人的陈述拿给耶稣会会众去看之后，我们是有理由怀疑这一点的。

卡蒂埃尔所属教区那两位助理神父先受审，他们的证词干巴巴的，虽说没有支持她，但也绝对没有对她不利，当然就是对耶稣会不利了。后者看到，一切进展都对他们很成问题。他们完全没有了廉耻之心，冒着激怒民众的危险，决心把一切规矩都打破。他们从主教那里搞来了一份谕旨，将卡蒂埃尔以及她希望出庭的两位主要证人全都关了起来。这两位证人就是那位德国贵妇和巴塔雷尔。卡蒂埃尔本人被关押在"庇护所"里，那是修道院里的监牢；后面那两位女士则被关在一座感化院，即"好牧人"感化院（Good-Shepherd）里，那是关押疯婆子和需要惩处的肮脏拉客妓女的地方。11月26日，卡蒂埃尔被人从床上拖了起来，交到了奉吉拉德为告解神父的那些乌尔苏拉会修女手中，她们当然会让卡蒂埃尔睡在腐烂的稻草上。

让她们心生恐惧之后，证人如今就可以出庭了。他们从两位证人开始，这两个人既经过了精挑细选，又值得尊敬。其中之一就是那个吉奥尔,此人早已因为给吉拉德拉皮条而臭名昭著,是个巧舌如簧的女人,她的任务就是向卡蒂埃尔射出第一箭,在她身上撕开一道诽谤的伤口。另一位就是小裁缝洛吉耶,卡蒂埃尔曾经资助过此人,替她支付过学徒费。怀上了吉拉德的孩子后,这个洛吉耶曾经大声谴责过他;可如今她却通过嘲讽卡蒂埃尔、侮辱这位恩人而洗脱了自己的罪过,只是她所用的方式非常笨拙,仿佛卡蒂埃尔是一个无耻荡妇似的,称她说起话来放肆不敬,可这一点与卡蒂埃尔那些众所周知的习惯却恰恰相反。接下来,就是格拉维耶小姐,以及她的堂妹雷布尔;总而言之,她们都是吉拉德的人,土伦人当时就是这样称呼她们的。

但是,不管她们怎么做,光明都会时不时地迸射出来。这些"吉拉德的人"一起聚会的那一家里,给她们做饭的女主人曾经无情而直白地说,她没法容忍这些人,说她们把整座房子都搞得乱七八糟;她说到了这些人一阵阵大笑造成的喧嚣,说她们都是用从穷人那里募集来的钱付晚餐费用,以及诸如此类的事情。

她们都非常担心,怕奥利乌勒的修女们会替卡蒂埃尔说话。可主教的文书告诉过她们,谁说坏话就惩处谁,就像是主教亲口所说一样。他们采取了一项更加有力的措施,命令那位放荡的欧班尼神父从马赛赶回来,因为此人多少能够镇住那些修女。此时,他侵犯那个姑娘的事情已经有人替他摆平了。有人已经让那位姑娘的父母明白,正义对他们这个案子无能为力。那个孩子的好名声值八百个里弗赫①,这笔钱是由欧班尼支付的。因此,欧班尼带着满腔热情,以一个彻底的耶稣会神父的身份,回到了奥利乌勒修道院的修女当中。实际上,当这位可敬的神父告诉她们,说他的任务

---

① 里弗赫(livre),古时法国的货币单位,是一种银币。

就是警告她们,如果不守规矩的话,"她们就会受到严刑拷打"之后,那帮可怜的修女一个个都吓得直打哆嗦。

尽管如此,他们还是无法从这十五位修女身上得到他们想要的所有东西。其中充其量只有两三名修女站在吉拉德一边,可她们说的全都是事实,尤其是7月7日的情况,而那天的情况直接对吉拉德不利。

在绝望当中,这些耶稣会会士做出了一个英勇的决定,目的就是为了确保他们的证人提供有利的证词。他们全都挤在法庭外的一个大厅里。他们在那里将进入法庭的人挡住,对后者进行干扰和威胁;若是看到对吉拉德不利的人,他们就会把那些人赶出门外,根本就不让那些人进去。

如此一来,那位教会法官和国王派来的那位专员,就完全沦为了耶稣会手中的木偶。全城的人都看到了这种情况,全都吓得浑身发抖。在十二月、一月和二月,卡蒂埃尔的家人起草了一份控诉书并广为散发,内容涉及他们被剥夺了正义以及证人受到了收买这个方面。耶稣会的人则觉得,这个地方无法再控制住卡蒂埃尔一家了。于是,他们呼吁高层提供帮助。这种帮助似乎最好是用"大议事会"①颁布一项谕令的形式提供给他们,因为这样一来,既会把此案提交到大议事会,也会把一切真相都掩盖起来,就像马扎然曾经在卢维埃一案中干的那样。可此时的宰相却成了阿格索②;而耶稣会的人也不希望此案一直捅到巴黎去。他们仍然把此案留在普罗旺斯。1731年1月16日,他们让国王做出了裁决:

---

① 大议事会(Great Council)是围绕法国国王所建立的行政和管理机构,主要是为国王的决定做筹备并向他提供建议。
② 阿格索(Henri François d'Aguesseau, 1668—1751年),法国政治家,曾在1717—1750年间三任法国宰相一职,伏尔泰称之为"法国历史上最博学的宰相"。

普罗旺斯高等法院应当对该院两名法官在土伦进行的调查做出判决,而耶稣会在普罗旺斯高等法院里有许多的朋友。

福孔先生(M. Faucon)是位世俗信徒,德·夏尔勒瓦尔先生(M. de Charleval)则是教会的一名参赞;他们的确来了,并且直接到了耶稣会会众当中。这两位急不可耐的专员,几乎毫不掩饰他们那种响亮而充满仇恨的偏袒言辞,竟然还发出一道命令,要将卡蒂埃尔还押候审,就像对待一个受到指控的囚犯一样;而在传唤吉拉德的时候,他们却极其礼貌,并且允许他到处走,继续做弥撒和为信徒做告解。如此一来,原告便锒铛入狱,落入了敌人的手中,受尽了吉拉德那帮信徒各种各样的残酷对待。

从这些可靠的乌尔苏拉会修女那里,卡蒂埃尔受到的对待就像是她们接到了任务,要置她于死地似的。她们给卡蒂埃尔住的房间是一个疯修女所住的小室,后者把什么都弄得污秽不堪。她就睡在那位修女原先所睡的稻草上,躺在一股弥漫的恶臭当中。第二天,她的亲人费了好大的劲儿,才弄来了一条床单和一张垫子给她用。她获得允许,由算是吉拉德一件可怜工具的一位俗家修女,也就是出卖她的那个吉奥尔的女儿,来照顾和看管她;这位姑娘与她母亲一样,能够做出任何邪恶之事,对谦逊的卡蒂埃尔构成了危险,或许甚至会危及她的性命。在她病情特别痛苦的时候,她们还逼着她进行了一段时间的苦修,并且拒绝给她为自己忏悔或者领受圣餐的权利。自从被剥夺了领受圣餐的权利之后,她就再次病倒了。她那个凶狠的敌人,即耶稣会的萨巴迪耶,来到她的小室,想出了一个令人震惊的新阴谋,打算用圣饼收买她,赢得她的信任。他们之间开始讨价还价。他们给她开出了条件:只有承认自己是个诽谤者,她才能领受圣餐;可一位诽谤者又没有资格领受圣餐。凭着那种过度的谦卑,她原本是有可能屈服的。可那样一来,在毁掉自己的同时,她也会毁掉那位加尔默罗神父,毁掉自己的两位哥哥。

于是,敌人便堕落成了法利赛人①,用后者的伎俩来解释她说的话。不论她说出什么神秘之语,他们都装出一副理解了其有形的可靠意义的样子。为了让自己摆脱这种陷阱,她一直表现得神智清醒;而这一点正是他们最不愿意看到的。

有一个计划更加阴险,会让她失去民众的同情并让民众开始嘲笑她,那就是给她找出一个情人。于是,他们便伪称她曾经向一位年轻的恶棍求爱,说两人应当一起出去周游世界。

那个时代的大贵族,都喜欢要小孩子和年轻的跟班来伺候他们,因此会欣然收留手下的农民子弟当中那些举止较有礼貌的孩子。土伦主教就是如此,他要了一位佃户的儿子当跟班。可以说,他让这个孩子面貌一新,让孩子变得整洁干净了。不久,待这个宠儿长大后,主教便给这个孩子削了发,将他打扮得像是一位教士,并在孩子长到二十岁的时候,封了他做神父。此人就是卡墨尔勒教士。由于是被男仆带大的,学会了什么都做,因此他像许多半路经过了雕琢的乡下青年一样,是个虽说狡猾却又简单的蠢人。他看到主教自从来到土伦之后,一直对卡蒂埃尔很感兴趣,而对吉拉德却一点儿也不友好。他想取悦主人,让主人开心,便变身为一个探子,在奥利乌勒修道院打探吉拉德与卡蒂埃尔两人之间那种可疑的往来情况。不过,待主教因为害怕耶稣会而改变主意之后,卡墨尔勒也同样变了个人,变得热衷于积极主动地帮着吉拉德去对付卡蒂埃尔了。

---

① 法利赛人的伎俩(Pharisaical tricks),指伪善的伎俩或者表面上遵守虚礼的花招。法利赛人是《圣经》中一个犹太人教派,据《马太福音》中记载,耶稣曾经说:"你们这假冒为善的文士和法利赛人有祸了!"(23∶13)。

有一天,他宛如第二个约瑟前来,称卡蒂埃尔小姐像波提乏[1]的妻子一样,一直都在引诱他,并且试图动摇他的坚贞。就算这是真的,那么为了一时的软弱而这样去惩罚她,如此卑鄙地利用某句玩笑之语,就说明此人更是怯懦。不过,此人在身为仆从和神学院学生的过程中所受的教育,既不能给他带来荣誉,也无法为他带来女人的爱情。

卡蒂埃尔凭借自己的活力与成就摆脱了这一困境,让此人蒙上了耻辱。那两位生气的专员看到她回答得如此轻而易举,便草草地缩短了讯问的时间,减少了证人的数量。在卡蒂埃尔要求出庭的六十八位证人中,他们只允准三十八位出庭。他们不顾种种延期规定和司法程序,急急忙忙地让证人对质。然而,这样做也让他们一无所获。2月25日和26日,她又重申了自己那些具有毁灭性的说法。

敌人都暴跳如雷,以至于公开宣称,他们对土伦没有酷刑和刽子手感到遗憾,因为刽子手"可能会让她招供一点儿东西"。酷刑和刽子手就是他们的"最后一招"(ultima ratio)。在那个世纪中,高等法院始终都在利用这些手段。我的面前就有一份替酷刑进行激烈辩护的材料[2],是1780年由高等法院一位博学的法官所写,此人后来也成了"大议事会"中的一员;这份辩护词是呈给国王路易十六[3]的,还获得了教皇庇护六世陛下[4]的由衷嘉许。

---

[1] 波提乏(Potiphar),《圣经》中的一个人物,是埃及法老手下的内臣和护卫长,曾经买下约瑟(后封为"圣约瑟")当他的奴隶。据说因为长相俊美,波提乏的妻子曾经诱惑过约瑟,但后者未从。具体事迹见于《圣经·旧约·创世记》。

[2] 参见穆亚特·德·沃格兰所著《卢瓦罪案》(*Loix Criminelles*)的续集,1780年。——作者注

[3] 路易十六(Louis XVI,1754—1793年),法国波旁王朝国王,在法国大革命期间被处决。

[4] 庇护六世(Pius VI,1717—1799年),原名吉奥瓦尼·安吉洛·布拉斯齐(Giovanni Angelo Braschi),意大利籍教皇(1775—1799年在位),曾将拿破仑革出教会,后被法军俘虏并在被俘期间去世。

不过，由于没有那种会让她招供的酷刑，他们便想出了一种更好的办法来让她开口。2月27日，吉奥尔的女儿，就是有如狱卒般看管着卡蒂埃尔的那位俗家修女，早早就带着一杯葡萄酒来看她。卡蒂埃尔大感震惊，因为她当时根本就不口渴；她从来都没有在早上喝过葡萄酒，尤其是纯葡萄酒。那位俗家修女是个粗暴、强壮的奴仆，与他们留在修道院里去约束那些疯了的或者不听话的女人、惩罚孩子，并且用看似威胁的规劝去压制那些软弱受害者的人一样。尽管不愿意，卡蒂埃尔还是把酒喝了。并且，她还被迫把那杯酒喝光，直到杯中只剩一些渣滓；她发现，那些渣滓竟然是些味道讨厌的盐。

这杯令人恶心的酒究竟是什么呢？我们已经看到，古时管理这些修女的告解神父都极其擅长配制各种各样的药物。在卡蒂埃尔这种情况下，光是一杯葡萄酒，对这个身体如此衰弱的病人来说，原本就足够了。那杯酒原本就足以让她喝醉，然后从她的嘴里套出一些不连贯的话语，让文书将这些话语编成彻底的谎话。可那杯葡萄酒里还添加了一种药物，或许是某位巫师愚蠢地配制出来的，药效会持续好几天，其目的就是延长药效，使得她不可能推翻他们以她的名义做出的任何指控。

她在2月27日的声明中，出现了多么突然而又彻底的一种转变啊！那份声明中没有别的内容，全是替吉拉德辩护！说来也怪，那两位专员对如此突然的一种转变竟然不置一词。一个年轻的姑娘喝醉了酒，出现此种奇怪而可耻的现象，竟然没有引起人们的惊讶，也没有让他们警觉起来。她在药物的作用下被迫承认，她和吉拉德之间发生的一切全都是她自己那种病态幻觉的产物，而她原先所说、咬定真实的那些事情，都是在她的两位哥哥和那位加尔默罗神父的盼咐下说的，不过是一个梦而已。只是让吉拉德恢复清白之身并未让他们感到满意,她还须把自己的朋友们都抹黑,必须把他们彻底打垮,并且把吊索套到他们的脖子上。

尤其不可思议的是,她的供词清楚无比,词句组织得也极其简洁。从中我们可以看出文书那种妙笔生花的手法。然而,非常奇怪的是,他们既然有了这样一种很好的办法,却没有继续使用下去。从2月27日至3月6日,他们竟然没有继续对卡蒂埃尔进行讯问。

28日,那种毒药无疑已经发挥出了作用,令她彻底陷入了昏迷当中,不然就是陷于一种像在巫魔会时的疯狂状态中,因此不可能再带她去出庭。过后,在她仍然晕头晕脑的情况下,他们又可以轻而易举地给她服用其他的药物,使得她对发生的事情一无所知,也毫无记忆。那六天里发生的事情,似乎极其令人震惊,而对可怜的卡蒂埃尔来说,也极其可悲,因此她跟哥哥都不忍心再说一遍。如果不是这两位哥哥招来了一种旨在取他们自己性命的起诉,他们根本就不会再提到这些事情。

因卡蒂埃尔的虚假证词而获得了理由之后,吉拉德竟然敢前往监禁她的地方去看她了。卡蒂埃尔或是昏迷不醒,或是绝望地躺在那里,为天地所弃;如果说她还存有什么清晰思维的话,那也是被一种可怕的意识迷了心窍,以至于她在最后的供词中,谋杀了自己的骨肉至亲。她自己的毁灭已经完成了。可另一场审判,针对她的两位哥哥和那位大胆的加尔默罗神父而进行的审判,马上就会开始了。她有可能在悔恨中试图去感化吉拉德,阻止他去起诉他们,而首要的就是不让她承受酷刑。不管怎么说,吉拉德都是利用了她的彻底软弱,因而表现得确实是个毅然决然的恶棍。

呜呼!她那飘忽徘徊的灵魂,终于慢慢地回到了她的身上。3月6日,她必须去面对那些原告,必须重申以前承认过的事情,从而不可挽回地毁掉两个哥哥了。她根本就无法说话,气都喘不过来。两位专员竟然好心好意地告诉她,酷刑就在那里,就在她的身旁;两人还向她描述了木马、铁尖、用来夹碎她的骨头的楔子。她失去了勇气,因为此时她的身体已经极其虚弱了。她甘愿让人把她送到那个残酷的主人面前去;后者如今可能会得意扬扬地笑着,因为通过让她谋杀自己的朋友,他非但玷污了她的身体,更是玷污了她的良知。

他们没有浪费时间,而是充分地利用了她的软弱。他们随即又在艾克斯高等法院占据了上风,要求将那位加尔默罗神父和卡蒂埃尔的两位哥哥关进监狱;一旦卡蒂埃尔被判有罪,他们可能就会经历另一场决定他们生死的审判。

3月10日,她被人们从土伦的乌尔苏拉修道院拉到了奥利乌勒的圣克莱尔修道院(Sainte-Claire)。然而,吉拉德还是对她感到不放心。他获得了许可,让她夹在一些骑警中间往前走,就像一个可怕的拦路强盗一样。他还要求,务必将她小心谨慎地关在圣克莱尔修道院里。看到这个可怜的受难者自己根本无力前行,夹在剑拔弩张的士兵之间到来,那些修女们都动情地落下了眼泪。大家都很同情她。有两个勇敢的人,一个是律师奥宾先生(M. Aubin),另一个则是公证员克拉雷先生(M. Claret),两人记下了她撤销最近供词的行为,以及记有那两位专员和乌尔苏拉修道院女院长对她进行威胁的可怕文件,并且最重要的是,记下了她被迫喝下混有毒药的葡萄酒这一事实。

与此同时,这两个勇敢之人还起草了一份所谓的"纠错抗辩书",提交给巴黎宰相法庭,揭露了此案中不正规与应受谴责的诉讼程序、有意违背法律的做法,而且这些违法行为是用最冷静的方式,先由主教手下的那位官员和国王手下的专员、再由那两位专员实施的。阿格索宰相显得非常懒散与软弱。他任由这些肮脏的诉讼继续进行下去，将此事交由艾克斯高等法院负责，而后者的声名似乎已经因其中两名法官刚刚蒙受了耻辱而受到了玷污。

于是，他们便再一次抓住卡蒂埃尔这个受害者，将她从奥利乌勒拖到了艾克斯，并且照例由骑警负责押送。那个时候，人们在旅途中过夜时，都是歇在一座小驿馆里。在驿馆里，那位骑警下士解释说，根据他接到的命令，他必须睡在那个年轻姑娘的房间里。他们都假装相信，一个连路都走不了的病人可能会跳窗逃跑。实话说，把这样一个人交给在龙兵镇压①时期的英雄们，让他们洁身自好地去看管，真是一种极其邪恶的办法②。幸好，卡蒂埃尔的母亲来送她动身，然后不顾一切地跟着女儿，而骑兵们也不敢用长枪枪托把她赶走。于是，她留在女儿房间里，替她放哨，保护自己的孩子免遭一切伤害；事实上，她们俩根本就没有睡。

卡蒂埃尔被送到了艾克斯的乌尔苏拉修道院，因为后者奉国王的命令，负责看管她。不过，那位女院长却伪称命令还没有送来。在这里，我们可以看到，一个曾经充满热情的女人会变得多么残暴，直到女人的所有本性在她身上丧失殆尽。女院长把卡蒂埃尔放在修道院临街的门口，放了四个钟头，仿佛是将后者示众一般。他们完全有时间召来一帮耶稣会信徒，召来教会那帮可靠的工匠，来大声咒骂和鄙视卡蒂埃尔，而孩子们也可以帮着往卡蒂埃尔身上扔石头。所以，这四个钟头里，她一直都是在受刑。然而，还有一些态度较为冷漠的路人，却问乌尔苏拉会有没有获得命令，让他们杀了这个姑娘。我们可以猜想到，这位病中的囚犯，会在这

---

① 龙兵镇压（dragonnade），指法国路易十四统治时期派遣龙骑兵进驻胡格诺，对新教徒进行的一系列镇压和迫害活动。
② 暗指路易十四统治末期法国龙骑兵对待胡格诺教派的残酷行径。——英译者注

344　　　中世纪的女巫

些虔敬的修女中找到一些多么"温柔"的狱卒啊！

基础已经打好，并且产生了良好的效果。耶稣会的地方法官与怀有种种阴谋的女人之间，已经通过一种精神上的共鸣，开始形成一个具有威慑性的体系。没有哪个辩护人愿意为了一个受到如此严重中伤的姑娘而毁掉自己。对于每天来到修道院的会客室里，等着会见卡蒂埃尔的任何一个人来说，谁都不愿意听到狱卒们为之准备好的恶毒话语。在那种情况下，她的辩护工作将由乔登先生（M. Chaudon）负责，此人是艾克斯律师行业的理事。他并未拒绝承担如此艰巨的一项任务。然而，由于他觉得完全没有把握，因此希望进行调解，可耶稣会拒绝了。于是，此人便表现出了真正的本性，表明自己是一个坚定不移而正直诚实的人，是一个具有惊人勇气的人。他凭借律师的学识，揭露了整个诉讼的丑恶面目。这样做会让他与高等法院结下永远的梁子，与耶稣会结下永远的仇怨。他清晰地勾画出了吉拉德这位告解神父与忏悔者乱伦的情况，只是他较为克制，没有具体说明此人究竟放荡到了何种地步。他也克制住了自己，没有提到吉拉德的姑娘们都是些生活放荡的信徒；虽说这是众所周知的一件事情，可没人愿意出来作证。简而言之，他给出了抨击吉拉德是一名巫师的最佳理由。人们都笑起来，拿这位律师开玩笑。他从《福音书》开始，通过一系列圣书经文，证明了恶魔的存在。这让人们笑得更加响亮了。

这个案子，因为一个诚实的加尔默罗会修士变成了卡蒂埃尔的情人，变成了诽谤吉拉德和耶稣会那根完整链条的编织者，而被巧妙地改变了本来的面目。由此，那帮无所事事的闲人、轻浮的俗人、嘲笑者和哲学家，便从双方都得到了快乐，对加尔默罗会和耶稣会做到了彻底的不偏不倚，并且异常高兴地看到了修士与修士之间的这场搏斗。不久之后被称为"伏尔泰派"（Voltairites）的那些人,甚至更倾向于支持圆滑世故、属于上流社会的耶稣会修士,而不支持那个古老的托钵修会中的任何一个人。

所以,此案就变得越来越复杂了。笑话层出不穷,但主要都是落在受害者的头上。他们都把此案称为一场"爱情阴谋"。他们从中什么也没有看到,只看到了用于娱乐的素材。所有的学者和神职人员,都在传颂吉拉德及其门徒的事情,都再次想起了戈弗瑞迪案中关于玛德琳的那些粗俗老玩笑,比如她身上有六千个妖精、它们都害怕挨打,以及将卡蒂埃尔身上的恶魔赶走的那种奇妙惩戒过程。

在惩戒这个问题上,吉拉德的朋友们毫不费力地证明,他是清白的。他是在遵照自己身为教监的职责,按照惯例行事。这种惩戒就是神父职责的象征。他如此对待那位忏悔者,目的是为了治愈她的灵魂。他们以前就经常用鞭笞对付那些魔鬼附体的人,还用其他的方式击打过疯子和患者。无论敌人是化身为魔鬼还是疾病,这都是追击敌人的一种最受欢迎的模式。在民众当中,这是非常普遍的一种观点。土伦有一名勇敢的工匠,他目睹过卡蒂埃尔的可悲遭遇,竟然声称牛筋鞭子是治疗这个可怜患者的唯一办法。

得到了如此强大的支持之后,吉拉德只要合理地采取行动就可以了。他不会再自找麻烦。他的自辩是一种很有魅力的油嘴滑舌。他甚至从不会屈尊承认自己以前的供词。他会向自己一方的证人撒谎。他似乎是在开玩笑,用摄政时期一位大领主的冷静口吻说,如果像他们指控的那样,他曾经跟卡蒂埃尔密处一室的话,"那种情况只有可能出现过九次"。

"这位虔诚的神父为什么要这样做呢?"他的朋友们会说,"无非是为了观察、思考并且找出她身上的真相。在此种情况下,找出真相就是告解神父的职责所在。我们不妨看一看最圣洁的、日内瓦的凯瑟琳的传记。有天晚上，告解神父躲在她的房间里，等着看一看她会创造出来的奇迹，并且当场抓住她。可不幸的是，永不睡觉的魔鬼却在此地给上帝的这只羔羊设置了一个陷阱，喷出了这个毁灭一切的母龙怪物、这个集疯子和恶魔为一身的混合体，要将他吞噬，要让他淹没在诽谤的滔滔洪流之中。"

把恶魔扼杀在摇篮里，是一种古老而优秀的习俗。那么，后来为什么不能也这样干呢？吉拉德的那些夫人小姐们都仁慈地提出，应当立即用火与剑来对付她。"让她去死！"信徒们都大喊着。许多贵妇也希望让她接受惩罚，认为这个女人竟然胆敢提出这样一种要求，要将那个赐予了她极大荣耀的男人送上法庭，简直是太坏了。

虽说高等法院里也有一些坚定的詹森派教徒，可他们更多的是对耶稣会怀有敌意，而不是对这个姑娘很友善。而且，他们很有可能感到沮丧和气馁，因为他们明白，他们是同时与那个可怕的耶稣会、凡尔赛的宫廷、那位红衣主教大臣（弗勒里）作对，最后还要加上艾克斯的权贵。他们该不该比法律界的最高首脑，即最终表明极其愈懒的阿格索宰相更加大胆呢？司法大臣丝毫都没有动摇过；虽说受命负责对吉拉德提起公诉，可他却发誓当吉拉德的朋友，还就后者如何应对那些指控给出过建议。

事实上，当时只有一个问题值得商榷，那就是通过哪种补救措施、通过哪种庄严的弥补之举、通过哪种堪当典范的惩戒，从而让原告变身为被告，满足吉拉德以及耶稣会会众的要求。耶稣会的修士尽管一个个都仁慈敦厚，但坚持认为他们必须为了宗教利益而杀一儆百，给詹森派以及正在开始大量涌现、喜欢乱写文章的哲学家们一点小小的警告。

有两个问题可能让卡蒂埃尔陷入圈套，使得她有可能遭受雷霆之击。

首先,她做了伪证。可当时并没有哪条法律规定可以将诽谤者处死。要想达到这一目的,您必须稍微更进一步,这样说:"古罗马的经典律法'文书诽谤罪'(De famosis libellis)规定,那些进行诽谤、中伤皇帝或者帝国宗教的人,应当判处死刑。耶稣会代表的就是那种宗教。因此,诽谤一位耶稣会教士的人,就应当处以极刑。"

然而,第二个问题才是他们更好的一种把柄。审判一开始,那位主教法官,即谨慎精明的拉尔姆迪尤就曾问过卡蒂埃尔,问她是不是从未有过占卜众人秘密的行为,而卡蒂埃尔则回答"有过"。因此,他们可以指控她犯有列入了巫术审判中巫术形式名录上的罪行,即"占卜与欺骗"(Divination and imposture)一条。仅凭这个,根据宗教法律就应当判处她火刑。的确,在奥利乌勒修道院的修女们招供之后,他们毫不费力地就可以称卡蒂埃尔是一名女巫了,因为她们都说,以前她经常在晚上的同一时刻,同时出现在几个房间里。她们对那种情况的迷恋神往之情,她们身上突然出现的那种令人惊讶的温柔,都弥漫着一丝妖术色彩。

有什么办法可以不让她被烧死吗?到了18世纪,教会还在各地实行火刑呢。光是在腓力五世①统治时期,西班牙就烧死了一千六百人;晚至1782年,还有一名女巫被判处火刑烧死了。在德国,1751年烧死了一个;1781年,瑞士也烧死了一位。罗马一直都在烧死那里的受害者,但实际上都是偷偷摸摸,在宗教裁判所那些黑暗的洞穴与小室里实施的。②

---

① 腓力五世(Philip V, 1683—1746年),西班牙波旁王朝首位君主。
② 这一事实是我们从一位仍然健在的"宗教法庭"(Holy Office)顾问那里得知的。——作者注

"可是,法国起码也会人道一点儿吧?"在这个方面,法国完全称得上反复无常。1718年,一名巫师在波尔多被判处了火刑。[1] 1724年和1726年,格雷夫(Grève)曾经点燃火刑柱,烧死那些犯有在凡尔赛开幼稚玩笑罪的人。身为王室那个孩子监护人的大公和弗勒里两人如此放纵宫廷,让全城的人都觉得可怕。有位赶驴人和一位叫作绍富尔先生(M. des Chauffours)的贵族,都被活活烧死了。这位红衣主教大臣上任之后值得庆祝的一件事情,莫过于他进行了一场道德改革,莫过于为那些腐蚀民众的人树立了一个严厉的榜样。因此,没有什么措施会比将这个对无辜的吉拉德进行穷凶极恶之攻击的恶毒姑娘判处某种可怕而庄严之刑罚更加及时的了!

请注意,他们需要什么样的手段,才能将那位神父洗成清白之身。他们必须表明,即便是吉拉德做了错事,模仿了绍富尔先生的行径,也是因为他受到了某种巫术的愚弄。现有的案卷非常清楚地说明了这一点。根据教会法的规定,并且按照后来的这些法令,都应当有人被判处火刑。坐在法官席上的那五名法官中,只有两位愿意烧死吉拉德。另外三位都反对卡蒂埃尔。他们达成了协议。那三位法官形成的多数派,不再坚持烧死卡蒂埃尔,不再坚持看到她在火刑柱上受刑时那种漫长而恐怖的情景,只要求判处她一种简单的死刑就可以了。

---

[1] 我说的并不是人民自主进行的处决。一百年前,在普罗旺斯的一个村庄里,一位老妇人因为一个地主拒绝给她施舍,便恼火地说道:"您明天就会死去。"地主被施了魔法,死去了。整个村庄的人到处搜寻,抓住了那个老妇人,把她放到一捆藤条上,活活烧死了她。高等法院进行了一番面子上的调查,但没有惩处任何人。——作者注(据怀特称,1751年,赫特福德郡[Hertfordshire]有一对叫作特林[Tring]的老年夫妇,被一群疯狂的乡间暴民以行巫术为借口进行了严刑拷打、被人用脚踢,然后殴打致死。——英译者注)

于是，此案便以这五位法官的名义定了谳，只等获得高等法院的最后批准了；判决如下："被告卡蒂埃尔起初已经接受了这两种酷刑，故过后应当移至土伦，在'传教士广场'（Place des Prêcheurs）处以绞刑。"

这是一计可怕的重击。人们的心中马上产生了一种强烈的反感。俗人、说笑者都不再笑了，他们全都吓得浑身发抖。他们对无聊的喜爱，并没有让他们藐视如此可怕的一种结果。对于一个姑娘受到了诱惑、被人虐待、受到侮辱，被当成纯粹的玩具一样对待，会在悲哀或者疯狂中死去，他们一直都认为是正当的，没什么不对；他们对这一切都毫不关心。可是，待到这种结果成了一种惩罚，待到他们想象出面前那个悲惨的受害者脖子里套着绞索的情景，他们的心中便萌生出了反抗之意。四面八方都传来了这样的呼声："开天辟地以来，还从来没有出现过事态如此恶毒地反转的现象；强奸法的实施方式错了，那个被判有罪的姑娘是被人当成了工具，受害者是被引诱她的人绞死的！"

在艾克斯这个由法官、神父和时尚界组成的城市里，发生了一件意想不到的事情：所有民众突然之间群而起之，爆发了一场激烈的民众运动。一群涵盖各个阶层的人，形成了一支紧密排列、秩序井然的游行队伍，径直朝着乌尔苏拉会修道院而去。"放心吧，小姐，"他们高呼，"我们都支持您，什么都不要怕！"

波澜壮阔的18世纪，曾经被黑格尔（Hegel）恰如其分地称为"思想的统治"；其实这个世纪更加伟大，可以称之为"人文精神的统治"。一些杰出的女性，比如塞维涅夫人（Mde. de Sévigné）的孙女、魅力非凡的茜美娅内夫人（Madame de Simiane），都接纳了这个年轻的姑娘，用她们的胸膛保护着她。

而看到詹森派中在其他时候都极其严肃和纯洁、彼此之间要求极其严格、在苦修中极其严厉的女修士,如今在这个伟大的时刻,却在"仁慈之神"(Mercy)的祭坛前献上"律法之神"(Law),张开双臂,护住那个受到了威胁的可怜孩子,亲吻她的额头来净化她,用眼泪为她重新洗礼,则是一件更加美好、更加感人的事情了。

要说普罗旺斯的自然特点是野蛮荒凉的话,那么在这些体现宽宏大量和真正伟大的狂野时刻,此地就显得更加美好了。这一点,在后来米拉波①的最初胜利中就有所体现;当时,马赛有一百万人都聚集到了他的身边。不过,这里已经出现了一场伟大革命的情景,已经出现了一场反对当时那个愚蠢政府以及弗勒里宠爱的耶稣会的大规模起义;它是一场代表了人文精神和同情之心,团结一致来捍卫一个被如此残暴地献祭,还是一个孩子的女性的起义。耶稣会曾经以为,在他们自己那群乌合之众当中,在他们的主顾和乞丐当中,可以组织起一支群众队伍,用手铃和棍棒击退支持卡蒂埃尔的那一方。然而,后者几乎包括了所有的人。整个马赛揭竿而起,团结得像是一个人,欢欣鼓舞地支持乔登律师的儿子。土伦的情况发展到了不可收拾的地步;为了那位可怜的女市民,民众竟然想要烧毁耶稣会的神学院。

所有这些有利于卡蒂埃尔的情况当中,最感人的一幕来自奥利乌勒。艾格尼斯小姐(Mdlle. Agnes)是一位朴实的寄宿修女,尽管年纪小,又很腼腆,可她还是顺从内心的冲动,毅然投身于出版宣传册子的工作当中,还发表了一篇替卡蒂埃尔辩护的文章。

这场运动波及的范围如此广泛、进行得如此深入,以至于给高

---

① 米拉波(Honoré-Gabriel Riqueti, comte de Mirabeau, 1749—1791 年),法国政治家、革命家、作家兼记者,曾任法国国民议会议长一职。据说此人放纵奢侈,早年被多次监禁。1776 年他与女友私奔,逃到阿姆斯特丹后靠写攻击法国旧制度的小册子谋生,声名鹊起。1777 年他被荷兰移交给法国,被判处监禁至 1780 年,后病死。

等法院本身也带来了影响。耶稣会的敌人都昂起了头,鼓起了勇气,开始公然反抗来自上层的威胁,反抗耶稣会的势力,反抗弗勒里有可能从凡尔赛向他们击来的雷霆之怒。①

吉拉德的那些朋友看到他们在数量上落了下风,看到他们的阵营变弱了,便急不可耐地想要执行判决。执行日期定在1731年10月11日。

眼看民意如此,没有人胆敢遵照法官们的这种残暴判决,对卡蒂埃尔执行绞刑。十二位市议员宣布吉拉德无罪,因而变得名誉扫地。在其他那十二位市议员中,一些詹森派市议员却说此人是巫师,应当判处火刑;还有三四位头脑较为清醒的市议员,则说他是恶棍,应当判处死刑。由于正好是十二比十二,因此议长勒布雷(Lebret)必须投下具有决定意义的一票。他投了支持吉拉德的一票。由于行巫术这一死罪不成立,因此身为教士与告解神父的吉拉德当时已经被移交给了土伦的地方法官,即他的密友拉尔姆迪尤,要在那位主教的法庭上接受审判。

民众与漠不关心的人都满意了。由于很少有人关注这次判决,因此甚至到了如今,也仍然有人说"两人都被无罪开释了"。可这种说法不对。卡蒂埃尔被判处了诽谤罪,因此眼睁睁地看着自己的回忆录与其他文件,在行刑者的手中付之一炬。

幕后其实还有一种可怕的东西。由于卡蒂埃尔变得家喻户晓,并且被如此明显地打上了诬蔑的烙印,因此耶稣会必定会继续

---

① 有一个可笑的故事,异常准确地说明了高等法院里的情况。书记员正在阅读他对这场审判、对魔鬼可能参与其中的评论,突然听到了一声巨响。一个黑糊糊的人影从烟囱里掉了下来。其他人都吓了一跳,赶紧逃走了,只留下书记员一个人,因为他被自己所穿的长袍缠住了,动弹不得。那人直向他道歉。原来,他不过是一位烟囱清扫工,搞错了要清扫的烟囱罢了。——作者注

在暗中推进他们在红衣主教弗勒里那里获得的成功,敦促后者用某种秘密而专制的方式处决卡蒂埃尔。艾克斯市的人接受的就是这种观点。他们认为,高等法院不会主动把卡蒂埃尔放回家去,而是宁愿被迫把她交出来。这引起了人们对勒布雷议长的极大愤慨,发出了种种愤怒的威胁,因此他不得不要求上面将"佛兰德军团"(regiment of Flanders)派到艾克斯来。

吉拉德乘坐一辆封得严严实实的马车逃走了;要不是逃进了耶稣会教堂,人们把他找出来之后,就会杀掉他。此后,这个流氓就一直在那里做弥撒。从那里逃走之后,他回到了多勒(Dôle),从耶稣会获得了荣耀与辉煌。1733 年,沐浴着神圣的香氛,他死于此地。弄臣勒布雷则死于 1735 年。

凡是让耶稣会满意的事情,红衣主教弗勒里都一一照做。在艾克斯、土伦和马赛,许多人都被流放或者关进了监狱。土伦尤其罪孽深重,竟然将吉拉德的雕像挂在"吉拉德派"的门口,其神圣之标准三倍于耶稣会。

根据判决条文,卡蒂埃尔应当被释放回家,重新与自己的母亲生活在一起。不过,我敢说,她绝对没有获准再次踏入这座故乡城市一步;那里是一座熊熊燃烧着的剧院,其中的民众替她发出了雷鸣般的呐喊声浪。

如果说仅仅对她感兴趣就是一种应当判处监禁的罪行,那么我们没有任何理由怀疑,她本人很快就被关进了监狱,而耶稣会则轻而易举地从凡尔赛获得了一份特别的许可令,将这个可怜的姑娘关起来,封住她的口,将一桩让他们自己都觉得极其可悲的事件连同她一起埋葬起来。当然,他们会等到民众的注意力转向了其他事情的时候,才这样干。于是,命运的魔爪再一次攫住了她;她会被他们深藏于某个不为人知的修道院里,再也不会露面,在某座黑暗的安息所里慢慢死去。

做出判决的时候,卡蒂埃尔年仅二十一岁,可她一直希望自己快点死去。但愿上帝已将此种仁慈赐予她![1]

---

[1] 谈到这件事情的时候,伏尔泰的态度非常轻率:他把双方都嘲弄了一番,尤其是对其中的詹森派。我们这个时代的历史学家,比如卡巴斯(Cabasse)、法布尔(Fabre)和梅里(Méry)诸位先生,由于没有看过《审判》(*Trial*)一书,故都认为自己公正不倚,可实际上他们却是在贬抑受害者。——作者注

后　记

　　一位天才女性，在心中升起的一阵高贵柔情之中，想象出了两个精灵；它们之间的斗争塑造了中世纪，并且最终开始彼此认可、彼此靠拢，恢复了它们旧日的友谊。尽管为时已是稍晚，但距离更近后相顾彼此，它们终于会看清自己有着共同的源起。如果它们真的是兄弟，而这场旷日持久的斗争不过是一个错误，又会如何呢？它们会用心沟通，也会变得温和起来。高傲的亡命之徒与文雅的迫害者业已遗忘一切：它们会飞身向前，投入对方的怀抱之中。

（《康素爱萝》）[1]

---

[1] 《康素爱萝》(*Consuelo*)，法国女作家乔治·桑(George Sand，1804—1876年)于1842—1843年间发表的一部小说，也是其代表作。

这是一种魅力十足的女性观点。还有一些人,也有过相同的梦想。温和亲切的蒙泰尼里①还把它变成了一首美丽的诗歌。呜呼,看到这里的战争平息下来,以一种如此感人的拥抱而告结束,谁又不会抱有这种令人欢欣的希望呢?

睿智的梅林②会如何看待这一点呢?在只有他本人才知道深度且平静如镜的那个湖中,他又看到了什么?他在1860年创造的那部史诗巨著中,又说了些什么呢?哎呀,撒旦可不会束手就擒;就算他会束手就擒的话,也要到世界末日那一天。那样,二者才会肩并肩,彼此心平气和,在共同的死亡中一起长眠。

* * *

实际上,让二者达成一种妥协并不是那么困难。一场如此旷日持久的战斗带来的削弱与松懈效果,让他们可以用某种方式融合起来。在最后一章里我们看到,两个幽灵同意用欺骗的方式形成一种同盟;魔鬼现身为洛约拉的朋友,信徒与魔鬼附体者并肩前行,地狱则在圣心中受到感动而变得温柔起来。

如今已是一个安静的时代,人们之间不再像以前那样相互仇视了。实际上,除了自己的朋友,他们很少怨恨别人。我已经看到,卫理公会教徒(Methodist)崇拜耶稣会会士。至于教会在中世纪称之为"撒旦之子"的那些律师和医生,我也看到他们正在与那个战败了的古老魔鬼制定精明的契约呢。

---

① 蒙泰尼里(Montanelli),爱尔兰女作家艾捷尔·丽莲·伏尼契(Ethel Lilian Voynich,1864—1960年)的长篇小说《牛虻》中的人物,此人是一个虔诚的天主教徒,位至红衣主教,是小说主人公"牛虻"的生父。
② 梅林(Merlin),英国亚瑟王传说中的巫师,法力强大,同时充满智慧,能预知未来和变形术,因为扶助亚瑟王登位并留下种种事迹而闻名,是亚瑟王的挚友兼导师。

不过，还是让我们远离这些虚伪之人吧。那些郑重其事地提出撒旦应当握手言和，应当平静下来的人，他们究竟有没有好好考虑过这个问题呢？

没有什么东西可以阻挡恶意。逝者已逝。过去的千百万的受害者，已经安详长眠，不管他们是阿比尔派教徒、瓦勒度教徒，还是新教徒、摩尔人、犹太人或者美洲的印第安人。女巫是中世纪时普遍存在的殉道者，对此也无话可说。女巫的骨灰，已经随风飘散。

那么，您是否清楚究竟是什么引发了一场抗议，稳稳地将这两个幽灵分隔开来，阻止它们相互靠拢呢？这是一个重大的现实，诞生于五百年前；它是受到教会诅咒的一个庞然大物，甚至有着科学与现代制度那样强大的组织结构，教会虽说曾经一点一点地将其逐出，可它会随着每一次革出教门而变得更高。您说不出来究竟有哪门科学本身不是一种反叛。

只有一种方法可以调和这两个幽灵，可以让它们共同加入两个教派中的一个。不妨彻底摧毁年轻者，因为它从一开始就被判有罪，且注定要受到彻底的摧毁。要是做得到的话，让我们消灭自然科学、天文台、博物馆、植物园、医学院，以及所有的现代图书馆吧。我们不妨焚毁律法和我们的种种法规体系，并且恢复教会法规。

这些新鲜事物全都来自撒旦。人类每前进一步，都是撒旦犯下的一桩罪行。

他是那个邪恶的逻辑学家；他蔑视教会的律法，以一种不虔敬的信仰和意志自由为基础，维护和更新了法学家与哲学家所遵循的那种律法。

他是那个危险的巫师；当人们还在讨论天使的性别以及其他同样崇高的问题时，他却无比热烈地投身于现实，创造出了化学、物理学和数学;呜呼,甚至创造出了数学。他想让这些东西复活,那样做就是一种反叛。因为说出了"三等于三"这样的事实,人们曾经被人烧死。

医学尤其是一门撒旦式的科学,是一场针对疾病、针对上帝如此公平待之的那种灾祸的反抗。阻挡灵魂踏上前往天堂的道路,使之重新开始生活,显然就是一种罪孽!

我们又该如何为这一切赎罪呢?我们如何才能把构成目前全部现代生活的这些反叛镇压下去、倾覆瓦解掉呢?撒旦愿不愿意摧毁自己的杰作,以便自己可以再次踏上变成天使的那条道路呢?那种杰作坐落于三块永恒的岩石之上,那就是理性、正义和自然。

* * *

这个新的幽灵取得了如此巨大的胜利,以至于他忘记了自己的战斗,眼下几乎也不再记得自己已经获胜的事实了。

提醒他记着自己的悲惨出身,记着受到迫害的时候自己的化身有多么的粗鄙,是多么的粗鲁与极度滑稽,并不是一件错事;当时他化身为一个女人,甚至是一位不幸的女巫,在科学领域里进行了第一次自由自在的邀游。这个女人比异教徒、比半为基督徒的理性主义者、比一只脚踏在神圣领域里的学者更加勇敢,她急不可耐地逃离了那里,在宽敞明亮的阳光之下,试图让自己变成一座用荒原上的粗糙石块垒成的祭坛。

她已经死去,因为她注定会死。她是怎样死去的呢?主要就是经由源起于她的那些科学获得的进步,通过她曾经为之辛劳过的医生和博物学家。

女巫已经永远逝去,但小妖精却没有。后者会以那种不死之躯再次现身于世。

近来,由于忙于男人的各种事务,女人已经放弃了她们应当承担的角色,即医生、安慰者和有治愈本领的仙女,以此来作为回报。她们正当的神职职分就在于此;不论教会怎么说,这种神职的确属于女人。

女人种种精致的生理器官、对细微之处的喜爱以及对生活的温柔敏感,都会让她变成在每一门观察科学中敏锐地阐释生命的人。怀着一颗温柔而悲天悯人的心灵,凭借发现善良的本领,她自愿承担了医生的职责。儿童与病患之间只有细微的差别。我们都需要女人来照料这两种人。

她将回到科学的道路之上;无论走到哪里,温柔与人文精神也会从她的身旁踏上这条道路,宛如自然的一抹微笑。

反自然的力量正在日渐变弱,而其衰落将给世间再次带来光明的日子,也不太遥远了。

* * *

神灵可能消失,上帝却依然存在。不,还不止于此;我们越少见到神灵,上帝就会变得越发清晰。上帝就像一座灯塔,虽说有时会灯光暗淡,却总是会再次闪烁出万丈光芒,比以前更加清晰、更加明亮。

看到人们如此充分地讨论上帝,甚至在期刊上进行讨论,是一件奇妙非凡的事情。人们开始觉得,一切关乎教育、行政、童年和女性身份的问题,都取决于那个占支配地位和具有根本性的问题。上帝如此,尘世也必定如此。

由此我们可以推断出,时代已经成熟。

＊　＊　＊

的确，宗教的黎明近在眼前；我此刻仿佛就已看到，那片荒漠之上，天色正在破晓。既然来到了这片荒漠，我不妨就此结束本书吧。

我的这片荒漠，看上去多么敞亮、多么崎岖、多么美丽啊！我已经将自己的安乐窝，筑在土伦这座巍峨码头的一块岩石之上，筑在一座四周有芦荟与松柏环绕，还有刺梨与野生玫瑰的低矮别墅里。我的面前，是一片波光粼粼的大海；我的身后，则是山顶光秃、渐次升高的群峰，尘世的高等法院可能就无拘无束地坐落在那里。

这个地方像极了非洲，白天闪烁着金属般的光芒，让人眼花缭乱。可在一个冬日的清晨，尤其是到了十二月，这里似乎弥漫着一种圣洁的神秘。我习惯于在六点钟准时起床，此时军械厂会传来枪声，发出上班的信号。从六点到七点，我会度过一段赏心悦目的时光。星辰的快速闪烁（我能说它们的闪烁很动人吗？），既让月亮自惭形秽，也在与黎明对抗。黎明到来之前，在这两种亮光的搏斗中，空气异常明净，让人从极其遥远之外也能看到东西、听到声音。我能辨识出相距两里格以外的所有东西。远方群山上最细微的地方，比如一棵树、一道悬崖、一座房屋、地上的一处拐弯，都极其清晰地呈现了出来。我似乎获得了种种新的感官。我发现自己变成了另一个人，摆脱了束缚，在拍打着新生的双翼，自由地翱翔而去。那是彻底纯洁的一个小时，一切都实在而清晰。我禁不住问自己："这是怎么一回事？我还是不是人类呢？"

一抹难以言说的淡蓝之色，仿佛受到了瑰丽朝霞的敬重，因而原封未动，像一缕神圣的氤氲，像一个让万物有灵的精灵，将我环绕。

然而,透过种种柔和而缓慢的变化,我却感受到了前进的步伐。那种伟大的奇迹正在临近,将发出耀眼的光芒,让其他万物都黯然失色。它以自己那种不慌不忙的方式前来,您觉得没有必要去催促。即将到来的这种变身,即万众期待的光明之巫术,丝毫也不会弱化我们深深沉溺其中的喜悦:它仍然笼罩在黑夜的神性之下,并且可以说仍然半隐半现,缓慢地从一种如此奇妙的符咒之下显露出来……哦,出来吧,太阳!未见汝面,吾辈即崇拜于汝;但于梦境之最后时分,吾辈将收获所有善良!

太阳即将磅礴而出。让我们满怀希望,静候阳光的拥抱吧。

权威参考资料

1. 格雷西(Graesse),《魔法大全》(*Bibliotheca Magiœ*),莱比锡(Leipsic),1843年。
2. 《古代魔法》(*Magie Antique*),由索尔丹(Soldan)、A. 莫里(A. Maury)等编著。
3. 卡尔卡尼尼(Calcagnini),《古时的魔法之爱》(*Miscell.*, *Magia Amatoria Antiqua*),1544年。
4. J. 格林,《德国神话》(*German Mythology*)。
5. 《圣徒行传》(*Acta Sanctorum*)中的两位圣奥迪尼斯(SS. Ordinis)和圣本笃(S. Benedicti)行传。
6. 迈克尔·普塞洛斯(Michael Psellus),《恶魔的力量》(*Energie des Démons*),1050年。
7. 海斯巴赫的恺撒(Cæsar of Heisterbach),《图示奇迹》(*Illustria Miracula*),1220年。
8. 《宗教裁判所登记册》(*Registers of the Inquisition*),1307—1326年,林堡(Limburch);以及马吉(Magi)、洛伦特(Llorente)、拉莫斯·朗贡(Lamothe-Langon)等人的节选。
9. 《目录》(*Directorium*),艾默里奇(Eymerici),1358年。
10. 洛伦特,《西班牙宗教裁判所》(*The Spanish Inquisition*)。
11. 拉莫斯·朗贡,《法国的宗教裁判所》(*Inquisition de France*)。

12. 《十五世纪和十六世纪修道士宗教裁判员手册》(*Handbooks of the Monk-Inquisitors of the Fifteenth and Sixteenth Centuries*)：奈德(Nider)的《蚁蝼》(*Formicarius*)；斯普伦格(Sprenger)的《女巫之锤》(*Malleus*)。
13. C. 伯纳德的《明灯》(*Lucerna*)；斯皮纳(Spina)、格瑞兰迪乌斯(Grillandus)等。
14. H. 科恩·阿格里帕((H. Corn Agrippa)的《歌剧》(*Opera*)，里昂(Lyons)。
15. 帕拉塞尔苏斯(Paracelsi)的《歌剧》(*Opera*)。
16. 威尔(Wyer)，《魔鬼的骗局》(*De Prestigiis Dæmonum*)，1569 年。
17. 波登(Bodin)，《魔鬼附体》(*Démonomanie*)，1580 年。
18. 雷米吉乌斯(Remigius)，《恶魔崇拜》(*Demonolatria*)，1596 年。
19. 德尔·里奥(Del Rio)，《巫术研究》(*Disquisitiones Magicæ*)，1599 年。
20. 波克(Boguet)，《巫师之言》(*Discours des Sorciers*)，里昂，1605 年。
21. 勒洛耶(Leloyer)，《幽灵始末》(*Histoire des Spectres*)，巴黎，1605 年。
22. 朗克尔(Lancre)，《无常》(*Inconstance*)，1612 年；《怀疑》(*Incredulité*)，1622 年。
23. 米夏埃利斯(Michaëlis)，《忏悔等的历史》(*Histoire d'une Pénitente, &c.*)，1613 年。
24. 特朗基耶(Tranguille)，《卢敦述事》(*Relation de Loudun*)，1634 年。
25. 《卢敦魔鬼史》(*Histoire des Diables de Loudun*)(奥宾[Aubin]著)，1716 年。
26. 《玛格达伦·巴文传》(*Histoire de Mgadalen Bavent*)，卢维埃(Louviers)，1652 年。
27. 《卢维埃调查。被调查者的辩解书》(*Examen de Louviers. Apologie de l'Examen*)(维夫林[Yvelin]著)，1643 年。
28. 《对 P. 吉拉德与卡蒂埃尔的审判》(*Procès du P. Girard et de la Cadière*)，艾克斯(Aix)，1833 年。
29. 《与本次审判相关的文件》(*Pièces relatives à ce Procès*)，第五卷，艾克斯，1833 年。
30. 《事实、歌谣、关系等》(*Factum, Chansons, relatifs, &c.*)，手稿，存于土伦图书馆(Toulon Library)。
31. 尤金·萨尔维特(Eugène Salverte)，《神秘学》(*Sciences Occultes*)，由利特雷(Littré)作序。

32. A. 莫里,《小精灵》(*Les Fées*),1843 年;《巫术》(*Magie*),1860 年。
33. 索尔丹,《巫术审判史》(*Histoire des Procès de Sorcellerie*),1843 年。
34. 托马斯·怀特(Thos. Wright),《巫术故事》(*Narratives of Sorcery, &c.*),1851 年。
35. L. 菲吉耶(L. Figuier),《奇迹史》(*Histoire du Merveilleux*),第四卷。
36. 斐迪南·丹尼斯(Ferdinand Denis),《神秘学:巫术世界》(*Sciences Occultes: Monde Enchanté*)。
37. 《中世纪科学史》(*Histoire des Sciences au Moyen Age*),由斯普伦格、普歇(Pouchet)、居维叶(Cuvier)等编著。

图书在版编目(CIP)数据

中世纪的女巫 /（法）儒勒·米什莱著；欧阳瑾译 .— 上海：上海社会科学院出版社，2019
 ISBN 978 - 7 - 5520 - 2806 - 5

Ⅰ. ①中… Ⅱ. ①儒…②欧… Ⅲ. ①女性-社会角色-研究-法国-中世纪 Ⅳ. ①C912.6

中国版本图书馆 CIP 数据核字（2019）第 126879 号

中世纪的女巫

著　　者：［法］儒勒·米什莱
译　　者：欧阳瑾
责任编辑：张　晶
封面设计：史彩鲆
出版发行：上海社会科学院出版社
　　　　　上海顺昌路 622 号　邮编 200025
　　　　　电话总机 021 - 63315947　销售热线 021 - 53063735
　　　　　https://cbs.sass.org.cn　E-mail：sassp@sassp.cn
照　　排：南京前锦排版服务有限公司
印　　刷：上海龙腾印务有限公司
开　　本：890 毫米×1240 毫米　1/32
印　　张：11.75
字　　数：271 千
版　　次：2019 年 10 月第 1 版　2024 年 12 月第 4 次印刷

ISBN 978 - 7 - 5520 - 2806 - 5/C·182　　　定价：58.00 元

版权所有　翻印必究